本書出版得到國家古籍整理出版專項經費資助

國家社科基金重大項目（19ZDA251）

國家社科基金一般項目（11BZW030）

本書爲

教育部人文社科規劃基金項目（09YJA751060）

全國高等院校古籍整理研究工作委員會重點資助規劃項目

浙江省社科規劃課題一般項目（09CGWX001YB）

中國史學基本典籍叢刊

國語彙校集注

一

俞志慧 撰

中華書局

圖書在版編目(CIP)數據

國語彙校集注/俞志慧撰. —北京:中華書局,2024.12. —(中國史學基本典籍叢刊). —ISBN 978-7-101-16984-3

Ⅰ. K225.04

中國國家版本館 CIP 數據核字第 20243WC028 號

封面題簽:袁　旦
責任編輯:汪　煜
封面設計:周　玉
責任印製:韓馨雨

中國史學基本典籍叢刊
國語彙校集注
(全五册)
俞志慧 撰
*
中 華 書 局 出 版 發 行
(北京市豐臺區太平橋西里 38 號　100073)
http://www.zhbc.com.cn
E-mail:zhbc@zhbc.com.cn
北京新華印刷有限公司印刷
*
850×1168 毫米 1/32 · 60⅝印張 · 12 插頁 · 1200 千字
2024 年 12 月第 1 版　2024 年 12 月第 1 次印刷
印數:1-3000 册　定價:298.00 元

ISBN 978-7-101-16984-3

敦煌寫本《國語・周語下》殘卷

（敦煌研究院藏，編號：敦研 368）

謀父諫征犬戎

周語上第一　國語　韋氏解

穆王將征犬戎穆王周康王之孫昭王之子穆王滿也征正也上討下之稱犬戎西戎之別名在荒服祭公謀父諫曰不可祭畿內之國周公之後爲王卿士謀父字也傳曰凡蔣邢茅胙祭周公之胤也先王耀德不觀兵耀明也觀示也明德尚道化也不示兵者有大罪惡然後致誅不以小小而示威武夫兵戢而時動動則威戢聚也威畏也時動謂三時務農一時講武守則有財征則有威觀則玩玩則無震玩黷也震懼也是故周文公之頌曰文公周公旦之謚也頌時邁之詩武王旣伐紂周公爲作此詩巡守告祭之樂歌載戢干戈載櫜弓矢載則也干盾也戈戟也櫜韜也言天下已定聚斂其干戈韜藏其弓矢示不復用我求懿德肆于時夏懿美也肆陳也于於也時是也夏大也言武王常求美德故陳其功於是夏而歌之樂章大者曰夏允王保之

明嘉靖七年（1528）吴郡金李澤遠堂刊本
（北京大學圖書館藏，《第二批國家珍貴古籍名録圖録》）

文選注引賈說戢藏也

諸家紛錯載述爲煩是以時有所見庶幾頗近事情裁有補益猶恐人之多言未詳其故欲世覽者必察之也

周一二三上中下　魯四五上下　齊六一　晉武七獻八惠九文十襄十一厲十二悼十三平十四昭十五

鄭十六　楚十七上十八下　吴十九　越二十上二十一下

國語卷第一

周語上　韋氏解

穆王將征犬戎穆王周康王之孫昭王之子穆王滿也征正也上討下之稱犬戎西戎之别名也在荒服之中祭公謀父諫曰不可祭畿内之國周公之後也爲王卿士謀父字也傳曰凡蔣邢茅胙祭周公之胤矣先王耀德不觀兵耀明也觀示也明德尚道化也不示兵者有大罪惡然後致誅不以小小示威武也夫兵戢而時動動則威戢聚也威畏也時動謂三時務農一時講武守則有財征則有威觀則玩玩則無震玩黷也震懼也是故周

清嘉慶五年（1800）黄丕烈讀未見書齋刻本
（清沈善經題識，清鍾文烝校並跋，清佚名籤校，錢振聲過録清佚名籤校並跋，上海圖書館藏，《上海圖書館善本題跋真蹟》）

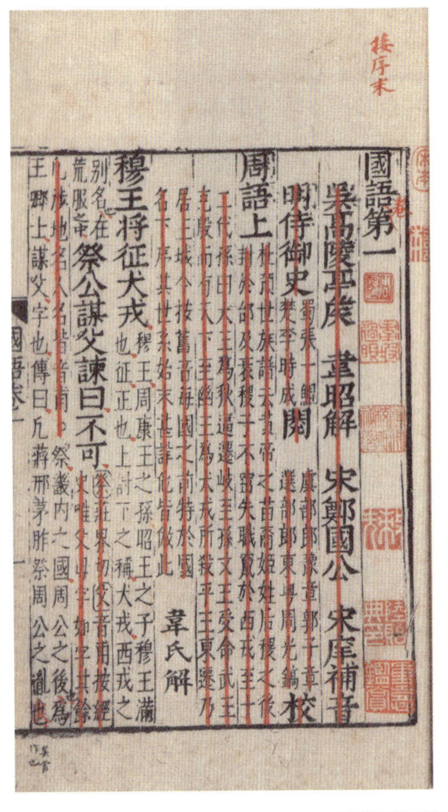

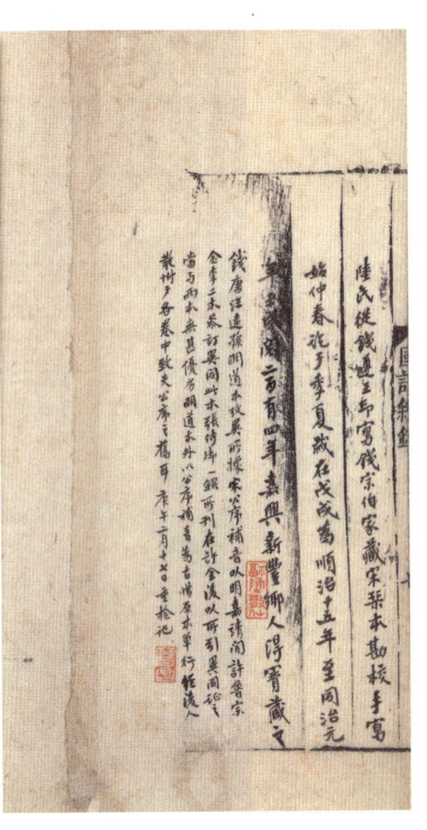

明萬曆初期張一鯤刊本

（陸貽典、葉萬、章鈺校並跋，沈巖校，唐翰題跋，中國國家圖書館藏，《第四批國家珍貴古籍名録圖録》）

前言

《國語》是一部特别的元典，是了解軸心時代中國的基礎文獻之一。它記載了春秋及其前後一段時期主要諸侯國社會政治特别是貴族階層的活動，其中的思想觀念、思維方式、敘事與闡釋方式持久且深刻地影響了中華民族的文化。由於該書以有關邦國成敗「嘉言善語」的形式呈現，其訓誡意義又遠超其他子史文獻。

三國時期，吴國的韋昭（二〇四—二七三）在綜合漢人注釋成果的基礎上對該書重新施注，撰成《國語解》，使本書成爲中國傳統學術中的重要典籍。宋代重新董理此書時，宋庠在《國語舊音》的基礎上作《國語補音》。清代樸學大熾，一批學者紛紛將《國語》及《國語補音》重加校訂與註釋。雖然後來徐元誥在總結諸家的成果後撰成了《國語集解》一書，但各類材料的發現，各項研究的推進，都使得《國語》一書的重新整理成爲必要。本次在彙校衆本的基礎上，盡可能吸收了古今中外的相關研究成果，使這部重要的元典能以更加厚實的面貌呈現在學者面前。下面對其成書時間、傳播過程及研究狀況作幾點探討，限於篇幅，關於《國語》一書的體裁、性質以及編纂問題，請參閱本書附録一《〈國語〉的文類及八「語」遴選的背景》。

一、《國語》的成編時間及其在唐前的研究

關於《國語》一書的成編時代，譚家健《〈國語〉成書時代和作者考辯》一文梳理過各種觀點〔一〕，可參看。本人給《國語》成書的時間定位晚於譚家健先生：「其時當在春秋末和戰國初。」〔二〕因爲《國語》中魯、晉、楚、吳、越五「語」的記事皆越出了春秋，進入戰國已若干年，《周語下》兩次出現「及定王（係貞定王，或曰貞王）」，此公卒於前四四一年。最有説服力的是，《晉語九》中，趙襄子是個重要人物，一般認爲此公卒於公元前四二五年，「襄」是其謚號，則《晉語九》當然要晚於這個節點，而《國語》之成編則更在《晉語九》撰成之後；又早於沈長雲先生：「《國語》成書在戰國晚期。」〔三〕《晉書·束皙傳》載：「太康二年，汲郡人不準盜發魏襄王墓，或言安釐王冢，得竹書數十車……《國語》三篇，言楚晉事。」汲冢竹書既已明確冠名《國語》，則在魏襄王（前二九六年在位）、魏安釐王（前二四三年在位）時，《國語》已然成帙。

《楚語下》有《魯陽文子辭惠王所與梁》一篇，楚大夫魯陽文子以「梁險而在（楚）北境」爲由婉拒楚惠王所賜之梁，惠王遂與之梁地南邊的魯陽，地在今河南魯山一帶，這在《楚語》甚至《國語》成編之時應該被視爲有遠見之舉，但在楚肅王七年（前三七四年），魏伐楚，魯陽入魏，該篇自然不可能在這之後入選。

再往上溯，《周語中·劉康公論魯卿佐儉與侈》中，劉康公預測魯國幾個大族的未來走向，斷東門不可以事二君，叔孫不可以事三君，同篇中都被精准地應驗；又謂「季、孟長處魯乎」，據此可以推斷，《國語》編集之時，季孫氏、孟孫氏兩個家族在魯國仍然有較大影響。可是，到了魯穆公時期（約前四〇七—約前三七七），公儀休爲相，《史記·循吏列傳》指公儀休爲魯高弟（第），《淮南子·道應訓》高注又以其爲「故魯博士」，《孟子·告子下》並謂「魯繆公之時，公儀子爲政，子柳、子思爲臣」，《孔叢子·公儀》亦云：「子思與之（公儀休）友，穆公因子思欲以爲相。」《韓非子·外儲説右上》載公儀休相魯嗜魚而不受魚事，則公儀休之活動時間大致可以推定。與此同時，卻未見有關季、孟家族的記載，由此可知，《國語》編者未及見公儀休爲相。

僅從《國語》所反映的思想而言，既未見如商鞅向秦孝公（前三六一—前三三八年在位）兜售的强道之類的思想，也未見縱横家思想的影子，即使是作爲對立面也不存在，相反，八「語」遴選的背後有濃厚的霸道思想，因此，可以作這樣的推斷：當《國語》編集之時，王霸之學正大行其道，故本人斷《國語》的編定時間在戰國前期，上限前四二五年，下限魯穆公時期公儀休爲相之前。至於《禮記·檀弓下》《祭法》中與《國語·魯語上》《魯語下》《晉語二》《晉語八》中内容重出的現象，以及一九八七年湖南慈利石板村戰國中期前段楚墓 M 三六中發現的《吴語》殘簡[四]，清華大學戰國簡與《吴》《越語》内容有交集的《越公其事》，只能説明在《國語》成書之前，既有的各「語」已經單篇流傳，但皆不足以證明由八「語」集成的《國語》之成編時間。

需要補充説明的是，在探討諸如上述古籍成篇成編時間問題時，還需要考慮當時信息傳播的時間差，如《越絶書·吴地傳》載：「更始五年，太守李君治東倉，爲屬縣，屋不成。」更始是劉玄的年號，起自公元二十三年二月，到二十五年九月終止。顯然，《越絶書》的作者在公元二十七年寫作《吴地傳》時，不知道洛陽早已新桃换舊符了。但是，即使有類似這樣的時間差，也不影響在較大區間内討論《國語》成編的大致時間段。

其後，有關《國語》的記載不絶如縷，司馬遷《報任安書》云：「左丘失明，厥有

《國語》。」《史記・五帝本紀》云：「予觀《春秋》《國語》，其發明五帝德、帝繫姓章矣。」雖然於《國語》的編者身份尚待研究，但五帝德、帝繫姓等内容卻在《周語下》《魯語上》《晉語四》等章節中斑斑可考，班固《漢書・司馬遷傳》更確指「司馬遷據《左氏》《國語》，采《世本》《戰國策》，述《楚漢春秋》」，與後來韋昭《國語解敘》以下記載可互相印證：「遭秦之亂，幽而復光。賈生、史遷頗綜述焉。及劉光禄於漢成世始更考校，是正疑謬。」漢成帝之後的流傳，雖然北宋宋庠（九九六—一〇六六）在《國語補音・敘録》有云：「當漢世，《左傳》秘而不行，又不立於學官，故此書亦弗顯，唯上賢達識之士好而尊之，俗儒弗識也。逮東漢，《左傳》漸布，名儒始悟向來《公》《穀》膚近之説，而多歸左氏。」但劉向《説苑》大量引述《國語》正文，《列女傳》收入《魯語下・公父文伯之母論勞逸》等；一九七三年，遥遠的甘肅居延肩水金關漢簡得見有《國語》殘簡，可知西漢時《國語》也並非「弗顯」，只是其中流傳過程淹没在歷史的塵埃中難窺其真容而已。《孔叢子・答問》載「陳王涉讀《國語》言申生事」，並據此向博士孔鮒質疑書中敘述的真實性，其事雖不可盡信，但由此可知，至遲到東漢時，《國語》已成爲士人閲讀與討論的對象。班固《漢書・藝文志》謂：「《國語》二十一篇。」著録於《六藝略》之《春秋》類下。至《隋書·經籍志》，將《國語》著録於經部《春秋》類下，並著録賈逵注《國語》二十卷，虞翻注二十一卷，王肅注二十一卷，韋昭注二十二卷，孔晁注二十卷，唐固注二十一卷，目前所見的敦煌殘卷本《國語·周語下》舊注，經逐條比對，可以斷定既非賈注，亦非韋注，是《隋書·經籍志》著録的其他幾家的注，還是連《隋志》都没有著録過的東漢楊終、三國孫炎的注，或者竟是此外的佚注，皆不可知。

本書集注部分，在清王謨（約一七三一—一八一七）、汪遠孫（一七九四—一八三六）、黄奭（一八〇九—一八五三）、蔣曰豫（一八三〇—一八七五）、張以仁（一九三〇—二〇〇九）等輯録成果的基礎上，本著對唐前舊注能録盡録的原則，又鉤輯了較多的條目，句内不再分拆，且不計重出，凡收録《國語》賈逵注六百三十七條，鄭衆（？—八三）注六條，漢魏之間唐固注九十二條，虞翻（一六四—二三三）注三十六條，魏王肅注十五條，西晉孔晁注七十五條，敦煌殘卷本《國語·周語下》注七十六條，見於《北堂書鈔》、《禮記正義》、《文選》六臣注、《左傳正義》、《太平御覽》等之不明傳主舊注一〇七條[五]，尚不能確定這些注文的時代，以上各項合計一〇四四條，或可最大程度地概見唐前《國語》注的風貌。

唐代，《群書治要》、《初學記》、《五經正義》、《文選》六臣注以及《玄應音義》、《慧琳音義》等均大量引述《國語》原文，尤其是柳宗元的《非國語》，針對性尤强，藉此可見當時《國語》文本流傳的狀況，也是今人可用於《國語》校勘的上佳材料，友人郭萬青教授已據上述材料做過相關校勘工作，故只是在討論相關文句時有所涉及，這裏不再贅述。

二、《國語舊音》的成書時代

佚名的《國語舊音》，是目前所見最早的《國語》韋昭注本音義，該書保留在《國語補音》（以下簡稱《補音》）中，相對於《補音》，故稱《舊音》。《隋書·經籍志》《舊唐書·經籍志》與《新唐書·藝文志》均未著録，《魏書·劉芳傳》著録劉芳撰韋昭所注《國語音》一卷，劉芳（四五三—五一三），字伯文，彭城人，官至太常卿，著述宏富，有《毛詩箋音義證》《禮記義證》等，《魏書》本傳稱其「才思深敏，特精經義，博聞强記，兼覽《蒼》《雅》，尤長音訓，辨析無疑」，則與《國語音》頗能交集。據《舊音》引録可知，作者及見《國語》賈、唐、虞、韋、孔等舊注，引録了魏晉六朝的《纂文》（南朝劉宋何承天撰）、《字統》（北魏楊承慶撰），時序上亦略能吻合。宋庠《國語補音·敘録》

云：「近世傳《舊音》一篇，不箸撰人名氏，尋其説，乃唐人也，何以證之？據解『犬戎樹惇』，引鄯州羌爲説。夫改鄯善國爲州，自唐始耳。」但清人有不同説法，《四庫全書考證》卷四七云：「《魏書·地形志》有鄯州，列于涼州、瓜州之間，是始于元魏也，庠蓋未深考。」唐李吉甫（七五八—八一四）《元和郡縣志》卷三九「鄯州」條言之甚詳：「後魏以西平郡爲鄯善鎮。孝昌二年，改鎮立鄯州。隋大業三年，罷州，復爲西平郡。隋亂，陷賊。武德二年，討平薛舉，關隴平定，改置鄯州。」雖然中間有罷州爲郡之事，然亦無妨仍舊貫稱該部族爲鄯州羌。又，《舊音》卷二《魯語下》「跰蹇」條云：「《説文》《字林》《玉篇》《珠叢》並無『跰』字，義與『胼』同，音盤。」沈約（四四一—五一三）有《珠叢》一卷，《隋書·經籍志》著録於子部雜家類，則《舊音》所引者非此。又有諸葛穎《桂苑珠叢》一百卷，著録於《舊唐書·經籍志》甲部經録小學類，《舊唐書》卷一八九《曹憲傳》載：「憲又精諸家文字之書……大業中，煬帝令與諸學者撰《桂苑珠叢》一百卷，時人稱其該博。」《白孔六帖》卷八七亦載：「曹憲撰《桂苑珠叢》，太宗嘗讀書，有奇難字，輒遣使者問憲，憲具爲音注，援驗詳複。」《舊音》所引之《珠叢》蓋即諸葛穎、曹憲等所著者也，則《舊音》之成書更在隋大業（六〇五—

六一八）之後。或者在劉芳《國語音》成書之後，後學復有附益，若果如此，則宋庠斷其出於唐人之手，亦可謂得其彷彿。

前賢曾試圖從《舊音》的語音特徵入手考察其形成時間，如張以仁認同宋庠之《舊音》作者唐人説〔六〕，李紅認爲《舊音》的音注反映了宋以前甚至唐以前的語音現象〔七〕。據本人統計，《舊音》中的被切字若是全濁聲母，其所用作反切的上字未見非全濁聲母。《舊音》中幫組字、端組字尚未分化，如《周語上》：「豳，府巾反。」《廣韻》平聲真：「豳，府巾切。」《集韻》平聲真：「豳，悲巾切。」《周語下》：「彪，甫留反。」《廣韻》平聲幽：「彪，甫烋切。」《集韻》平聲尤：「彪，補休切。」《周語上》：「姪，大□、直乙二反。」《廣韻》入聲質：「姪，直一切，又音迭。」《集韻》入聲質：「姪，直質切。」《舊音》中喻母三等字與四等字尚未見有混切。根據上述三種現象所反映的語音歷史層次，我推測《舊音》成書時期不會晚於盛唐。

三、《國語》的版本系統之一：明道本及其流傳

至宋代，《國語》賈、孔注已不見完璧，《舊唐書·經籍志》與《新唐書·藝文志》

經部《春秋》類下僅著録唐、虞、韋、王注而未及賈、孔注，宋庠《國語補音·晉語九》亦云「賈、孔章句又世絶其本」。引録大段《國語》文字者，有《太平御覽》、《册府元龜》、《事類備要》等類書，劉恕（生於北宋明道元年，一〇三二）的《通鑒外紀》，真德秀（一一七八—一二三五）編的詩文選集《文章正宗》，王應麟（一二二三—一二九六）的《玉海》，後者另有《困學紀聞》與黄震（一二一三—一二八一）的《黄氏日抄》皆曾專章討論過《國語》的訓詁問題，而《文章正宗》的《國語》選篇及施加標題則對後世坊刻古文選本産生了發凡起例的影響。

北宋前期，《國語》有了印本，學界習稱明道本、公序本，前者初刻於天聖七年（一〇二九），重刊於明道二年（一〇三三），故稱天聖明道本，簡稱明道本。宋末元初，蘇應龍（宋理宗端平二年進士）纂輯類書《新編類意集解諸子瓊林》〔八〕，其中收録近三十篇相對完整的《國語》篇章，經比對，即出自明道本；《永樂大典》卷三五八五録《吴語·吴布奇陣得爲盟主》，經比對，文字同於明道本；明嘉靖四年（一五二五）許宗魯宜静書堂刊本《國語》與嘉靖五年姜恩刻本《監本音注國語》皆似偶有參校於明道本者。

但就目前所見，明道本至清錢謙益（一五八二—一六六四）《絳雲樓書目》始有著録，清順治七年（一六五〇），錢氏藏刊本隨絳雲樓焚於大火，錢謙益之父錢士興（一五五四—一六一〇）有影鈔，錢曾（一六二九—一七〇一）[九]、毛氏汲古閣亦有影鈔本[一〇]，何焯（一六六一—一七二二）《國語》題跋云：「虞山錢宗伯舊藏宋仁宗天聖七年所開《國語》，明道二年復經刊正者，最爲古本，己丑夏，吴興書賈忽以傳本來鬻，余驚喜，以重值購焉。」[一一]由此可知錢士興抄本或其傳録本於一七〇九年轉到何焯名下。關於毛抄汲古閣本，陸心源（一八三八—一八九四）《毛抄天聖明道本〈國語〉跋》云：「此書從絳雲樓北宋本影寫，後歸潘稼堂太史，乾嘉間爲黄蕘圃所得，黄不守，歸於汪士鐘，亂後歸金匱蔡廷相，余以番佛百枚得之。毛氏影宋本尚有精于此者，此則以宋本久亡，世無二本，故尤爲錢竹汀、段懋堂諸公所重耳。」[一二]從絳雲樓到汲古閣，經潘耒（一六四六—一七〇八）——黄丕烈（一七六三—一八二五）——汪士鐘（一七八六—？）——蔡廷相（約一八〇二—？）——陸心源（一八三八—一八九四），最後入藏日本静嘉堂文庫，毛抄本的傳播綫索可謂清晰。明道本另有陸貽典（一六一七—一六八六）校宋本、惠棟（一六九七—一七五八）校宋本。陳樹華（一七三〇—一八〇一）《春秋外傳考正》（以下簡稱《考正》）、《四庫全書薈要》皆曾據所見明道本校公序本。

清嘉慶五年（一八〇〇），黄丕烈「用所收影鈔（明道二年本）者」（黄氏《國語札記·序》）重雕明道本，收入士禮居叢書，成爲清中葉以還《國語》的主流刻本。關於黄氏所據之本，上揭陸心源題跋云：「此（毛抄本）則其祖本也。」但是，段玉裁《重刊明道二年〈國語〉序》則明確提到：「常熟錢氏從明道二年刻本影鈔者在其家，顧君千里細意挍出……今年，蕘圃用原鈔付梓，以公同好。」〔三〕二説互歧，無從質正，故不知黄雕明道本的祖本究竟是毛抄本還是錢抄本，所幸從《士禮居藏書題跋記·國語》中可知，在黄雕明道本刊刻之前，黄氏已用惠棟校本參校，而後者又參校了錢抄本與陸校本，黄雕明道本版本之精良於焉可見，湖北崇文書局同治八年（一八六九）覆刻本（附刻汪遠孫《國語明道本攷異》）、光緒三年（一八七七）永康退補齋覆刻本（附刻汪遠孫《國語明道本攷異》）、同年上海蜚英館石印本、民國二年（一九一三）上海博古齋石印本等俱以黄刊明道本爲底本，中華書局《四部備要》本、商務印書館《萬有文庫》本、《國學基本叢書》本、《叢書集成初編》本《國語》皆祖黄刊明道本，百餘年來的註釋本、點校本如吴曾祺（一八五二—一九二二）《國語韋解補正》（一九〇九，以下簡稱《補正》)、傅庚生(一九一〇—一九八四)《國語選》(一九五九)、上海師大點校本(一九七八)皆是也，尤其是上海師大點校本，多次印刷，影響甚巨。

黄刊明道本的影響遠及境外，嚴紹璗《日藏漢籍善本書録》引述《商舶載來書目》稱：日本光格天皇享和二年(一八〇二)，中國商船已將天聖明道本《國語》(謹按：這裏指黄刊本)運抵日本[一四]。據郭萬青教授研究，日本文化元年(一八〇四)，日本江户葛氏上善堂即予翻刻，文化三年重刊[一五]。成于文化七年的秦鼎(一七六一—一八三一)《國語定本》疑即據前二者參校。影響所及，鈴木隆一(一九〇四—二〇〇五)所編《國語索引》(一九三四)、德國鮑吾剛(一九三〇—一九九七)《國語索引》(一九七三)、臺灣張以仁《國語引得》(一九七六)、香港劉殿爵(一九二一—二〇一〇)《國語逐字索引》(一九九九)皆以黄刊明道本爲工作底本。

在黄刊明道本東傳日本之前，朝鮮半島已有了同一系統的《國語》刊本，現藏日本國會圖書館的朝鮮經筵藏本在《國語補音叙録》之後有如下識語：「經筵所藏《國語》與《音義》一本，頗有脱落。求之中國，得别本，闕逸尚多，註解亦略。購求日本，又得詳略二本，兼《補音》三卷以來，亦且不完。正統庚申夏，命集賢殿以經筵所藏舊本爲主，參考諸本，正其訛謬，補其脱落，仍將《音義》、《補音》芟荑煩亂，分入逐節之下。其不完者，韻書補之，于是爲書遂全云。」其時在公元一四四〇年，我將它簡稱爲正統本。雖然正統本爲目前所知最早將宋庠《國語補音》散入正文中的刊本——這比後來張一鯤（一五二三—一六一一）本將《舊音》《補音》「音切條釋字下」（張刊《〈國語〉凡例》）要早一百多年，但據比對，其正文與韋注都明顯呈現明道本的特徵，可知其底本經筵藏本也應該就是明道本。

日本學者手中也早已有明道本在流傳，如成書於一七六三年的渡邊操（一六八七—一七五五）《國語解删補》、成書於一七九九年的户埼允明（一七二四—一八〇六）《國語考》、成書於一八〇〇年的冢田虎（一七四二—一八三二）《增注國語》，都明顯有依據明道本校訂的痕跡，唯不知其所依據者是朝鮮正統本識語中所説的「詳略二本」，還是後來傳入的校宋本。

前人曾多所褒揚明道本而貶抑公序本，如顧廣圻（一七七〇—一八三九）在《思適齋書跋》中有云：「今蕘圃黄君乃以真本見借，所獲抑何奢歟。悉心讎勘，兩逾月始克歸之。自今而後，宋公序以下皆可以覆瓿矣。」〔一六〕錢曾、錢大昕（一七二八—

一八〇四)、段玉裁(一七三五—一八一五)、潘景鄭(一九〇七—二〇〇三)等都有類似的臧否[一七],楊守敬(一八三九—一九一五)《日本訪書志》則謂:「明道本固有勝公序處,而公序之得者十居六七。」[一八]本人逐字比對,發現黄刊明道本固然十分珍貴,亦每有勝於公序本者,但總體而言,公序本遠勝於明道本,這一點,本人在所著《國語韋昭注辨正·前言》已有討論[一九],最明顯的一點是,公序本多用古字、生僻字、借字、初文、正字,與之相對應,明道本喜用常見字、熟字、本字、後起字、俗字,而在改字過程中,多有因修改未盡而致用字前後不統一者。《新唐書·藝文志》云:「天寶三載,又詔集賢學士衛包改古文從今文。」[二〇]宋戴侗《六書故》則謂:「六籍多用俗字,惟《周禮》《儀禮》《國語》《史記》《漢書》傳習稍少,故猶有未盡變者焉。」[二一]則存古字之《國語》版本尤爲可貴,故本書取公序本爲底本,而將明道本作爲參校本。

四、《國語》的版本系統之一:公序本及其流傳

關於公序本的刊刻原委,宋庠《國語補音·敘録》有詳細記載:「天聖初,有宗人同年生緘假庠此書,最有條例,因取官私所藏凡十五六本校緘之書,其間雖或魯魚,

而緘本大體爲詳。」〔二二〕臺北故宫博物院藏沈仲濤所捐贈的《國語補音》一部，書末有「治平元年二月二十五日中書劄子一道」，中云「《國語》並《補音》共一十三册，宜令國子監開板印造」，署「右從政郎嚴州司理參軍薛鋭校勘」，可知宋庠書成後於國子監付梓，時在北宋英宗治平元年（一〇六四）二月之後。

宋元遞修本：在目前所見公序本系統中，以宋刻宋元遞修本爲最早，本書簡稱遞修本，該本《國語》二十一卷、《國語補音》三卷，現藏於中國國家圖書館，影印收入《中華再造善本·唐宋編》、國家圖書館出版社《國學基本典籍叢刊》（題《宋本國語》），遞修本爲張元濟先生涵芬樓舊藏，《涵芬樓燼餘書録》著録原葉和宋元補版刻工約八〇人，並云：「本式之鉅，極所罕見。書用蝶裝，疑猶是宋代舊制。」〔二三〕《中國版刻圖録》云：「推知此書當是南宋初期杭州地區刻本，疑即南宋監本。迭經宋元兩朝補版，元時版送西湖書院，《西湖書院重整書目》中有《國語》一目，蓋即此本。每册首葉有『東宫書府』朱文方印，當是元時官書，明太祖滅元得之，以貽懿文太子者。」〔二四〕清莫友芝（一八一一—一八七一）《郘亭知見傳本書目》卷四史部五雜史類著録《國語》版本多種，其中有云：「《國語注》，有紹興十九年刊本，半頁十行，行二十字。」〔二五〕

莫氏所云「紹興十九年刊本」有可能是上述南宋監本〔二六〕。因去古未遠，遞修本保留了更多的公序本原貌。

南監本及其子系統：元代，南宋重刻公序本版片歸西湖書院，輾轉入明後存南京國子監，中間續有補版和印刷，是爲南監修補本，本書簡稱南監本。明黄佐（一四九〇—一五六六）《南廱志》卷十八《經籍考下》載梅鷟編版片目録，於「《國語》二十一卷《補音》三卷」下注云：「存者三百八十面，破者六面。……刻自元大德間，歲久缺損，弘治十七年七月，祭酒章懋、司業羅欽順命監丞戴鏞召匠重刻七十五板，修刻六十八板，遂成全書。」〔二七〕北京大學圖書館「大倉文庫」藏有一部該版《國語》（附《補音》），臺北「國家圖書館」、臺北「故宫博物院」和日本静嘉堂文庫亦有收藏。其中，静嘉堂文庫本首頁係元代補版，大倉文庫本首頁則題爲「弘治十七年補刊」。臺灣「國家圖書館」所藏南監本缺一二兩卷和《補音》三卷，存卷亦多漫漶，卷三明代補版的監生，較静嘉堂文庫本多出「監生蔣纓」，知前者年代更晚。静嘉堂本爲全帙，且比前者更接近於宋元遞修本，但漫漶更甚，其中脱兩個版面：一、《周語下》「宣三王之德也……爲之告晉」中間文字，即《伶州鳩論鍾律於景王》末尾部分、《賓孟見雄鷄自斷其尾因而感王》全文及《劉文公與萇弘欲城周衛彪傒知其不終》開頭部分，宋元遞修本與臺圖南監本此處正好完整的兩個頁面；二、《晉語四》「公告大夫曰……聞之」中間文字，即《文公救宋敗楚於城濮》中「宋人告急……偃也」一段，宋元遞修本與臺圖南監本此處也是正好完整的兩個頁面，該部分静嘉堂本重複同卷前已出現的「成而儁才……庭實旅百」兩頁，用以填充。本書所用以參校的南監本即臺北「國家圖書館」藏本和静嘉堂文庫本，爲校勘分別計，稱後者爲静嘉堂本。

綜合李佳、吴宗輝的意見，本人以爲南監本的明補版訛誤和闕略較多，明刊弘治本、許宗魯本、金李本俱係在南監本的基礎上校刊而成，並對前者作了不同程度的校訂，兹依次略作介紹：

弘治本：明弘治十五年（一五〇二），李士實序刊本《國語》二十一卷、《國語補音》三卷，本書簡稱弘治本。該本校刻稍嫌粗疏，訛誤較多，且多有臆補之處，是本書所用各校本中質量最次者。經與静嘉堂本、南監本對比，發現存在這樣一個現象：凡是静嘉堂本、南監本漫漶或錯誤之處，弘治本往往會出現瑕疵。正德十二年（一五一七）明德堂刊本《重刊國語》七卷、《國語補音》二卷，本書簡稱正德本；嘉靖五年（一五二六）陝西正學書院刊本《國語》二十一卷、《國語補音》三卷，以上二種係據弘治本校刻而成，或也參校了南監印本，其中正學書院本校勘較弘治本爲精。後來的許宗魯本、金李本與新建李克家本都曾據弘治本校訂。

許宗魯本：明嘉靖四年（一五二五），許宗魯宜静書堂刊本《國語》二十一卷，本書簡稱許宗魯本，《原國立北平圖書館甲庫善本叢書》收有該本，省刻《補音》，而於目録後刻王鎣《國語古文音釋》。許自序云：「《國語》舊有監本、閩本、大名本，監本久而脱，閩本惡而俗，大名本侈而訛。」其中監本指南監修補本，大名本即弘治本，刻於河北大名府，故名。該本實以南監本爲主，並參校弘治本、閩本刊刻而成，校正了大量南監本與弘治本的問題，但因用《説文》小篆的隸定字刻書，每每不能見其所據本固有之用字。

金李本及其子本葉邦榮本、張一鯤本〔二八〕：嘉靖七年（一五二八），吴郡金李澤遠堂刊本《國語》二十一卷，本書簡稱金李本，《四部叢刊初編》影印收入該本。金李本行格、版式同於遞修本，在《國語解敘》後有「嘉靖戊子吴郡後學金李校刻于澤遠堂」小字題識，不刻《補音》。該本所據底本大致爲明代成化、弘治年間的南監修補本，但校刻精嚴，版式、字體和避諱一還宋本之舊，且對南監版片元明補版的誤字有較多訂正。《四部叢刊初編》收入金李本後，一九一九年初版時有五處描潤：《齊語》「綏謗言」韋注：「綏，上也。」「上」描作「止」。《晉語三》「志道者勿忘」韋注：「勿忘此占言。」「占」描作「古」。《晉語四》「實生重耳」韋注：「伯行狐■子空。」墨釘被描作「氏字」二字。《吴語》「敗王子友於姑熊夷」韋注：「王子友，夫差太子也。」「太」改作「大」。《越語下》「彊而不剛」韋注：「行不以剛。」「行」描作「外」。一九二六年再版時，保留了前二處描潤，恢復了後三處原貌。但後者於《晉語一》「齒牙爲猾」韋注「齒牙，謂兆端」，「兆」改作「非」，實誤。

嘉靖十五年（一五三六），閩中葉邦榮校刊本《國語》二十一卷，本書簡稱葉邦榮本，經比對，其祖本即金李本，亦無《補音》。葉邦榮本似據南監本等對金李本有幾十處修訂，與金李本同誤者十九處，金李本是而葉邦榮本誤改者十八處，用字不符公序本慣例而從俗者十二處，徑行删除舊版墨釘或空格者三處，總的看來難稱後出轉精。

張一鯤本：根據對張刻《國語》中保留的約三十個刻工的活動時間推斷，該書當刊刻於明萬曆六年（一五七八）至萬曆十年間，是晚明迄有清一代影響最大的《國語》

刻本。該本將《補音》散入正文，多所增删和改訂，但版刻精良，以圓圈和方框區隔正文和注音，標識字頭，頗便瀏覽，流傳較廣。萬曆十三年（一五八五）吴汝紀覆刻張一鯤本，萬曆中期穆文熙編纂、劉懷恕參校《國語評苑》、萬曆末年新建李克家本[二九]，以及清代乾隆二十七年（一七六二）文盛堂本、蘇州緑蔭堂本、孔繼涵孔氏詩禮堂本等皆從張一鯤本出[三〇]，最後者又係《四庫全書》本之底本，孔氏詩禮堂本雖有後來孔廣栻（一七五五—一七九九）的批校，因疏漏較多，其價值似反不及張一鯤本。日本道春（林羅山，一五八三—一六五七，法號道春）點本又據劉懷恕本覆刻，日本渡邊操《國語解删補》、關修齡《國語略説》、冢田虎《增注國語》、千葉玄之《重刻國語》（初刻於天明六年，一七八六）皆以前者爲底本，秦鼎《國語定本》又取道春點本的千葉玄之重校本爲底本。張一鯤本用字存在從衆從俗的特徵，喜將公序本原有之「於」改成「于」、「皃」改作「貌」、「脩」改作「修」，「灾」改作「災」，「賓」改作「賔」，然而又每有修改未盡之跡，甚至若干地方又將固有的「于」字回改成「於」，致失公序本的版本特徵，其子系統各本亦存在同樣的問題。

董增齡（約一七八〇—？）《國語正義》（以下簡稱《正義》）：該書爲清人《國

語》整理成果之最厚重者，在用字風格上，也沿襲了張一鯤本擅自改字的傾向，更有甚者，如董氏在自序中所云：「宋公序《補音》本及天聖本兩家並行，近曲阜孔氏所刻用《補音》本（即孔氏詩禮堂本）。今兼收二家之長，而用《補音》本者十之七八。」但據本人比對，《正義》基本還是公序本的舊觀，甚至有著明顯的張一鯤本的特徵，只是「兼收二家」之後，版本價值大打折扣了。

類似的版本問題在沈鎔（一八八六—一九四九）《國語詳注》、徐元誥《國語集解》中更形顯著，前者在《例言》中有云：「二書（指明道本與公序本）互有出入，本編折衷於二者之間。」後者也在《敘例》中云：「傳文以明道、《補音》二本爲據，擇其是者從之。」雖然如《集解》於文本解讀多有可取，但武斷地折衷與抉擇的結果是，無論是《國語》正文還是韋昭注文，讀者在援引之時都需要多一番甄别的功夫。

目前所見《國語》諸版本，以金李本與宋元遞修本最爲精良，究竟選哪一種作底本，我曾與師友們反覆討論。據本人統計，除了兩可兩不可以及不可遽斷高下者外，金李本勝者凡一三八處，遞修本勝者二〇一處，具體表現在各語中，《周語》三卷中，金李本勝者三十一處，遞修本勝者七十一處；《齊》、《魯語》中，金李本勝者十三處，遞修本勝者十一處；《晉語》九卷中，金李本勝者五十五處，遞修本勝者八十八處；《鄭語》及以下各語中，金李本勝者三十九處，遞修本勝者三十二處。金李本中一眼可見的誤字，如「入」與「人」、「方」與「玄」、「人」與「大」、「曰」與「曰」、「卜」與「十」等之類已於正文徑改，於腳注中説明，此類凡有四十六處，略多於遞修本，如果不計本部分，則金李本與遞修本差距並不明顯。考慮到遞修本多次補版，用字不一致的情況比較多，在第二九頁、第三〇頁之最末二字及第一四二頁末欄上端無法辨認，而金李本則完整無缺，且流行時間久，影響大，讀者更加熟悉，故仍以金李本爲底本。本書在校語中於各版本的歧異均有呈現，讀者自可據以判斷。希望課題組在不久的將來能爲學界奉獻一部遞修本《國語》並《補音》的點校本。

二〇一八年十二月三十一日初稿

二〇二〇年〇七月二十九日修訂

【注釋】

〔一〕收録於譚家健著,《先秦散文藝術新探》,北京:首都師範大學出版社,一九九五年,頁一七九—一九七。

〔二〕譚家健著,《先秦散文藝術新探》,同上注,一八五頁。

〔三〕沈長雲著,《〈國語〉編撰考》,《河北師院學報》一九八七年第三期,頁一三四—一四〇。

〔四〕見湖南省文物考古研究所等,《湖南慈利石板村三六號戰國墓發掘簡報》,《文物》一九九〇年第一〇期;湖南省文物考古研究所、慈利縣文物保護管理研究所,《湖南慈利縣石板村戰國墓》,《考古學報》一九九五年第二期。

〔五〕其中輯録自《太平御覽》者凡四七條,個别條目疑係編者改編韋注而成。

〔六〕參見張以仁《〈國語舊音〉考校》,載《「中央研究院」歷史語言研究所集刊》第四三本第四分,一九七一年。

〔七〕參見李紅《〈國語補音〉舊音反切考》,載《南陽師範學院學報(社會科學版)》二〇〇九年第八期。

〔八〕中國國家圖書館藏有該書元刻本。

〔九〕〔清〕錢曾《讀書敏求記》卷一：「吾家所藏《國語》有二：一從明道二年刻本影鈔。」

〔一〇〕〔清〕毛扆《汲古閣珍藏秘本書目》：「《國語》五本一套。」自注：「從絳雲樓北宋板影寫，與世本大異。」《叢書集成初編》本，北京：中華書局，頁五。

〔一一〕〔清〕何焯《跋國語（舊鈔天聖明道本）》，載《義門先生集》卷九，《續修四庫全書》第一四二〇册，頁二三〇。

〔一二〕〔清〕陸心源撰，馮惠民整理，《儀顧堂書目題跋彙編》，中華書局，二〇〇九，頁五六。

〔一三〕《韋昭國語注》，臺北：藝文印書館，一九七四，頁三。

〔一四〕見嚴紹璗《日藏漢籍善本書録》，北京：中華書局，二〇〇七，頁四五九。

〔一五〕見郭萬青《日本主要〈國語〉刊本考略》，《古籍整理研究學刊》二〇一六年第六期。

〔一六〕〔清〕顧廣圻著《思適齋書跋》，上海：上海古籍出版社，二〇〇七，頁二三。

〔一七〕參見〔清〕錢曾《讀書敏求記》、〔清〕錢大昕《重刊明道二年國語序》、〔清〕段玉裁《重刊明道二年國語序》、潘景鄭《著硯樓書跋·〈國語校本〉題記》。

〔一八〕〔清〕楊守敬《日本訪書志》，光緒丁酉（一八九七）鄰蘇園開彫，第三册，頁一。

〔一九〕俞志慧著，《國語韋昭注辨正》，北京：中華書局，二〇〇九，頁六—九。

〔二〇〕［宋］歐陽修、宋祁撰，《新唐書》，北京：中華書局，一九七五，頁一四二八。

〔二一〕［宋］戴侗撰，《六書故》，温州文獻叢書，上海社會科學出版社，二〇〇六，頁一九。

〔二二〕《宋本國語》，北京：國家圖書館出版社，二〇一七，册四，頁三六。

〔二三〕張元濟《涵芬樓燼餘書録》，《張元濟全集》第八卷，北京：商務印書館，二〇〇九，頁二五八。

〔二四〕北京圖書館編：《中國版刻圖録》，北京：文物出版社，一九六一年第二版，頁一三。

〔二五〕［清］莫友芝著，傅增湘訂補，傅熹年整理：《藏園訂補郘亭知見傳本書目》，北京：中華書局，二〇〇九，頁二七三。

〔二六〕李佳《〈國語〉宋公序本刊刻考》（《安徽史學》二〇〇九年第一期）已指出莫氏所云「紹興十九年刊本」是認定南宋高宗時有公序本刊刻的一個非常重要的書證。

〔二七〕［明］黄佐《南廱志》，臺北：臺灣偉文圖書出版社有限公司，一九七六，頁一四三一—一四三二。

〔二八〕關於張一鯤本的祖本，未見明確信息，但以下四則材料可證其出於金李本：一、《周語上·虢文公諫宣王不藉千畝》「不藉千畝」韋注金李本有云：「田藉千畝。」張一鯤本、穆文熙纂注《國語》、《國語評苑》、道春點本同，遞修本、弘治本、《鈔評》、李克家本、《增注》「田藉」作「藉田」，明道本、正統本、閔齊伋本及《非國語》作「籍田」，金李本誤倒，張一鯤本承之，其後者又襲其訛。二、《周語下·伶州鳩論鍾律於景王》「所以厲六師也」韋注金李本有云：「名北樂爲厲者。」張一鯤本同，其他各本「北」皆作「此」，金李本字訛，張一鯤本承之。三、《魯語下·叔仲昭伯勸襄公如楚》「説侮不懦」下韋注金李本有云：「言楚人欲除其侮後之恥。」葉邦榮本、張一鯤本同，明道本、遞修本、正統本、南監本、弘治本、《增注》、秦鼎《國語定本》、《四庫薈要》「後」作「慢」，《訂字》謂當作「慢」，據義是。四、《晉語四·宋襄公贈重耳以馬二十乘》「其先君之戎御趙氏之弟也」，張一鯤本、李克家本、閔齊伋本同，明道本、遞修本、正統本、南監本、弘治本、許宗魯本、《增注》、《正義》「氏」作「夙」，《訂字》、秦鼎皆指「氏」字誤，是。

〔二九〕據本人比對，該本曾據弘治本校勘。

〔三〇〕參見郭萬青《張一鯤刻本〈國語〉及其系統考述》（《海岱學刊》二〇一六年第二期總第一八輯）和郭萬青《清代〈國語〉的傳抄及版刻》（《唐山師範學院學報》二〇一八年第一期）。

凡例

一、本書以民國八年（一九一九）上海商務印書館《四部叢刊初編》本爲底本，該本據上海涵芬樓借杭州葉氏藏明嘉靖戊子（一五二八年）吴郡金李澤遠堂翻宋本（簡稱金李本）景印。

一、《國語》各《語》下之分篇標題多依上海師範大學古籍整理組校點的《國語》（簡稱上海師大本）補，其中九十二篇有差異，大多於注下有所説明。上海師大本據《四部備要》排印清代士禮居翻刻明道本爲底本，二者篇題用字上有出入時仍從公序本。

一、八《語》下之解題，仿宋庠《國語補音》體例，將前人有關國名、世系、地理等信息迻録，並略作考辨。

一、彙校以所校詞句爲單位，全書近六千則校語以段後注形式呈現，先明諸本異同，次列各家舊校，在此基礎上對舊説略作評語，或徑下斷語，或補舊校之未及。

一、凡正文與韋昭注文的衍、奪、訛、倒、誤、異文等均在校語中注明，不改原文。四十五處《國語》正文和韋注、八處《補音》誤文明顯爲寫工、刻工之手誤，則在正文中改正，同時在校語中出注。《四部叢刊》初印本編者描潤改字五處，重印本回改三處，均予出注説明。

一、所集各家之注文置於正文之後，引用時不施引號，出處置於括注中。韋昭有解者，置韋解於首，唯不出「韋解」二字；其他舊注依時間順序置於相應語句之後；韋昭無解者，其他舊注依時間順序置於相應語句之後。舊解之取捨，詳前略後，唐前舊注應録盡録，如鄭衆、賈逵、唐固、虞翻、王肅、孔晁、敦煌殘卷舊注皆照録；因韋昭「因賈君之精實，采虞、唐之信實，以《爾雅》齊其訓」，故將《爾雅》中相關訓釋迻録，以見其學術傳承。後世重複或雷同者録早不録晚，同一説法若有深化、補充或展開者，亦予采録。僅及辭章與離開文本闡發之義理則不録，如明清人這方面之評點不録。明顯錯誤者不録，意義不大者不録。所采韋昭以外各家之説或稱其姓名，或出其作品；他如《經義述聞》中見於非專章討論《國語》者，則另標卷次或篇什，方便查考。

一、除韋昭注外，集注大體以作品成書時間先後爲序。若成書時間不詳，則按論主生卒年先後爲序。出生年份明確者，以出生先後爲序；出生年份不詳者，以卒年爲序；生卒年俱不詳者，則以登科、任職先後爲序。今所見時賢之説之有善者，亦多所取資。

一、韋解以外的其他各家訓釋間以○相隔。本人一千九百多則按語則以◎領起，或揭學術之承傳，或補舊説之未備，疏通詞章，發覆隱微，以達義爲宗旨，不尚繁瑣考證。於文獻不足徵或義理不明者，姑録衆説以待高明，不敢遽下斷語。

一、《國語舊音》（簡稱《舊音》）、《國語補音》中之音注只取不常見者或者今天讀者容易讀錯者。《舊音》多用直音，《補音》多用反切，反切上下字的語音變化小於直音之單字，故本書音注多取《補音》；考慮到唐宋之際語音的變遷，《舊音》與《補音》相異者，多可資考證，故亦有兩存之者。

一、前文已出現的音注或義訓，如殺（音申志反）、父（音甫）、射（盈隻反）等，除容易致誤者外，後文重複出現，一般不再出注。同理，前文已出現的通假字如罷（疲）、從（縱）、共（供、恭）、不（否）等，若後文重複出現，也不再出注。

一、集注引用前人成説，中間有省略者不出省略號，讀者引用時，請檢核原書。

一、有關歷史地理的考釋，除取資《國語正義》、《國語釋地》等前賢研究之外，亦多憑本人田野調查及文獻閲讀所得。一些耳熟能詳的地名，如秦、衛、宋、曹等則不再施注。《鄭語》中地名繁複，爲便於閲讀，不一一依《國語釋地》解釋。

一、前賢如陸隴其、董增齡等每於《國語》正文及韋注涉及《詩》、《書》、《禮》、《易》等典籍者大抵揭其出處，頗方便讀者，唯本書重在校注，爲節省篇幅，除本人以爲特别必要者外一概從略。

一、拙著《國語韋昭注辨正》（以下簡稱《辨正》）中的觀點采入本書中凡一百六十四則，唯既經專書發表，故不與此次按語並提，而以《辨正》標注。已見於《國語韋昭注辨正》的結論從簡，相關考訂請互相參看。

一、書末附《〈國語〉的文類及八語遴選的背景》《吴越争霸史事編年》，職是之故，有關文類的概念及其體例以及《吴語》《越語》正文中相關的年代學考訂從略。

一、底本所見俗體字、舊體字，本次整理時統一爲通行繁體字。至於金李本《國語》正文及韋昭注中若干罕見異體字，如「𠚊」、「負」等，此次迻録亦不再保留，而出之以「農」、「員」等常見字。因字體差異而導致的訛誤，除個别特别需要説明者外，一般不再出校。

一、古書多避諱，本書於缺筆諱字，徑改回原字，不再出校。表示恭敬之抬頭與側書，依現代漢語表述之通例，平抬處取消提行，挪抬處删除空格，側書處改回正書，俱不出校。所引古書中的避諱改字，如影響文義理解，如「鄭玄」作「鄭元」、「律曆志」作「律歷志」等，則徑改。他皆仍舊。

一、校注時爲簡便計，著作名稱首次出現使用全稱，再次出現使用簡稱，爲方便讀者閲讀與檢索，兹將相應書目的簡稱附録如下：

徵引文獻及其簡稱一覽表

（以漢語拼音音序排列）

一、校本

《國語》，甘肅藏敦煌寫本殘卷，收入《甘肅藏敦煌文獻》第二卷，段文杰主編，蘭州：甘肅人民出版社，一九九九，簡稱敦煌殘卷本；

《國語》，［三國吴］韋昭注，中國國家圖書館藏宋刻宋元遞修本，附［北宋］宋庠《國語補音》三卷，簡稱遞修本；

《國語》，［三國吴］韋昭注，日本静嘉堂文庫藏宋刊宋元明遞修本，附［北宋］宋庠《國語補音》三卷，簡稱静嘉堂本；

《國語》，［三國吴］韋昭注，日本國立國會圖書館藏明正統庚申（一四四〇）朝鮮活字本，簡稱正統本，其中該書中所指的古鈔本仍其舊名曰古鈔本；

《國語》，［三國吴］韋昭注，日本内閣文庫藏影鈔正統本，友野瑍、鈴木洋、江目畿、細井謨等校，簡稱影鈔正統本；

《國語》，［三國吴］韋昭注，南宋紹興十九年（一一四九）刊，明弘治間（一四八八—一五〇五）南監修補本，附［北宋］宋庠《國語補音》三卷，臺北「國家圖書館」藏，簡稱南監本；

《國語》，［三國吴］韋昭注，明弘治十五年（一五〇二）刊本，［明］李士實序，附［北宋］宋庠《國語補音》三卷，臺北「國家圖書館」藏，簡稱弘治本；

《國語》，［三國吴］韋昭注，明正德十二年（一五一七）明德堂刊本，簡稱正德本；

《國語》，［三國吴］韋昭注，附《古文音釋》一卷，［明］王鏊撰，美國加利福尼亞大學伯克利分校藏明嘉靖四年（一五二五）許宗魯宜静書堂刊本，簡稱許宗魯本；

《國語》，中國國家圖書館藏明嘉靖五年（一五二六）陝西正學書院刊本，簡稱正學書院本；

《國語》，上海商務印書館《四部叢刊初編》本，該本據上海涵芬樓借杭州葉氏藏明嘉靖戊子（一五二八年）吴郡金李澤遠堂翻宋本景印，簡稱金李本；

《國語》，［三國吴］韋昭注，明嘉靖七年（一五二八年）吴郡金李澤遠堂刊本，佚名批校，國家圖書館藏，簡稱國圖藏金李本；

《國語》，［三國吴］韋昭注，明嘉靖七年（一五二八年）吴郡金李澤遠堂刊本，臺北「國家圖書館」藏，清嘉慶間浦墉校宋本；

《國語》，［三國吴］韋昭解，嘉靖十五年（一五三六）閩中葉邦榮刊本，簡稱葉邦榮本；

《國語》，[三國吴]韋昭解，[北宋]宋庠補音，[明]張一鯤刊本，臺北「國家圖書館」藏，簡稱張一鯤本；

《國語》，[三國吴]韋昭解，[明]新建李克家校刻本，[清]陸隴其批注，復旦大學圖書館藏，簡稱李克家本；

《國語》，臺北「國家圖書館」藏明新建李克家校刊本；

《國語》，[三國吴]韋昭解，[日本]林羅山（一五八三—一六五七，法號道春）點，寶曆十一年（一七六一）再版，日本二松學舍大學藏加藤復齋舊藏，簡稱道春點本；

《國語》，[三國吴]韋昭注，景印摛藻堂《四庫全書薈要》本，臺北：世界書局，一九八六，簡稱《四庫薈要》本；

《國語》，[三國吴]韋昭注，[清]嘉慶庚申（一八〇〇）黄丕烈讀未見書齋重雕天聖明道本，簡稱明道本；

《國語》，臺北「國家圖書館」藏影鈔宋明道二年（一〇三三）刊本；

《國語》，[三國吴]韋昭注，[清]洪榜校，[清]孔繼涵録並校，[清]孔廣栻批校，近人王籛批校並跋，清孔氏詩禮堂刻本，中國國家圖書館藏，簡稱詩禮堂本；

《國語》，［三國吴］韋昭注，文淵閣《四庫全書》本，該本源自孔氏詩禮堂本，簡稱《四庫》本；

《國語》，上海師范大學古籍整理研究所校點，上海古籍出版社，一九九八，簡稱上海師大本；

《國語補音》，［北宋］宋庠補音，中國國家圖書館藏宋刻宋元遞修本《國語》所附《國語補音》三卷，簡稱《補音》；

《國語補音》，［北宋］宋庠補音，《叢書集成續編》本，該本係《湖北先正遺書》所收微波榭本；

《國語補音》，［清］陳樹華校，［清］孔廣栻録，［清］孔繼涵校，［清］孔廣彬跋，明正德十二年（一五一七）明德堂刻本，中國國家圖書館藏；

《國語補音》，文淵閣《四庫全書》本；

《國語正義》，［三國吴］韋昭注，［清］董增齡正義，稿本，上海圖書館藏，簡稱《正義》；

《國語正義》，[三國吴]韋昭注，[清]董增齡正義，清光緒六年（一八八〇）會稽章氏式訓堂刻本，簡稱《正義》，以上二書文字有區别時行文中另予説明；

《監本音注國語解》，[三國吴]韋昭撰，明刻本，中國國家圖書館藏，簡稱監本；

《北堂書鈔》，[隋]虞世南編，清光緒十四年（一八八八）萬卷堂刻本，簡稱《書鈔》；

《册府元龜》（殘），[北宋]王欽若等編，南宋刊，日本静嘉堂文庫藏，簡稱宋本《元龜》；

《册府元龜》，[北宋]王欽若等編，中華書局影印明刊本，一九六〇，簡稱《元龜》；

《太平御覽》，[北宋]李昉編，《四部叢刊三編》景宋本，上海商務印書館，一九三五，簡稱《御覽》；

《新編類意集解諸子瓊林》，[元]蘇應龍輯，北京：北京圖書館出版社，中華再造善本，二〇〇五，簡稱《諸子瓊林》；

二、注本

《標注國語定本》，[三國吴]韋昭解，[宋]宋庠補音，[日本]高木熊三郎標注，明治十七年（一八八四）温故書屋刻本，復旦大學圖書館藏，簡稱《標注》；

《重刻國語》，［明］穆文熙編纂，劉懷恕校，［日本］千葉玄之再校，天明六年（一七八六）初刻，簡稱千葉玄之；

《春秋外傳國語訂字》，［日本］岡島順撰，淺見龍在繕寫，日本明和七年（一七七〇）刊，日本國文學研究資料館藏，簡稱《訂字》；

《春秋外傳國語解刪補》，［三國吴］韋昭解，［日本］渡邊操刪補，日本寶曆十三年（一七六三）刊，日本北海道市立函館中央圖書館藏，簡稱《刪補》；

《春秋外傳考正》，［清］陳樹華撰，中國國家圖書館藏，清盧文弨抱經堂抄本，簡稱《考正》；

《國語》，［明］閔齊伋裁注，明萬曆己未年（一六一九）閔氏朱墨套印本，美國哈佛燕京圖書館藏，簡稱閔齊伋本；

《國語》，［明］盧之頤訂正，明刻本，北京師範大學圖書館藏，簡稱盧之頤；

《國語》，［三國吴］韋昭解，［明］鍾惺、陳仁錫合評，明末二乙堂刻本，北京大學圖書館藏，簡稱二乙堂本；

《國語備考》，［日本］恩田仲任著，寫本，日本國立國會圖書館藏，簡稱《備考》；

《國語標注》，日本帆足萬里著，日本帆足紀念圖書館編《帆足萬里全集》下卷，日本大正十五年（一九二六）版；

《國語補校》，［清］劉台拱撰，清道光十四年（一八三四）揚州阮思海刻《劉端臨先生遺書》本，簡稱《補校》；

《國語補韋》，［清］黄模著，汴京古鑑齋刻本，一九三五，簡稱《補韋》；

《國語補音劄記》，［清］錢保塘撰，清光緒二年（一八七六）成都尊經書院刻《經典釋文》本（全書名爲《國語補音三卷劄記一卷》），簡稱錢保塘《劄記》；

《國語補注》，［清］姚鼐撰，清光緒十四年（一八八八）刻《南菁書院叢書》本，簡稱《補注》；

《國語鈔評》，［明］穆文熙編，美國國會圖書館藏明萬曆年間金陵胡東塘刊本；明萬曆十二年（一五八四）傅光宅刻本，復旦大學圖書館藏，簡稱《鈔評》；

《國語抄評》，［明］葉明元抄評，萬曆十六年（一五八八）刊，日本内閣文庫藏，簡稱《抄評》；

《國語存校》，［清］王懋竑著，收入氏著《讀書記疑》，同治十一年（一八七二）福建撫署刻本，簡稱《存校》；

《國語定本》，［三國吴］韋昭注，［日本］秦鼎校訂，浪華書肆岡田群玉堂制本，日本嘉永七年（一八五四），簡稱秦鼎本；

《國語發正》，［清］汪遠孫著，清道光二十六年（一八四六）錢塘汪氏振綺堂刻《振綺堂遺書》本，簡稱《發正》；

《國語集解》（修訂本），徐元誥撰，王樹民、沈長雲點校，中華書局，二〇〇二，簡稱《集解》；

《國語校文》，［清］汪中著，北京：中華書局，《叢書集成初編》本，一九九一，簡稱《校文》；

《國語斠證》，張以仁撰，臺北：臺灣商務印書館，一九六九，簡稱《斠證》；

《國語考》，［日本］户埼允明著，日本寬政十一年（一七九九）序，寫本，日本内閣文庫藏，簡稱户埼允明；

《國語考》，［日本］皆川淇園著，日本弘化二年（一八四五）鈔本，日本慶應義塾大學圖書館藏，簡稱皆川淇園；

《國語考》，［日本］龜井昱著，日本慶應義塾大學圖書館藏，抄本，簡稱龜井昱；

《國語考異》，［清］汪遠孫著，清道光二十六年（一八四六）錢塘汪氏振綺堂刻《振綺堂遺書》本，簡稱《考異》；

《國語略説》，［日本］關修齡撰，書肆申椒堂發行，日本寬政壬子（一七九二年）鐫，棲雲堂藏板，簡稱《略説》；

《國語三君注輯存》，［清］汪遠孫輯，清道光二十六年（一八四六）錢塘汪氏振綺堂刻《振綺堂遺書》本，簡稱《輯存》；

《國語釋地》，［清］譚澐撰，清光緒三至六年（一八七七—一八八〇）刻《味義根齋全書》本，簡稱《釋地》；

《國語釋文》，［清］王煦撰，清咸豐戊午（一八五八）年重鐫，觀海樓藏版，簡稱釋文；

《國語韋解補正》，近人吴曾祺著，上海：商務印書館，宣統元年（一九〇九），簡稱《補正》；

《國語韋昭注辨正》，俞志慧著，北京：中華書局，二〇〇九，簡稱《辨正》；

《國語韋解補正》，石光瑛撰，載《國立中山大學文學院專刊》第一期，一九三三年六月，簡稱石光瑛；

《國語詳注》，［清］沈鎔輯注，［清］王懋校訂，上海文明書局印行，一九一六，簡稱《詳注》；

《國語翼解》，［清］陳瑑撰，北京：中華書局，《叢書集成初編》，一九九一，簡稱《翼解》；

《校刊明道本韋氏解國語札記》，［清］黄丕烈札記，上海鴻寶齋石印本，一九一二，簡稱《札記》；

《經義述聞》，［清］王引之著，上海：商務印書館，國學基本叢書本，一九三四，簡稱《述聞》；

《群經平議》，［清］俞樾撰，清王先謙輯南菁書院刊《清經解續編》本，簡稱《平議》；

《群書校補》，蕭旭著，揚州：廣陵書社，二〇一一，簡稱《校補》；

《王覺斯手批國語讀本》，［三國吴］韋昭注，［明］王鐸批點，遼海書社影印明刻本，一九三四，簡稱王鐸手批；

《韋昭〈國語〉注研究》，湖南師範大學出版社，徐朝暉，二〇一七，簡稱徐朝暉；

《越縵堂讀書簡端記》，［清］李慈銘撰，王利器纂輯，天津：天津人民出版社，一九八〇，簡稱李慈銘；

《增注國語》，［三國吴］韋昭注，［日本］冢田虎增注，平安書林角田多助、矢代仁兵衛合梓，日本享和元年（一八〇一），簡稱《增注》。

目録

第一册

第二册

國語卷第三

國語卷第四

國語卷第五

第三册

國語卷第六

國語卷第七

國語卷第八

國語卷第九

國語卷第十

第四册

國語卷第十一

國語卷第十二

國語卷第十三

國語卷第十四

國語卷第十五

第五册

國語卷第十九

國語卷第二十

國語卷第二十一

國語解敘〔一〕

韋昭

昔孔子發憤於舊史，垂法於素王，左丘明因聖言以攄意，託王義以流藻，其淵源深大〔二〕，沈懿雅麗，可謂命世之才〔三〕，博物善作者也〔四〕。其明識高遠，雅思未盡，故復采録前世穆王以來，下訖魯悼智伯之誅〔五〕，邦國成敗，嘉言善語，陰陽律呂，天時人事逆順之數，以爲《國語》。其文不主於經，故號曰「外傳」，所以包羅天地，探測禍福，發起幽微，章表善惡者，昭然甚明〔六〕，實爲經蓺並陳〔七〕，非特諸子之倫也。遭秦之亂〔八〕，幽而復光，賈生、史遷頗綜述焉。及劉光禄於漢成世始更考校，是正疑繆〔九〕。至於章帝，鄭大司農爲之訓註〔一〇〕，解疑釋滯，昭晰可觀〔一一〕，至於細碎，有所闕略。侍中賈君敷而衍之，其所發明，大義略舉，爲已憭矣〔一二〕，然於文間時有遺忘。建安、黄武之間，故侍御史會稽虞君、尚書僕射丹陽唐君皆英才碩儒〔一三〕，洽聞之士也，采摭所見，因賈爲主而損益之。觀其辭義〔一四〕，信多善者，然所理釋〔一五〕，猶有異同。昭以末學，淺闇寡聞，階數君之成訓，思事義之是非，愚心頗有所覺。今諸家並行，是非相貿，雖聰明疏達識機之士知所去就，然淺聞初學猶或未能祛過〔一六〕。切不自料〔一七〕，復爲之解，因賈君之精實〔一八〕，採唐、虞之信善〔一九〕，亦所以覺增潤補綴〔二〇〕，參之以《五經》，檢之以《内傳》，以《世本》考其流，以《爾雅》齊其訓，去非要，存事實，凡所發正，三百七事。又諸家紛錯，載述爲煩，是以時有所見，庶幾頗近事情，裁有補益，猶恐人之多言，未詳其故，欲世覽者必察之也〔二一〕。

【彙校】

〔一〕敘，清黄丕烈校刻天聖明道本（唯「明道本」一詞事實上又泛指明道本系統的所有傳本，故當其易與明道本系統其他傳本相混淆時，則以「黄刊明道本」一詞以示區别）、正統本、葉邦榮本、張一鯤本、劉懷恕校刊穆文熙編纂本同，宋元遞修本、弘治本、許宗魯本、李克家本、閔齊伋本、盧之頤本作「序」，古通。

〔二〕源，明道本、正統本、影鈔正統本中所指的「古鈔本」（下稱古鈔本）、許宗魯本作「原」，原、源古今字。

〔三〕才，明道本同，遞修本、弘治本、許宗魯本、閔齊伋本、李克家本、盧之頤本作「材」，似後者擅改。

〔四〕也，明道本同，弘治本、閔齊伋本、李克家本、盧之頤本作「以」，遞修本、許宗魯本則作「已」，且俱爲下句首。

〔五〕智，明道本同，遞修本、弘治本、閔齊伋本、李克家本、盧之頤本作「知」。知（智）伯，《國語》正文公序本作「知伯」。「魯悼」下，上海師大本、薛安勤與王連生《國語譯注》等本點斷，魯悼非被誅殺，句意爲魯悼之時智伯被誅，而非魯悼公與智伯皆被誅殺，故中間不斷。

〔六〕昭，弘治本作「照」，疑擅改。

〔七〕爲，明道本、遞修本、正統本、弘治本、許宗魯本、閔齊伋本、李克家本、盧之頤本、《正義》作「與」，日本渡邊操《刪補》謂作「與」近是，《經傳釋詞》卷二廣引周秦文獻爲證，云：「爲，猶與也。」則是韋昭本作「爲」，然金李本之前的本子未見作「爲」者，是金李本另起爐灶，抑或他本不明其義擅改，俱不可知。 蓺，明道本、正統本作「藝」，古同，下不俱校。

〔八〕亂，明道本同，遞修本、弘治本、許宗魯本、閔齊伋本、李克家本、盧之頤本作「世」。

〔九〕繆，明道本、遞修本、正統本、弘治本、許宗魯本、閔齊伋本、李克家本、盧之頤本作「謬」，不知金李本何所據。

〔一〇〕註，明道本作「注」，遞修本、弘治本、許宗魯本、閔齊伋本、李克家本、盧之頤本作「解」。

〔一一〕晰，明道本、遞修本、正統本同，陳樹華《考正》謂依《説文》當作「晢」。閔齊伋本、李克家本、盧之頤本作「晰」，疑依後世用詞習慣擅改。

〔一二〕「憭」下，明道本有一空格，《札記》：「别本（重刻宋公序本）『憭』下不空。此本間附《舊音》，疑此亦是音，印本模糊，影寫遂缺。」有理。

〔一三〕陽，明道本同，遞修本、弘治本作「楊」，後者誤。才，明道本同，遞修本、弘治本、許宗魯本作「材」。

〔一四〕辭，張一鯤本作「亂」，後者字訛。

〔一五〕理釋，閔齊伋本、李克家本、盧之頤本、道春點本作「注釋」。

〔一六〕淺聞，明道本同，遞修本作「民閒」，弘治本、許宗魯本作「民間」，遞修本爲宋刻原葉，疑各有來源。

〔一七〕切，日本冢田虎《增注》作「叨」，疑後者形訛，《考正》謂蓋「竊」俗書作「窃」，遂譌爲「切」耳，可從。遞修本、弘治本、許宗魯本無此字，《考正》「過不自料」句，於語用亦通，如此，則是「竊」字有傳抄過程中後加的可能性，吴宗輝先已持此解。

〔一八〕精，弘治本、許宗魯本作「情」，似誤。

〔一九〕唐、虞，明道本、遞修本、正統本、許宗魯本二字互乙，上文「侍御史會稽虞君、尚書僕射丹陽唐君」，先虞後唐，此疑受「唐堯、虞舜」時序影響而乙。信，明道本同，遞修本、弘治本、許宗魯本作「言」，字殘。

〔二〇〕所以，閔齊伋本、李克家本、盧之頤本同，明道本、遞修本、弘治本、許宗魯本皆作「以所」，當以「以所」爲優。

〔二一〕必察之也，明道本同，閔齊伋本、李克家本、盧之頤本只作「察之」二字，遞修本、弘治本、許宗魯本則有「也」字而無「必」字。

國語卷第一

周語上[一]

《舊音》：杜預《世族譜》云：「黄帝之苗裔，姬姓，后稷之後，封於邰。及衰，稷子不窋失職，竄於西戎。至十二代孫，曰大王，爲狄逼，遷岐。至孫文王受命，武王克殷而有天下。至幽王，爲犬戎所殺。平王東遷，乃居王城。」

清董增齡《正義》：《國語》首以周，殿以越。周何以稱「國」？穆王時，周道始衰，《書》言「荒度作刑」，《史記》言「王道衰缺」，蓋已兆《黍離》、《國風》之漸。迨平王，周、鄭交質，直言結二國之信。雖號令止行于畿内，而爲天下共主，故首列焉。次魯，重周公之後，秉禮之邦也。次齊，美桓公一匡之烈也。次晉，見其主盟十一世，有夾輔之勳，且文之伯繼乎桓也。次鄭，鄭出厲王，於諸姬爲近，又與晉同定王室也。次楚，次吴，以其爲重、黎之後，泰伯之裔，不使其跡之湮没弗彰焉。終之以越，見閩蠻强而中夏無伯主，春秋亦于是終矣。

清譚澐《國語釋地》：周氏，黄帝之苗裔，姬姓，后稷之後也。后稷封於邰。及夏之衰，后稷之後不窋失其官守，竄於西戎。再傳至公劉，立國於邠。及太王，爲狄所逼，去邠遷岐。文王滅崇，作豐邑。武王克殷而王有天下，居鎬京。及幽王，見弑於犬戎。平王遷洛邑，都王城。平王四十九年，魯隱公元年。敬王又都成周。敬王三十九年，魯哀公十四年，獲麟之歲也。貞定王元年，《春秋》之傳終矣。貞定王以下十世，二百二十六年而周亡。

【彙校】

〔一〕宋元遞修本、静嘉堂本、金李本卷題頂格作「周語上第一」，空一格作「國語　韋氏解」，據宋庠《國語補音·敘録》所載，這是宋氏所「據以爲正」的底本，這種形式符合先秦古書小題在上、大題在下的特點，辛德勇推測這一寫本保存了相當原始的標目形式，本書係匯校集注，標題自不宜僅出「韋氏解」。黄丕烈校刊明道本首行頂格標「國語卷第一」，次行復頂格題「周語上」，今循其例。

1 祭公諫穆王征犬戎〔一〕

穆王將征犬戎，穆王，周康王之孫、昭王之子穆王滿也。征，正也，上討下之稱。犬戎，西戎之别名，在荒服〔二〕。　〇吴曾祺《補正》：犬戎即畎夷，《史記》「周西伯昌伐畎夷」是也。又作「昆夷」。○徐元誥《集解》：犬戎，在今陝西鳳翔縣西北。○張以仁《集證》：《孟子・盡心下》云：「征者，上伐下也。」又云：「征之爲言正也。」蓋韋解所本。然孟子實謂「征」之得名源之於「正」，非謂「征」訓「正」也，此即後世所謂「聲訓」。韋氏不察，而以爲義訓，不可從也。此「征」自當訓征伐。◎志慧按：張説洞幽察微，可從。**祭公謀父諫曰：「不可。**祭，畿内之國，周公之後，爲王卿士。謀父，字也。《傳》曰：「凡、蔣、邢、茅、胙、祭，周公之胤也。」〔三〕○孔晁：謀父，祭公名（《逸周書・祭公解注》）。○《舊音》：祭，莊界反，周公之後。父，音甫。○宋庠《補音》：諸經史惟父母字外，其餘凡涉地名或人之名字，皆音甫，古多借「父」字爲之，伯陽父、尼父之類是也。○《釋地》：《括地志》云：「祭城，在鄭州管城縣東北十五里。」管城，今河南開封府鄭州也。◎志慧按：韋注所引《傳》文見載《左傳・僖公二十四年》。祭，作爲古國名，字亦從邑作「鄈」。祭伯城遺址在今河南省鄭州市金水區，二〇〇五年，該遺址曾有過一次考古發掘。當地有條祭城路，祭伯城、祭城、祭城路之「祭」今皆讀如「榨」、「炸」。漈，今天的閩北方言讀如「寨」。《逸周書・祭公解》「祭公拜手稽首曰：『天子，謀父疾維不瘳。』」祭公對王稱謀父，則謀父非字，實名也。**先王耀德不觀兵。**〔四〕耀，明也。觀，示也。明德，尚道化也。不示兵者，有大罪惡，然後致誅，不以小小而示威武〔五〕。○《爾雅・釋言》：觀，示也。○賈逵：耀，明也（《文選》司馬相如《長門賦》李善注引、釋慧琳《一切經音義》卷三十引「耀」作「燿」，王、汪、黄輯）。**夫兵戢而時動，動則威。**戢，聚也。威，畏也。時動，謂三時務農，一時講武。守則有財〔六〕，征則有威。○《爾雅·釋詁》：戢，聚也。○賈逵：戢，藏也（《文選》陸機《歎逝賦》李善注引，王、汪、黄、蔣將此條置於下文「載戢干戈」下）。○删補：時動，謂有時動干戈而征亂國也，韋注以「宣王即位不藉千畝」之條所謂「一時講武」之義言，非也，與彼文意異。○孫鑛：時動，似謂征伐，非講武（盧之頤校訂《國語》）。○秦鼎：此謂三時務蓄積，一時講武備，故守禦有財，征伐有威也。今味韋解時動，不獨就講武上説也。近日説者粗心讀書，有駁韋君，非矣。○帆足萬里：戢，斂也。○陳偉《愚慮録》：戢，藏也。威謂嚴威。《禮》曰：「當其可之謂時。」《詩》有《六月》，不必皆在冬一時也。○《補正》：戢，斂也，訓聚非。◎志慧按：《説文·戈部》：「戢，藏兵也。从戈，咠聲。《詩》曰：『載戢干戈。』」《左傳·隱公四年》：「兵猶火也，弗戢，將自焚也。」杜注：「戢，止。」《詩·周頌·時邁》「載戢干戈」毛傳云：「戢，聚也。」《漢書·五行志上》顔注引「載戢干戈，載櫜弓矢」，並注云：「戢，聚也。櫜，韜也。言天下太平，兵不復用，故戢斂而韜藏也。」則「聚」與「藏」實爲一，聚而後藏也。復次，日本學者渡邊操、關修齡及後來户埼允明《國語考》訓「時動」似皆源於孫鑛的評點：「時動，似謂征伐，非講武。」唯「時動」相對於「三時務農」而言，當然是講武，「一時講武」，但不僅講武也，還有征伐，故韋昭又云「征則有威」，孫之疑非也。**觀則玩，玩則無震。**玩，黷也。震，懼也。○《爾雅·釋詁》：震，懼也。○賈逵：震，威也（《史記·晉世家》集解引）。○王引之《述聞》：震，亦威也。上言

「威」，下言「無震」，互文耳。 ○汪遠孫《發正》：《説苑·指武篇》：「兵不可玩，玩則無威。」正用《外傳》。 ○《補正》：震，威也。與上「動則威」對文，不訓懼。 ○石光瑛：玩謂狎玩，震訓威，賈注是。上言威，下言震，互文耳。凡内、外《傳》震字多作威義。 ◎志慧按：《爾雅·釋詁》：「震，懼也。」韋昭「以《爾雅》齊其訓」，此爲「使……懼」之義，諸家之解亦是也。**是故周文公之《頌》曰**：文公，周公旦之謚也。《頌》，《時邁》之詩[七]。武王既伐紂，周公爲作此詩，巡守、告祭之樂歌。 ○高木熊三郎《標注》：文公，美號而已，義與文王、武王同，未可以爲謚。 ◎志慧按：周公旦之時尚無謚法制度，《標注》説是也。**『載戢干戈，載櫜弓矢。**載，則也。干，盾[八]也。戈，戟也。櫜，韜也。言天下已定，聚斂其干戈，韜藏其弓矢，示不復用。 ○唐固：櫜，韜也（《史記·周本紀》集解引，王、汪、黄輯）。 ○《補音》：櫜，古刀反。盾，食允反。 ○《補正》：衹用「斂藏」二字，義已足。 ◎志慧按：韋以戟訓戈，蓋就其渾言立説，析言之，戈無長柄，戟則是戈與矛的合體。**我求懿德，肆于時《夏》**，懿，美也。肆，陳也。于，於也。時，是也。夏，大也。言武王常求美德，故陳其功[九]，於是夏而歌之。樂章大者曰夏。 ○皆川淇園：夏，中夏也。 ○秦鼎：我，指武王。夏，《九夏》也。《魯語》詳之。 ○帆足萬里：夏，中國也。 ○《發正》：陳氏奂曰：下文《傳》云「故能保世以滋大」，「保世」釋「允王保之」句，「滋大」釋「肆於時夏」句。《内傳》宣十二年引此詩，釋之云：「夫武，禁暴、戢兵、保大。」又云：「暴而不戢，安能保大？」訓夏爲大，内、外《傳》皆同。韋解既本毛傳，又從鄭箋，以夏爲《九夏》之「夏」，失之。凡毛公作《詩傳》，多本内、外《傳》，鄭箋不然，而韋宏嗣從鄭箋義。○《補正》：夏，中國也。謂武王能以功德施於中國，而遠人自至。訓樂名非。　◎志慧按：早期經傳注疏中未見此中之「夏」訓爲中夏、中國者，不取。鄭箋訓「夏」爲樂歌，韋注因之，秦鼎、董增齡從其説，則當於「夏」字標書名號；《發正》、《補正》僅據《左傳》訓「夏」爲「大」而非韋注，其實，《左傳·宣公十二年》之「保大」不妨礙將樂歌《夏》釋爲大，故仍得以樂歌名視之。允王保之。』允，信也。信哉〔一〇〕，武王能保此時夏之美也。先王之於民也，茂正其德而厚其性〔一一〕，茂，勉也。性，情性也。○汪中《校文》：「性」與「生」通。《内傳》曰：「正德、利用、厚生，謂之三事。」○《述聞》：性之言生也。文七年《左傳》：「正德、利用、厚生，謂之三事。」杜解「厚生」曰「厚生民之命」。此云「懋正其德」即「正德」也，云「厚其性」即「厚生」也，云「阜其財求而利其器用」即「利用」也。成十六年《傳》曰：「民生厚而德正，用利而事節。」襄二十八年《傳》曰：「夫民生厚而德正，用利而事節。」皆其證也。○秦鼎：或云：「性，當作『生』，生業也。此書所謂三事，正德、利用、厚生也。」若有據然，然非韋意。○黄模《補韋》：茂正其德，脩道之教也，教化不行則民性薄。◎志慧按：汪中、王引之訓性爲生是也，日本户埼允明《國語考》亦同其説，此「性」之義與用同《左傳·昭公八年》「宫室崇侈，民力雕盡，怨讟並作，莫保其性」之「性」。阜其財求，阜，大也。大其財求，不鄣壅〔一二〕也。○賈逵：阜，大也（釋玄應《一切經音義》卷十三引）。○皆川淇園：求，與「賕」通，即財用也。○《增注》：阜，盛多也。財求，衣服、飲食之用也，即所謂厚生之事。○《發正》：求，古「賕」字，賕亦財也。馬融本《吕刑》「惟求」云：「有求，請賕也。」此古「求」、「賕」相通之證。《漢書・薛宣傳》：「賕客楊明。」蕭該《音義》引韋昭注云：「行貨財以有求於人曰賕。」是賕有用財之義，「財賕」與下「器用」作對文。韋不解「求」字，釋「器」爲兵甲，「用」爲耒耜之屬，俱失之。**而利其器用，**器，兵甲也。用，耒耜之屬。○關修齡《略説》：利，便好也。器用，即器械，民之所用也。民不得私藏兵甲，舊注失考。○皆川淇園：利者，謂其不滯使用也。○《增注》：器用，耒耜、釜甑之具也，即所謂利用之事。○《集證》：謂「器用」爲兵甲、耒耜，猶有可議，此謂先王戢兵務德，偃武修文，從事農業，使人民生活安定，財富充足，則器用似專指耒耜之屬。◎志慧按：阜、利俱用如動詞，「器用」一詞似不宜分梳，《略説》以下諸解可從。**明利害之鄉，**示之以好惡。鄉，方也。○林雲銘《古文析義》：鄉，如字，猶言所在也。○户埼允明：鄉，謂其所向也。○皆川淇園：《淮南子・原道》「以知禍福之鄉」注：「鄉，猶如方也。」《荀子・賦篇》「四時易鄉」注：「鄉，所也。」又《莊子》「其惟道德之鄉乎」，《孟子・告子上》「出入無時，莫知其鄉」例同，又《晉語七》「游有鄉，處有所」。○《集證》：鄉者，「向」之假字。向，謂方向也，猶今語「所在」。**以文脩之**〔一三〕，文，禮法也。**使務利而避害，懷德而畏威，故能保世以滋大。**保，守也。滋，益也。

【彙校】

〔一〕《國語》各篇篇題之設立，目前最早見於南宋真德秀《文章正宗》，就《國語》相關篇什之内容施題，共涉及全書三十五則，置於各篇正文之前；緊接著有蘇應龍《新編類意集解諸子瓊林》也就相關篇什之内容施題，置於書首及各篇正文之前，共涉及全書五十六則，二者選文有交集，但所施標題似皆自出機杼。晚明穆文熙編《國語鈔評》八卷本，刻於一五八四年，今所見者爲劉懷恕校，亦據相關内容施題，標於目録及正文之前，惜未成全帙；同爲劉懷恕校的二十一卷本穆文熙評點《國語》（刻於一五八七年），雖屬全本，但《鈔評》未設標題之篇什亦仍其舊而未予增補，只是將原有各篇標題置於眉批中，日本道春點本承之。葉明元《抄評》亦係選本，初刻於一五八六年，據内容施題，且多已注意到了言類之語的三段式結構。明末新建李克家刻本首次爲《國語》全書施題，其方式是采相關篇什之首句或部分文字爲標題，置於全書目録，王樹民、沈長雲點校徐元誥《國語集解》時也采用了這種方式。清高梅亭《國語鈔》係選本，根據内容施題，上海中華書局一九三七年版《國語精華》承之。傅庚生選本據内容施題，大部分同於葉明元，小部分同於穆文熙，爲上海師大校點本所吸收。目前所見給《國語》全本施題者，以上海師大校點本爲最勝，蓋因其吸納了穆文熙、葉明元、傅庚生的成果，鄔國義、胡果文、李曉璐《國語譯注》則在目録中采其篇題以立其綱，又在正文前録之以彰其目，頗便檢索。本書仿後者成例，並綜合前賢成果，斟酌文義，各施標題。

〔二〕「别名」下，遞修本同，明道本、正統本有「也」字，秦鼎云：「大抵明（道）本句末多『也』字。」汪遠孫《國語考異》云：「凡若『也』、『矣』等字有無、異同，無關文義者，不悉載。」此亦校勘通例，唯雖無關文義，但能反映《國語》用字特點、版本流傳等信息者，如異形異體字、虚字之異同，本書仍予出校，俾便學者查考。至於虚字之有無，若是關乎文義、語氣、句法、句讀等，亦予出校。「在荒服」下，遞修本同，明道本、正統本有「之中」二字，秦鼎從明道本，於義無殊。

〔三〕凡，弘治本（李士實重刊序作於弘治十五年，即一五〇二年，本人經與陳樹華所描述對照，知即陳氏所云之弘治本）作「周」，形訛。胤，明道本缺末筆以示宋諱，金李本《周語下》「以有胤在下」方見缺筆，下文「殷」、「讓」、「玄」、「眩」、「弦」、「絃」、「敬」、「儆」、「徵」、「慎」、「桓」、「恒」、「竟」、「境」、「完」、「貞」、「頊」、「弘」、「構」同；遞修本元補版間有不諱，宋刻及元補版中避諱字貌似不諱者，大部分爲後人在印本上的補筆，後文不一一。也，《左傳·僖公二十四年》同，明道本作「矣」，誤。

〔四〕耀，明道本、正統本同，黄丕烈《札記》：「惠（棟）云：『《史記》燿。』丕烈案：依毛本《集解》也。」董增齡《正義》從《史記》，似不必强同。《説文》無「耀」字，從火之字亦或從光、從日，義符更旁字也，韋注同。

〔五〕不以小小而示威武，《國語評苑》及劉懷恕校刻《國語》同。明道本、正統本作「不以小小示威武也」，影鈔正統本謂古鈔本次「小」字作「罪」。林羅山翻刻《國語評苑》，但此處作「不以小事而示威武」，《增注》同，檢明末二乙堂刊陳仁錫評《國語》作「不以小事而示威武」，疑林羅山本（道春點本）參照過二乙堂本改字，此處而外，卷三韋注「法云：九寸之一得林鍾初六」，二乙堂本「一」作「六」，道春點本從之；同卷韋注「倍之爲七寸分寸之千七十五」，李克家本、二乙堂本「千」作「八百」，道春點本從之，但誤刻作「入百」。秦鼎本作「不以小事而示威武也」，秦鼎沿林羅山本。

〔六〕秦鼎云：「『守則有財』上當有『故』字。」於義可從。

〔七〕時，弘治本作「周」，後者形訛。

〔八〕盾，明道本作「楯」，「盾」、「楯」古今字。

〔九〕「故陳其功」下，明道本、正統本有「德」字，《考異》據《史記·周本紀》集解和鄭玄《詩·周頌·時邁》箋文謂無者是。秦鼎謂公序本脱，故從明道本，據詩文「我求懿德」，秦鼎説可從。

〔一〇〕明道本、正統本無「哉」字，《詩·時邁》鄭箋及《史記·周本紀》集解有，據句法，疑無者脱。

〔一一〕茂，《史記·周本紀》同，明道本、正統本、《御覽》卷三〇三引作「懋」，《補音》：「茂，莫侯反，通作『懋』。」則是以「懋」爲本字，《説文通訓定聲》、《集證》同其説。然《爾雅・釋詁》云：「茂，勉也。」正韋注「以《爾雅》齊其訓」之例，《爾雅・釋訓》陸德明《釋文》云：「懋，古『茂』字。」則是「茂」本有勉義。韋注同，《周語中・襄王拒晉文公請隧》同。

〔一二〕鄣，明道本、正統本作「障」，「障」較「鄣」常見，王煦《國語補補音》認爲「邑名之『鄣』從邑，障隔之『障』從阜。經傳雖間有互用之處，乃傳寫誤也，韋注當作『障』」。壅，明道本、正統本同，《補音》、遞修本、静嘉堂本、弘治本、許宗魯本作「擁」，《永樂大典》卷八九一〇所收正文及《補音》同作「擁」，《説文・土部》：「墇，擁也。」段注：「擁者，裒也。裒，許之『抱』字，謂圍抱以擁水也。疑當作『邕』，『邕』俗作『雝』。」《説文・川部》：「邕，四方有水自邕城池者。」段本注文改作「邑四方有水自邕成池者也」，段注云：「『自邕』當作『自擁』，轉寫之誤。擁者，抱也。池沼多由人工所爲，惟邑之四旁有水來自擁抱旋繞成池者，是爲邕。以『擁』釋『邕』，以疊韻爲訓也，故其字从川邑。」疑金李本據明道本改，其實不必。

〔一三〕脩，正統本同，明道本、許宗魯本、張一鯤本作「修」，《考正》：「《説文》：『修，飾也。』『脩，脯也。』自當以『修』爲正。第兩字經典多通用，兹准舊本，無須劃一。」其説融通，可從。下文除特殊需要外，於「脩」「修」之別不再出校。

「昔我先世后稷〔一〕，后，君也。稷，官也。父子相繼曰世，謂棄與不窋。〇《爾雅·釋詁》：后，君也。〇唐固：父子相繼曰世（《史記·周本紀》集解引，王、汪、黄輯）。〇譙周：言世稷官，是失其代數也。若不窋親棄之子，至文王千餘歲，唯十四代，亦不合事情（《史記·周本紀》索隱引）。〇戴震《周之先世不窋已上闕代系考》：不窋已上，世爲后稷之官不知凡幾，傳至不窋，然後失其官也。〇《發正》：不窋非棄之子，譙周（《史記索隱》）、孔穎達（《詩疏》）已規其謬。〇俞樾《群經平議·尚書一》：稷曰后稷，猶夔曰后夔，羿曰后羿，所謂「尊而君之」者是也。帝命其臣，何得亦從尊稱而曰「女后稷」乎？若謂女君此稷官，不辭甚矣。《詩·思文篇》正義引鄭注曰：「汝居稷官，種蒔五穀。」疑鄭君所據本作「女居稷」，今作「后」者，「后」與「居」形似，又經傳多言「后稷」，因而致誤也。《國語·周語》「昔我先王世后稷，以服事虞夏」，「后」字亦當作「居」，「世居稷」者，世居稷官也。今作「世后稷」，則不成義矣。韋注曰：「后，君也。」是其所據本已誤。〇《國語箋》：讀「我先」一逗，「世」字屬下，「后稷」爲世掌其官，不以「先世」聯解爲先代也。〇瀧川資言《史記會注考證·周本紀》：后，長也。稷，官名。猶言農師也。蓋后稷官名，棄始爲之，而子孫世其職，至不窋而廢。豈爲棄爲后稷，一傳而失之哉？不窋非棄子明甚。自史公《紀》、《表》有此駁文，鄭氏《詩譜》因之，而周初世系從此亂矣。〇沈鎔《詳注》：舜以棄爲后稷，封於邰，子孫世其稷。〇《辨正》：《尚書·舜典》「棄，黎民阻飢，汝后稷播時百穀」孫星衍注：「后者，《漢書·百官表注》應劭曰：『后，主也，爲此稷官之主也。』」釋此后稷之「后」爲主，則不煩改字。**以服事虞夏，**謂棄爲舜后稷，不窋繼之於夏啓也。○《集證》：不窋即非棄子，則繼任稷官亦不在夏啟時也。**及夏之衰也，棄稷弗務**〔二〕，棄，廢也。衰，謂啓子太康也〔三〕。廢稷之官，不復務農。《夏書·序》〔四〕曰「太康失國〔五〕，昆弟五人須于洛汭」是也〔六〕。○《發正》：夏之衰亦不當是太康，蓋謂孔甲時也。**我先王不窋用失其官，**失稷官也。不窋，棄之子。周之禘、祫，文、武必先不窋〔七〕，故通謂之王，《商頌》亦以契爲玄王。○《舊音》：窋，中律反。契，小列反。○《補正》：《路史》：「稷生台璽，台璽生叔均。」是不窋非后稷棄子，注有誤。○《史記會注考證·周本紀》：棄、不窋，宜稱先公，然是王者之祖，子孫相語，尊爲先王，亦宜然之事。楚人曰「我先王熊繹」，蓋亦此之類。中井積德曰：「世，猶世世也。」棄之後，不窋之前，又有數世也。**而自竄于戎、翟之間**〔八〕，竄，匿也。堯封棄于邰，至不窋失官，去夏而遷於邠〔九〕，邠西接戎，北近翟〔一〇〕。○《爾雅·釋詁》：隱、匿、竄，微也。○賈逵：竄，隱也（釋慧琳《一切經音義》卷十八引）。翟居北地，後爲晉所滅（《古今姓氏書辯證》卷三十九引）。○《發正》引陳奂説云：《傳》言失官，非遷國。官，王官也。自邰遷邠者乃公劉，非不窋也。○《釋地》：公劉始居豳，不窋未也。今甘肅慶陽府安化縣有不窋城，縣東二里又有不窋冢，則所謂戎、翟之間，今慶陽也。◎志慧按：不窋城據傳在今慶陽市慶城縣城東南三里處，縣城東山傳爲不窋當年居住地，不窋冢則據傳在該縣帽盒山巔。**不敢怠業，時序其德，纂脩其緒**〔一一〕，纂，繼也。

緒，事也。　〇《爾雅·釋詁》：纂，繼也。緒，事也。　〇賈逵：纂，繼也（釋慧琳《一切經音義》卷九十一引）。　〇《古文析義》：序，與「敘」同，猶布也。緒，后稷所垂之統。　〇《集證》：纂訓繼續，乃「纘」之假字。　〇蕭旭《校補》：《書·舜典》「百揆時敘」之《述聞》曰：「時敘者，承敘也，承順也。」時序，同「時敘」。　**脩其訓典，**訓，教也。典，法也。　〇《爾雅·釋詁》：典、法，常也。　**朝夕恪勤，守以惇篤**〔一二〕**，奉以忠信，弈世載德，不忝前人。**　弈，亦前人也〔一三〕。載，成也。忝，辱也。　〇《爾雅·釋詁》：忝，辱也。　〇賈逵：恪，敬也。勤，勞也。（《書鈔》政術部十引，汪遠孫輯）。　〇《古文析義》：載，奉持之意。　〇《略說》：盧本注云「奕，累」，是也。謂不窋子孫累世行德，舊注非也。　〇皆川淇園：或曰：載德，載先人之德而不墜也。不必然。　〇張以仁《斠證》：謂不窋奕世載德也，則訓「光大」之義是矣。不窋一主，自不得訓累世。　◎志慧按：《略說》謂「時序其德」下八句兼說子孫，非復一時之事，則亦（弈）訓累不可謂誤，皆川淇園、《補正》亦訓累世。　**至于武王**〔一四〕**，昭前之光明**〔一五〕**，而加之以慈和，事神保民，莫不欣喜**〔一六〕。　保，養也。　〇賈逵：欣，樂也（《原本玉篇殘卷·欠部》引）。訢，樂也（釋慧琳《一切經音義》卷十二引）〔一七〕。　〇《增注》：保，安有也。　**商王帝辛，大惡於民。**　商，殷之本號。辛〔一八〕，紂名也。大惡，大爲民所惡。　〇《略說》：紂之於民，大爲暴惡，舊注非也。　〇俞樾《平議》：下句「庶民弗忍」始以民言，若此句已言大爲民所惡，則不必更言庶民弗忍矣。大惡於民，猶云大虐於民也。　◎志慧按：惡，《舊音》一故反，疑本韋注，清華簡《繫年》首章有云：「至于厲王，厲王大虐于周，卿士、諸正、萬民弗忍于厥心。」與本段文極似，《略説》、皆川淇園、《平議》俱音如字，於文義是。**庶民弗忍**〔一九〕，○《補正》：《内傳》「萬民弗忍」疏：「弗忍者，謂不能忍王之虐也。」與此意同。◎志慧按：《補正》所引者係劉炫語，孔疏維護杜注，謂「不忍」者，不忍害王也。句義當從俞樾、吴曾祺之説，意爲商紂大虐於民，故庶民不能忍耐。**欣戴武王**〔二〇〕，**以致戎于商牧。**戴，奉也。戎，兵也。牧〔二一〕，商郊牧野。○賈逵：戴，奉也（《文選》張平子《東京賦》李善注引，王、汪、黄、蔣輯）。○《釋地》：自今淇縣之南至今汲縣，爲古商郊牧野地也。**是先王非務武也，勤恤民隱，而除其害也。**恤，憂也。隱，痛也。○《爾雅・釋詁》：恤，憂也。○賈逵：恤，憂也〔二二〕。隱，病也（《書鈔》政術部十引，汪遠孫輯）。○《標注》：恤是救振之事耳，非特憂之。○《校補》：《集韻》：「勤，憂也。」勤、恤二字同義連文。◎志慧按：蔣曰豫輯《國語賈景伯注》將《文選》顔延年《赭白馬賦》李善注「隱，私也」繫於此下，通觀全書，《魯語上・臧文仲説僖公請免衛成公》「刑五而已，無有隱者，隱乃諱也」似更宜解作「私」，故將賈注「隱，病也」繫於此。復次，陶望齡云：「犬戎近鎬，爲子孫憂，驅而遠之，豈曰非算？」與穆王「以不享征之」原因各異，但邏輯結果則同，且後者似更具動員力。觀「勤恤民隱而除其害」一語，則在祭公，民生問題優先於夷夏之辨，且後者服務於前者，此「耀德」之深微處。下文《富辰諫襄王以翟伐鄭》《富辰諫襄王以翟女爲后》《陽人不服晉侯》諸篇雖然俱有夷夏之防底色，唯民生，既是共同的底線，也是一致的高標，兹先予揭出。

【彙校】

〔一〕昔我先世后稷，明道本、正統本「世」前有「王」字，《史記·周本紀》同。錢曾（一六二九—一七〇一）《讀書敏求記》卷一云：「明道本《周語》云『昔我先王世后稷』注曰：『后，君也。稷，官也。』則是昔我先王世君此稷之官也，考之《史記·周本紀》亦然，而公序本直云『昔我先世后稷』，讀者習焉不察，幾謂爲周家之后稷矣。」毛扆《汲古閣珍藏秘本書目》亦云：「今時本脱『王』字，蓋言先王世爲后稷之官也。」許宗彦《天聖明道本〈國語〉跋》則云：「尋韋於上釋『世』字，下釋『王』字，則下稱先王，而上惟云先世可知也。」董增齡從之。盧文弨《抱經堂文集》卷二二云：「余案『世后稷』三字當連讀，譙周已如此讀，見《史記索隱》。即韋注亦云『父子相繼曰世，謂弃與不窋也』，是韋氏亦以『世后稷』連讀也。使其上但云『昔我先』，於文不足，古人寧有此文法乎？」並謂韋注有失。《四庫薈要》本謂原刊本脱，據宋本（按：此指明道本）增；黄丕烈、劉台拱、陳奂、汪遠孫、黄模等諸家略同錢氏或盧氏之説，不贅。然《史記·秦本紀》有「昔我先酈山之女」、「昔周邑我先秦嬴於此」，新蔡葛陵楚墓出土竹簡「昔我先出自顓頊」，則「昔我先」正古人語例，説詳辛德勇《公序本〈國語〉「我先世后稷」文證是》。明道本或涉前文之二「先王」而衍，或不諳古語，而據《史記》改《國語》，當以公序本爲是。

〔二〕弗，《左傳·昭公九年》正義引同，明道本、正統本《御覽》及《史記·周本紀》、《詩·大雅·緜》鄭箋引作「不」，義同。「弗」爲西漢昭帝諱，但其時名諱制度並不十分森嚴，且「弗」、「不」二字上古音義俱同，觀各本於此二字之使用並無規律可循，故難以判斷何者爲正，何者爲變。

〔三〕明道本無此「也」字，則「謂啓子太康」及以下八字作一句讀。

〔四〕明道本、正統本無「夏」字。

〔五〕國，明道本、正統本及《書序》作「邦」，蓋今文《書序》作「國」，韋昭所據爲今文，作「邦」者疑係後人據僞《古文尚書》傳本改。

〔六〕于，明道本、正統本、張一鯤本、秦鼎本作「於」，公序本多用「于」，明道本、正統本多用「於」，張一鯤本從公序本出，但喜改「于」作「於」，秦鼎從之，後不一一。後二者並無「是也」二字。

〔七〕必，《正義》同，明道本、遞修本、正統本、静嘉堂本、弘治本作「不」，《增注》雖從張一鯤本出，但已改作「不」，秦鼎據《左傳》斷作「不」，《永樂大典》卷八九一〇録本篇亦作「不」，疑此金李本擅改。

〔八〕翟，《補音》：「本或作狄，音同。」明道本、正統本《御覽》作「狄」，《考正》謂「狄」、「翟」字雖通，究以作「狄」爲正，張以仁《國語斠證》亦以狄、翟爲正假字，是。明道本除《周語下》「長翟之人」、《晉語》「翟柤」外皆作「狄」，下不一一。

〔九〕《詩·大雅·緜》正義引韋注「邠」作「豳」，豳乃古稱，唐開元十三年（七二五）異寫作「邠」。案，邠縣，今彬州市。

〔一〇〕北，靜嘉堂本模糊不可識，弘治本無「北」字，但有一空格。

〔一一〕纂，《史記·周本紀》作「遵」，徐廣曰：「一作『選』。」《札記》謂「皆聲相近」。遵有循義，於義亦通。「選」或爲「撰」的異文，如《集韻·綫韻》謂「或作『撰』」，故《詩·齊風·猗嗟》「舞則選兮」，《文選·舞賦》李善注引韓詩作「舞則纂兮」。朱駿聲《經史答問》卷一疑「修（脩）」乃「循」之誤，則「纂」、「撰」皆爲「纘」之通假字，作「選」者「撰」字之訛，作「遵」者以訓詁字易原文，纂循，猶《詩·魯頌·閟宮》「纘禹之緒」之「纘」。

〔一二〕惇，《書鈔》政術部十勤官引同，明道本、正統本、《史記·周本紀》作「敦」，《爾雅·釋詁》、《説文·心部》並云：「惇，厚也。」《説文·攴部》：「敦，怒也，詆也。」則「惇」本字，「敦」通假字。

〔一三〕亦，明道本作「弈」，《札記》：「韋義雖爲『亦』，而例不改字，別本（公序本）非也。」《考異》則據漢碑謂正文當作「亦」，《集解》從之，秦鼎則從明道本。「弈」、「亦」同部同聲，通，《論語·陽貨》「不有博弈者乎」之「弈」，定州漢簡本書作「亦」。從句義求之，則「弈」爲本字，「亦」通假字。

〔一四〕至于武王，《史記·周本紀》作「至於文王、武王。」《札記》據《文選》謝玄暉《齊敬皇后哀策文》李善注謂《國語》本作「至於文、武」，涉下「武王」而誤，其説有理。

〔一五〕前之光明，「前」下，《御覽》兵部三十四引有「人」字，《校證》以爲與上文「不忝前人」合，有理，唯《史記·周本紀》、《群書治要》卷十一引同今本。

〔一六〕不，《文選》謝玄暉《齊敬皇后哀策文》李善注、《御覽》兵部三十四引同，明道本、正統本作「弗」。

〔一七〕從欠、從言之字古有通作，如「歡」、「歌」或從言，或從欠，故「欣」、「訢」可視爲異體字。

〔一八〕「辛」前，明道本有「帝」字，據義當衍。

〔一九〕弗，明道本、《御覽》作「不」，《文選》張平子《東京賦》李善注引作「不」。

〔二〇〕欣，《史記·周本紀》作「訢」，古同。

〔二一〕《删補》：「『牧』上疑脱『商』字。」不敢必。

〔二二〕「憂」字上原有「民」字，涉正文而衍，清汪遠孫《國語三君注輯存》徑删，是。《後漢書·張衡列傳》李賢注：「隱，病也。」並引《國語》爲證。

「夫先王之制〔一〕，**邦内甸服**，邦内，謂天子畿内千里之地。《商頌》曰：「邦畿千里，惟民所止。」〔二〕《王制》曰：「千里之内曰甸。」京邑在其中央，故《夏書》曰：「五百里甸服。」則古今同矣。甸，王田也。服，服其職業也。自商以前，並畿内爲五服。武王克殷，周公致太平，因禹所弼，除畿内〔三〕，更制天下爲九服。千里之内謂之王畿，王畿之外曰侯服，侯服之外曰甸服。今謀父諫穆王〔四〕，稱先王之制，猶以王畿爲甸服者，甸，古名，世俗所習也。故周襄王謂晉文公曰「昔我先王之有天下也，規方千里，以爲甸服」是也。《周禮》亦以蠻服爲要服，足以相況矣。○《略説》：《職方氏》謂蠻服者，《大行人》乃爲要服，是也。○秦鼎：《周禮》以蠻服爲要服者，《職方氏》曰蠻服者，《大行人》謂之要服，此亦以世俗所習也。按：今總五圻爲賓服，固已略矣，且重出侯圻，宜乎諸家不免紛錯矣。○《補正》：《周禮·職方氏》「方千里曰王畿」，而《史記·夏本紀》有「五百里甸服」之説，是夏之甸服，即周之王畿也，蔡（祭）公蓋引夏制爲言。**邦外侯服**〔五〕，邦外，邦畿之外。方五百里之地謂之侯服。侯服，侯圻也。言諸侯之近者，歲一來見。**侯、衛賓服**，此總言之也。侯，侯圻也。衛，衛圻也。言自侯圻至衛圻，其間凡五圻，圻五百里〔六〕，五五二千五百里，中國之界也。謂之賓服，常以服貢賓見於王。五圻者，侯圻之外曰甸圻，甸圻之外曰男圻，男圻之外曰采圻，采圻之外曰衛圻，《周書·康誥》曰「侯、甸、男、采、衛」是也。凡此服數，諸家之説皆紛錯不同，唯賈君近之〔七〕。○《舊音》：見，乎徧反，下「而見」、「一見」、「來見」並同。○《補正》：内舉侯，外舉衛，以見包五圻在内。**蠻、夷要**

服〔八〕，蠻，蠻圻也。夷，夷圻也。《周禮》：衛圻之外曰蠻圻，去王城三千五百里，九州之界也。夷圻去王城四千里。《周禮·行人職》：衛圻之外謂之要服。此言蠻、夷要服，則夷圻朝貢或與蠻圻同也。要者，要結好信而服從之〔九〕。戎、翟荒服。戎、翟，去王城四千五百里至五千里也。四千五百里爲鎮圻，五千里爲蕃圻。在九州之外，荒裔之地，與戎、翟同俗，故謂之荒，荒忽無常之言也。○馬融：政教荒忽，因其故俗而治之（《史記·夏本紀》集解引）。◎志慧按：於「荒服」之「荒」義，從馬融、韋昭到顏師古《漢書·地理志注》、李賢《後漢書·章帝紀注》都有荒忽無常之解，《離騷》「將往觀乎四荒」王逸注則云：「荒，遠也。」似更平正。甸服者祭，供日祭也。此采地之君，其見無數。○秦鼎：太室云：「日祭、歲貢等，《國語》所傳别是一法。」侯服者祀，供月祀也。堯、舜及周，侯服皆歲見。賓服者享，供時享也。享，獻也。《周禮》：甸圻二歲而見，男圻三歲而見，采圻四歲而見，衛圻五歲而見。其見也，皆以所貢助祭於廟〔一〇〕。《孝經》所謂「四海之内各以其職來祭」。〔一一〕○《爾雅·釋詁》：享，獻也。要服者貢，供歲貢也。要服六歲一見〔一二〕。○賈逵：貢，獻也（《文選·古詩十九首·庭中有奇樹》李善注引，王、黄輯，汪遠孫將此條置於下文「公食貢」下，蔣曰豫將此條置於下文「使各以其方賄來貢」下）。荒服者王。王，王事天子也。《周禮》：九州之外謂之蕃國，世一見，各以其所貴琛爲贄〔一三〕。《詩》曰〔一四〕：「自彼氐羌，莫敢不來王。」○黄震《黄氏日抄》：遠夷，世一見王也。日祭，日祭，祭於祖、考〔一五〕，謂上食也，近漢亦然。○《標注》：上食是漢儀，不可援解古禮。**月祀，**月祀於曾、高〔一六〕。　○王懋竑《存校》：禮：祭不欲數。日祭月祀恐非先王之制。注率以意言之，於禮無所據也。下「時享乎二祧，歲貢乎壇墠」放此。　○《補韋》：日祭，喪之朝夕奠也。月祀，朔日朝廟之祭也，在喪則爲朝奠。**時享，**時享於二祧。　○《舊音》：祧，土彫反。○《集證》：時，謂四時也。蔡邕《獨斷》：「周祧文武爲祧，四時祭之而已。」**歲貢，**歲貢於壇、墠。○《舊音》：壇、墠，上音彈，下音善。　○《補音》：壇、墠，上徒丹反，下常衍反。**終王，**終，謂垂終也〔一七〕。　朝嗣王及即位而來見。　○秦鼎：即位，謂蕃國之主自即位也。　○《發正》：《漢書·韋玄成傳》劉歆引《外傳》而釋之云：「祖、禰則日祭，曾、高則月祀，二祧則時享，壇、墠則歲貢，大禘則終王。」許慎稱舊説云：「終者，謂孝子三年喪終，則禘於大廟，以致新死者也。」韋解皆本劉歆，獨不及大禘者，以下文云「今自大畢、伯士之終也，犬戎氏以其職來王」，故兼戎狄即位來見言之。　此五句皆説祭祀，韋不言大禘，稍失之疎。　○《標注》：壇、墠是漢時禮家之妄識，非古禮也。　○《辨正》：《楚辭·離騷》「將往觀乎四荒」王逸注曰：「遠也。」《吕氏春秋·知度》「若何而服四荒之外」高注亦曰：「裔遠也。」二者皆在韋昭之前，但表達要比韋昭客觀，故當以王逸、高誘之説爲是。　韋注不言大禘，並不見得「失之疎」，汪遠孫出於重視「大禘」這一禮制，遂將「終王」勉强與大禘扯到一起，反而求之過深，横生枝節。《周語上》「今自大畢、伯仕之終也，（韋注：「大畢、伯仕，犬戎氏之二君。」終，卒也。」）犬戎氏以其職來王。（韋注：「以其職，謂其嗣子以其貴珤來見王也。」）」這一段話説得已十分明白，汪氏將「終王」之「終」與「孝子三年喪終」之「終」混爲一談，遂有此誤。◎志慧按：五服、九服之説，在本篇尚無空間距離界定。至《周語中・襄王拒晉文公請隧》始謂「規方千里以爲甸服，其餘以均分公、侯、伯、子、男」；至《禹貢》五服，始以五百里爲界，構擬出了一個半徑二二五〇里的規整的同心圓朝貢體系。至《周禮・職方氏》又擴大爲九服，半徑猛增到五〇〇〇里——我高度懷疑兩周時期的地理知識是否能夠支撐起這個格局。古來注《國語》者没有注意到這種觀念係一種動態的過程，故彼等用後來的文獻解釋祭公的觀念在方法上值得商榷。驗諸史實，即長安、洛陽等兩周畿内之地，亦不乏驪戎、陸渾之戎這樣的非主流民族雜居其中，則其以離京畿遠近爲區分五服的標準不免扞格難通；至於日祭、月祀之類説法，亦只能存在于觀念甚至想像之中，幾乎没有可操作性，王懋竑與《標注》駁之是也。這種基於中國爲天下之中的觀念，以畫規整的同心圓的方式虚擬出來的層次分明的制度，還有一個前提，那就是這樣的空間必須是廣袤的平原地帶，如果碰到山地或者河網地帶，勢必方枘圓鑿。殊不知，這種基於「普天之下，莫非王土」觀念的制度設計，如果與另一個有著同樣觀念與體制的族群相遇，勢必産生不可調和的矛盾。反觀歷史，衆建諸侯的兩周尚有點類似契約關係的朝貢體系，西漢以後，就只有靠各種形式的籠絡來維持這種假象。原祭公之意，欲以此類先王之訓勸諫穆王，不應以要求於侯衛的方式要求於作爲戎狄的犬戎。在這裏，毁壞規則的不是犬戎，而是穆王。

先王之訓也[一八]。**有不祭則脩意，**意，志意也。謂邦甸之内有違闕不供日祭者[一九]，先脩意以自責〔二〇〕。畿内近〔二一〕，知王意也。○賈逵：意，志也（菅原爲長《和漢年號字抄》上引《東宮切韻》）。有不享則脩文，文，典法也。有不貢則脩名，名，謂尊卑、職貢之名號。《晉語》曰：「信於名則上下不干。」有不王則脩德，遠人不服，則脩文德以來之。序成而有不至則脩刑，序成，謂上五者次序已成，而有不至，則有刑誅〔二三〕。於是乎有刑不祭，伐不祀，征不享，讓不貢，讓，譴責也。告不王。謂以文詞告曉之。地遠者皋輕也〔二四〕。○《存校》：不貢不王，皆四裔之地，先王所以待之者，其輕如此，蓋未嘗以中國之法繩之也，注謂地遠者罪輕，猶未然。○秦鼎：告，上布於下，則音「誥」。於是乎有刑罰之辟，刑不祭也。有攻伐之兵，伐不祀也。有征討之備〔二五〕，征不享也。有威讓之令〔二六〕，讓不貢也。有文告之辭，告不王也。○《補音》：告，古毒反，亦如字。布令陳辭而又〔二七〕不至，則又增脩於德〔二八〕，無勤民於遠〔二九〕，勤，勞也。○《爾雅·釋詁》：勤，勞也。是以近無不聽，遠無不服。

有不祀則脩言，言，號令也。○《存校》：此等無大分別，注只隨文解之，亦未有確意。

【彙校】

〔一〕夫，弘治本作「奉」，後者似傳抄過程之訛。

〔二〕惟，明道本、正統本作「維」，《考正》：「石經《内傳》及官私諸本凡屬語詞概從口旁，其引《詩》、

《書》本文概從心旁，此固不必一例也。」

〔三〕畿，明道本、正統本作「甸」，參下文韋注「邦國之内」，疑作「甸」者誤，《札記》、《考正》皆斷明道本誤。

〔四〕謀，弘治本作「某」，後者誤。

〔五〕二「邦」字，《荀子·正論》作「封」，《御覽》兵部三十四作「國」，義並同。

〔六〕明道本無「里」字，脱。

〔七〕張以仁《輯校》據韋注説明之語斷「侯，侯圻也」至「是也」爲賈注，其説有理。

〔八〕蠻夷，正統本同，黄丕烈校明道本、《史記·周本紀》作「夷蠻」，義同，但韋注各本除黄刊明道本、影鈔明道本外皆先蠻後夷，則當從作「蠻夷」，《集解》徑從之，疑黄刊明道本從《史記》改。韋注同。

〔九〕之，明道本、正統本作「也」，似後二本脱「之」字。

〔一〇〕皆，明道本、遞修本、正統本作「必」，綜合前文甸、男、采、衛之義，似作「皆」稍勝，疑金李本據義改。

〔一一〕各，静嘉堂本、弘治本作「名」，後二者訛。「祭」前，各本惟秦鼎本作「助祭」，疑依《孝經》原文補。「祭」下，明道本、正統本有「者也」二字，秦鼎以爲公序本脱，《考正》亦從增，可從。

〔一二〕六，静嘉堂本、弘治本作「也」，後者誤。

〔一三〕珤，明道本、正統本作「寶」，「珤」古字，「寶」今字，公序本多存古字，明道本多用今字。葉邦榮本作「瑶」，後者形訛。贄，《補音》及張一鯤本、李克家本、《正義》作「摯」，《補音》並云「本或作『贄』」，《略説》斷「摯」字訛，實通假字耳。

〔一四〕《詩》曰，明道本、正統本作「故《詩》云」。

〔一五〕各本同，唯《增注》只出一「祭」字，秦鼎謂疑衍一「祭」字，然亦不敢必其爲是。

〔一六〕曾高，《荀子·正論》楊倞注引作「曾祖」，《集證》以爲韋氏此解本於《漢書·韋玄成傳》，彼作「曾高」，則楊倞注引作「曾祖」者誤。

〔一七〕垂終，張一鯤本同，明道本、正統本、《正義》作「終世」，《荀子·正論》楊注、遞修本、許宗魯本、李克家本、《增注》、秦鼎本作「世終」，《古文析義》釋作「終，世終也」，《存校》則謂「垂」當作「世」，據前文日月時歲等文字，疑作「垂」者係「世」字之形訛，「世終」、「終世」於義並通。

〔一八〕先王之訓也，《初學記》禮部上引同，《藝文類聚》禮部上引「訓」下有「者」字，疑衍。

〔一九〕甸，明道本作「國」。

〔二〇〕明道本、正統本「意」前有「志」字，秦鼎、《考正》從明道本，據韋昭釋「意」曰「志意」，可從。

〔二一〕畿，明道本、正統本作「圻」，上文皆作「畿」，《史記·周本紀》集解引亦作「畿」，則作「畿」

者是。

〔二二〕明道本、正統本、《史記·周本紀》集解引無「也」字，此疑衍。

〔二三〕《史記·周本紀》集解引無「而」字，「誅」作「罰」，義近。

〔二四〕辠，明道本、正統本作「罪」，「罪」爲秦時新字，下同，不一一。公序本多存古字，明道本好用今字。

〔二五〕征討，《史記·周本紀》引同，《文選》鍾士季《檄蜀文》李善注引作「征罰」，上古文獻中罕見「征罰」一詞。

〔二六〕令，《史記·周本紀》作「命」，「令」、「命」古同，作「命」者實係「令」字增添一裝飾符號○，嗣後將有裝飾符號者隸定爲「命」，無之者隸定爲「令」，「命」字遂成爲「令」的孳乳字，下文復有「布令陳辭」，則此當作「令」。

〔二七〕又，《周本紀》作「有」，古通。

〔二八〕明道本、正統本、《周本紀》、《群書治要》卷十一引無次「又」字，《御覽》引有之，於義無殊。《御覽》兵部三十四「於」作「其」，觀下句「勤民於遠」各本同，疑「其」字係傳寫過程中擅改。

〔二九〕「無」前，明道本、正統本有「而」字。

「今自大畢、伯仕之終也[一]，大畢、伯仕，犬戎氏之二君。終，卒也。○《爾雅·釋詁》：卒，終也。○賈逵：大畢、伯士，犬戎氏之二君也(《史記·周本紀》正義引，王、汪、黄輯)。○《集證》：韋解本於賈逵也，然大畢伯士當是犬戎故君之名，只是一人，非二君也。荒服終王之禮，行於朝嗣君及夷王新立之時，若大畢伯士爲二君，則朝王不當在二君俱終之後，否則犬戎既廢終王之禮於前，謀父不得謂其「帥舊德而守終純固」以諫穆王之廢前訓也。◎志慧按：《集證》説於理或是也，唯查無實據，茲仍以賈、韋二君之視大畢、伯仕爲二人爲是。犬戎氏以其職來王，以其職，謂其嗣子以其貴珤來見王也[二]。天子 ○秦鼎：天子，猶云「陛下」，而「王」謂王師也。曰：『予必以不享征之，且觀之兵。』享，賓服之禮。以責犬戎，而示之兵，非也[三]。○賈逵：享，禮也(釋慧琳《一切經音義》卷三十一)。其無乃廢先王之訓而王幾頓乎[四]！幾，危也。頓，敗也。○《爾雅·釋詁》：幾，危也。○《補音》：幾，居衣反。○李元吉《讀書囈語》：幾訓近，頓訓罷。言王勤民而觀兵於遠，所謂疲中國以事外夷，兵玩而無震者也。蓋與起句爲相應。○秦鼎：幾頓，委頓一類語。或云危，近辭也，猶言殆乎敗也。○《平議》：幾乃語詞，《易·小畜》上九「月幾望」虞注：「幾，其也。」王幾頓乎，猶言王其頓乎。○《補正》：《内傳》「甲兵不頓」注：「頓，壞也。」此謂王之師不將至頓壞乎。◎志慧按：《爾雅·釋詁》：「幾，危也。」韋注有據，唯祭公所説的危敗係一種可能性，而非現實性，故此「幾」字係表將來之意，猶「將近」，《爾雅·釋詁》：「邇、幾、暱，近也。」劉淇《助字辨略》卷一引《論語》「不幾乎一言而興邦乎」、《漢書・高帝紀》「豎儒，幾敗迺公事」，謂「幾者，將欲及之」，是。《魯語上》「天灾流行，戾于敝邑，饑饉荐降，民羸幾卒」之「幾」，韋注即釋作「近也」，而「幾頓」與「幾卒」結構相同，義訓亦當無殊，「幾頓」之「幾」之讀音亦當如後者作音祈，李元吉、秦鼎所引或説、俞樾諸説皆各有所當。**吾聞夫犬戎樹惇**[五]，樹，立也。言犬戎立性惇樸[六]。○賈逵：惇，樸（樸）也（釋慧琳《一切經音義》卷四引）。○《補校》：樹惇當是犬戎之君名，其後以人名爲地名也。○《述聞》：樹者，其主名，「惇」字當屬下讀。犬戎樹者，先國而後名。惇帥舊德者，惇，《史記・周本紀》作「敦」，《爾雅》曰：「敦，勉也。」言勉循舊德也，《晉語》曰「知籍偃之惇帥舊職而共給也」，是其證。○《補韋》：《水經・河水篇》有樹頹水，趙一清案：「《方輿紀要》曰：志云：『周穆王時，犬戎樹惇居此。』有城在寧夏衛。西周涼州刺史史寧曰：『樹敦、賀真二城，吐谷渾之巢穴也。』《魏書・地形志》：『朔州神武郡領殊頹縣。』今注云『樹魏』蓋語出戎方，音之異耳。」徐廣曰：「樹，一作『樕』。」信乎語音輕重之異。其爲犬戎嗣君名無疑矣。○《發正》：蓋周時，犬戎樹惇所居，因以爲名，今在甘肅西寧府西曼頭山北。○錢保塘《劄記》：樹惇乃城名，非人姓名也。「惇」、「敦」古字通，顧祖禹《方輿紀要》曰：樹敦城在西寧衛西曼頭山。○《補正》：舊旨，樹惇，犬戎王名，是也。如韋注，下已言純固，此又言惇樸，近複。◎志慧按：《集解》謂「王説於上下文較合」，唯古史茫昧無考，其中犬戎首領姓名及其所活動的地域都不能確指，故前賢考證看似事出有因，但多查無確據，不便采信，姑且存疑。**能帥舊德而守終純固**〔七〕，帥，循也。純，專也〔八〕。固，一也。言犬戎氏循先王之舊德〔九〕，奉其常職，天性專一，終身不移，不聽穆王責其享也〔一〇〕。○《爾雅·釋詁》：率，循也。○賈逵：純，專也（《文選》枚叔《七發》李善注、釋慧琳《一切經音義》卷十二引，王、汪、黄輯，蔣曰豫將此條置於下文「則能思慮純固」下）。○《補音》：帥，所類反，又所律反。據注云「循也」，疑從「率」。○閔齊伋本：終，似即「終王」之「終」。○《史記會注考證·周本紀》：龜井昱曰：「率舊德，率大畢、伯士之舊業也。」愚按：「守終純」句，「固」字屬下讀。○《辨正》：守終，即遵守「終王」之制，謂犬戎嗣王繼位之後即來覲見，故韋注謂犬戎氏「奉其常職」則是，謂之「終身不移」則未必，嗣王剛剛即位不久，還談不上「終身不移」。◎志慧按：舊德，承「有不王則修德」「增修於德」而言，韋解是。純固，固屬一詞，《周語上》有「敦厖純固」，《周語下》有「思慮純固」，瀧川資言説非也。**其有以禦我矣。」**禦，猶應也〔一一〕，距也。○《補音》：應，應對之應。○陳瑑《翼解》：以距訓「禦」，爲扞拒之義，距與「拒」通，《釋名》：「距，拒也。」○《斠證》：韋解既以應、距同訓「禦」字，則「距」似非「捍拒」之義。下文穆王勝犬戎以狼、鹿歸，亦犬戎無捍拒之力。此「禦」字當如《論語》「禦人以口給」之禦。謂師出無名，犬戎有辭以禦我矣。故下文以「自是荒服者不至，脈絡可尋也」。◎志慧按：張氏訓釋别開生面，但「禦」之義本自飽滿，不可限於一，聊備一説可也。**王不聽。**◎志慧按：從《國語》的記言方式中可見，史官們受到了巫覡的啟發，具體而言，其中的記言之語在結構模式上受到了甲骨卜辭結構模式的影響，甲骨卜辭大體呈現爲前（敘）辭——貞（問）辭——占辭——果辭——驗辭的模式，《國語》的記言部分在前者「前（敘）辭」階段是某一段嘉言善語的緣起，如本則「穆王將征犬戎」一語；貞（問）辭階段就是揭出言主，如本則「祭公謀父諫曰」一語；占辭階段就是嘉言善語，這是這一類文獻的主體部分，也最繁複；果辭階段，與甲骨卜辭略有區別，卜辭出之以吉凶休咎，記言之語則因爲是重要人物面對建言和忠告，故每以「乃」、「遂」（乃遂）、「從之」（從諫如流）、或者「不（弗）聽（從）」作結；驗辭階段就是聽或不聽前揭嘉言善語的結果，如本則「遂征之」及以下内容，因爲有些歷史事件相對比較複雜，故而相關條目還會有驗辭一、驗辭二，如《召公諫厲王弭謗》「於是國人莫敢出言」和「三年，乃流王于彘」。由於記言之史在前，補記應驗之事者在後，且後者多是爲了證明前者所言不虛，故而不明體例者會因其一因一果之敘述指其簡單化，並有誇大言主作用的嫌疑，篇幅上也明顯不相稱。基於驗辭與果辭的記録者（前者記言之史，後者記事之史）、記録時間明顯有別，故本書在果辭下句，下倣此。

【彙校】

〔一〕仕，明道本、正統本與《周本紀》作「士」，注同，「仕」爲「士」之形符加旁字。

〔二〕琁，明道本、正統本作「寶」。

〔三〕非，《御覽》兵部三十六引同，明道本作「法」，《四庫薈要》本據改，實誤。

〔四〕《周本紀》、《爾雅·釋言》邢疏引無「其」字。

〔五〕惇，《周本紀》作「敦」，古通。宋本《元龜》卷一三五帝王部慜征役引本句作「言犬戎立性敦篤也」。

〔六〕惇樸，《周本紀》正義引作「敦篤」。

〔七〕明道本與《周本紀》、《御覽》俱無「能」字，《集解》謂蓋因「惇」屬上讀，加之以足句，依文義，當以有者爲長。帥，《周本紀》作「率」，《文選》蔡邕《陳太丘碑文》李善注引同《史記》，於義無殊。

〔八〕也，静嘉堂本、弘治本作「此」，後二者誤。

〔九〕明道本、正統本無「氏」字。

〔一〇〕明道本、正統本「享」前有「不」字，秦鼎謂公序本脱，《考正》從增，於義兩通。

〔一一〕明道本、影鈔本無「應也」二字，《文章正宗》卷四引有之，正統本則無「猶」字，疑明道本脱，影鈔本則恐係漏鈔。

遂征之〔一〕**，得四白狼、四白鹿以歸。**白狼、白鹿，犬戎所貢。○賈逵：白狼、白鹿，犬戎之職貢也(《史記·周本紀》「犬戎氏以其職來王」下《正義》引,王、黄輯,汪遠孫將此條置於上文「犬戎氏以其職來王」下)。○皆川淇園:白狼、白鹿並非常所有,韋昭以爲其所貢,恐未然也。○《集證》:《竹書紀年》謂西征犬戎,「取其五王以東」(《穆傳》郭璞注引,《後漢書·西羌傳》亦有之),則西征所得,不止四白狼、四白鹿也,所以不言其他者,欲見其所獲者小,所失者大,以垂戒後世也。**自是荒服者不至。**穆王責犬戎以非禮,暴兵露師,傷威毁信,故荒服者不至。○儲同人:《周書》以穆王終,《周語》托始穆王,以其繼《書》而作也(清高梅亭集評《國語鈔》)。○龜井昱:此見周室東遷之所由也。穆王不能耀德,輒動兵遠征,終失戎心。至于厥後與申侯殺幽王,平王畏偪,東遷焉,是穆王啟釁也。故曰「自是荒服者不至」,此乃所以托始之微意也。◎志慧按:龜井昱之説有助於對《國語》成編的理解,雖不敢必其爲是,然亦可聊備一説,故録以備考。

【彙校】

〔一〕遂征之,《周本紀》、《群書治要》卷十一引同,《禮記·禮器》正義引作「遂往征之」。

2　密康公母論小醜備物終必亡

恭王游於涇上〔一〕，密康公從。恭王，穆王之子恭王伊扈也〔二〕。涇，水名。康公，密國之君，姬姓。○《史記·周本紀》正義引《括地志》：陰密故城在涇州鶉觚縣西，其東接縣城，即古密國也。○《發正》：密有二，姬姓者在河南，姞姓者在安定。○《補正》：密本姞姓，周滅之以封姬姓，而仍其舊名不改。○《集解》：涇水出甘肅化平縣大關山（《地理志》作「汧頭山」），東流經平涼入陝西邠縣，至高陵縣與渭水合。今陝西涇川縣南有密故城。◎志慧按：涇川，今屬甘肅省平涼市。周文王滅密須，武王復於其舊地置密國，恭王時滅之。密須國遺址在今甘肅省靈臺縣百里鄉達溪河流域，該地有一批西周墓葬群，其中曾出土大量珍貴文物。《周語中》「密須由伯姞」，韋注：「伯姞，密須之女也。」並引《世本》云：「密須，姞姓。」此可謂前密。韋昭謂恭王所滅之「姬姓」密，可謂後密。有甘肅地方學者認爲河南之密乃後密的余緒，録以俟考。有三女奔之。奔，不由媒氏也。三女同姓。◎志慧按：觀下文「王御不參一族」及韋注云：「取姪娣以備三，不參一族之女。」則似該三女不僅同姓，而且還是同族，故招致密康公之母的嚴詞斥責。其母曰：「必致之於王。康公之母欲使進於王。○《補正》：《列女傳》康公母姓隗氏。○《集證》：今本《列女傳·仁智篇·密康公母傳》「隗氏」作「魏氏」，王叔岷師云：「『隗』、『魏』古通。」夫獸三爲羣，自三以上爲羣。人

三爲衆，女三爲粲〔三〕。　粲，美貌〔四〕。　○賈逵：粲，亦美貌（《文選》陸士龍《爲顧彦先贈婦詩》李善注引，王、汪、黄、蔣輯）。　○臧庸《拜經日記》：「粲」爲衆美之義，《説文》、《字林》從女者正字，《毛詩》、《國語》從米者假借字。　○《補正》：《説文》「三女爲㛑」，即「粲」字，《字林》作「㛑」。○《集證》：《周本紀》正義引曹大家云：「群、衆、粲，皆多之名也。」訓粲爲多，與賈不同，而頗合文理。《穀梁·昭（四年）傳》「軍人粲然皆笑」注：「盛笑貌。」《詩·羔裘》「三英粲兮」鄭箋：「粲，衆意。」是粲訓衆、盛，古不乏例也。　◎志慧按：曹大家此説與文法密合，《史記·周本紀》録此文，正義摒賈、韋注而取曹大家説，知其亦不以粲爲美。賈、韋注疑據下文「粲，美之物也」句而釋，其實，如釋「粲」爲美，該句反而有疊床架屋之嫌。　**王田不取羣**，不盡羣也。《易》曰：「王用三驅，失前禽也。」　○《略説》：不掩取三獸也，舊注是也，但引《易》當之爲不倫，所謂「三驅」，禮文尤明。　◎志慧按：《略説》所云禮文，載於文獻者有如下：《漢書·揚雄傳》「堯、舜、成湯、文王三驅之意」顔注：「三驅，古射獵之等也，一爲籩豆，二爲賔客，三爲充君之庖也。」王先謙《補注》引宋祁曰：「一説三驅者，三面驅之，闕其一面，使有可去之道，而不忍盡物。　蓋先王之仁心也，禮所謂『天子不合圍』者也。」留有餘地、去甚去奢去泰、「有福不可盡享，得勢不可盡行」，皆此義也。　**公行下衆**〔五〕，公，諸侯也。下衆，不敢誣衆也。《禮》：國君下卿位，遇衆則式，禮之〔六〕也。　○秦鼎：不誣衆者，慮其有賢貴也。　○《補正》：《史記》「公行」下有「不」字，不下衆，謂不敢後於衆人也。《玉篇》：「下，後也。」○《辨正》：該句前後皆爲「王」，下文「王猶不堪」仍在接續著這樣的人稱指向，中間穿插一「諸侯」頗爲不倫，結合「君子式黄髮，下卿位，入國不馳，入里必式」的古禮（既然要下卿位，此君子自非一般的紳士公侯而是特指天子了），見黄髮、入國、入里自然不是在宫闈或私宅，而是在大庭廣衆了，所以此「公」非謂諸侯，而是大庭廣衆。**王御不參一族**，御，婦官也。參，三也。一族，一父子也〔七〕。故取姪娣以備三〔八〕，不參一族之女〔九〕。○《增注》：天子一后，三夫人。**夫粲，美之物也。衆以美物歸女**〔一〇〕，**而何德以堪之？**堪，任也。○《舊音》：女，音汝。○《補音》：經典「汝」字多借「女」爲之，非徒音也。○《增注》：而，亦汝也。**王猶不堪，況爾小醜**〔一一〕？醜，類也。王者至尊，且猶不堪〔一二〕，況女小人之類乎〔一三〕？**小醜備物，終必亡。」**言德小而物備〔一四〕，終取之，〔一五〕必以亡。○《略説》：醜，等也。小醜，蓋小國之等，言小國而備美物，其終必取滅亡。舊注以爲小人德小，未安。○《補正》：謂終至於亡，注「取之」二字不合。**康公弗獻**〔一六〕。

【彙校】

〔一〕游，明道本、正統本、《御覽》卷三八〇作「遊」，《考正》以爲作「遊」非，實形符更旁字耳，《説文·水部》：「游，旌旗之流也。从㫃，汓聲。𨒫，古文游。」段注：「又引伸爲出游、嬉游。俗作遊。」《集韻·尤韻》：「𨒫𨑒遊，行也。或从子从斿。通作游。」涇上，柳宗元《非國語》、《御覽》人事部二十一引同，《御覽》地部二十七引作「涇水上」，《校證》以爲涉韋解而衍，其説是。

〔二〕恭，《史記·周本紀》作「共」。十五年趙曹鼎作「龏」，《魯語下·閔馬父論恭》閔馬父謂「周恭王能庇昭、穆之闕而爲『恭』」，則是作「恭」者爲正。伊扈，《世本·人物表》同，《周本紀》作「緊扈」，伊、緊古通。

〔三〕《説文·女部》引作「三女爲妏」，與「獸三」、「人三」並列，自以「女三」爲正。《札記》和秦鼎皆謂「粲」本從女不從米，後者係宋人擅改，其説有理。《御覽》人事部二十一引作「燦」，疑又爲「粲」之加旁字。

〔四〕貌，許宗魯本作「皃」。

〔五〕下衆，《周本紀》引作「不下衆」，《札記》謂「依解，韋無『不』字也」。《列女傳·仁智傳》引無「不」字，《禮記·曲禮上》云：「君子式黄髮，下卿位，入國不馳，入里必式。」據文義，若本句解作以衆爲下，當依《周本紀》；若依韋解解作下於衆，則《列女傳》是也，有「不」者涉上下句二「不」字而衍，韋解出「下衆」而曰「不敢誣衆」，即禮下衆人之意，適足以證明韋所見本無「不」字，《史記會注考證·周本紀》、《斠證》更指《周本記》之「不」爲衍。《補正》説可商。

〔六〕明道本、正統本無「之」字，《考異》謂無者脱，結合《曲禮》所載的古禮，特別是當時習見習用的「禮也/非禮也」的表達式，當以無者爲優。

〔七〕一父子，《史記·周本紀》集解引及正統本同，明道本無「一」字，脱。秦鼎云：「一父之子，舊脱『之』字。」不可必。

〔八〕姪娣，《史記·周本紀》集解引同，明道本作「異姓」，據先秦禮制和前「一父子」文，當以公序本爲是，《考正》更指出《舊音》、《補音》摘「姪娣」二字爲音，謂不當如明道本，是。

〔九〕此韋注文與《史記·周本紀》集解引同，明道本無「之女」二字，似有者義較完密。

〔一〇〕衆以美物歸女，《御覽》人事部二十一「衆」作「今」，「女」作「汝」，《校證》疑「衆」字涉上文而譌，唯《周本紀》、《非國語》引同今本；「女」、「汝」古通，阜陽雙古堆漢墓竹簡「汝陰侯」書作「女陰侯」，《補音》説是也。

〔一一〕「爾」下，《周本紀》有「之」字，於義似衍，《斠證》更指其涉「而何德以堪之」而衍。句下明道本、正統本尚有「乎」字，義同。

〔一二〕且猶，明道本、正統本與《正義》均作「猶且」，於文法當從明道本，秦本、《正義》則從明道本改。

〔一三〕女，明道本作「爾」，義同，皆用諸上對下、尊對卑。

〔一四〕秦鼎云：「『物備』下，疑脱『者不祥也』四字。」然無據。

〔一五〕龜井昱：「注『取之』二字蛇足。」可備一説。

〔一六〕弗，明道本、正統本與《周本紀》俱作「不」。

一年，王滅密〔一〕。密，今安定陰密縣〔二〕，近涇。○舊注：地有陰密城（《御覽》卷一百六十四《州郡部》引）〔三〕。○俞桐川：讀犬戎篇可以懲忿，讀此篇可以止欲，故並録以爲篇首（《國語鈔》）。○《釋地》：陰密，在今甘肅涇州靈臺縣西五十里。◎志慧按：柳宗元《非國語》：「若曰勿受之則可矣。教子而媚王以女，非正也。左氏以滅密征之，無足取者。」誠然，不獻三女，罪不至亡國。敘述者無非是想用概率證明：各種形式的壟斷没有未來。密亡的原因史無明文，其中密康公不獻三女未必就是主要原因與直接原因，敘述者所以作這樣的安排，似乎要誘導讀者得出因果對應的判斷，下文宣王不籍千畝之後王師敗績於千畝、宣王料民之後幽王廢滅、幽王二年三川震十一年幽王乃滅，同此。這裏存在著語類文獻獨特的敘事方式，若從歷史敘事的角度看，恭王巡行，密康公失國，是一連串重大的歷史事件，其中是否存在「索貢巡行」，重演「密人不恭，敢拒大邦」「王赫斯怒，爰整其旅」的劇情？作爲語類文獻，敘述者的問題意識並不在史實，而是明德，於是選取了這個更具傳播效果和警示意義的角度，以密之被滅，證密母所言不虚。司馬遷未加裁剪，照録於《周本紀》，致恭王一朝歷史呈現八卦現象。

【彙校】

〔一〕王滅密，《古列女傳·仁智傳》、《非國語》引同，《周本紀》句首有「共」字，《御覽》地部二十七有

「恭」字。

〔二〕「縣」下，明道本、正統本有「是也」二字。

〔三〕《御覽》未云注出何人，以下引舊注而未出誰氏者同此。

3 召公諫厲王弭謗

厲王虐〔一〕，**國人謗王。**厲王，恭王之曾孫、夷王之子厲王胡也。謗，誹也。○賈逵：謗，亦毁誹也（釋慧琳《一切經音義》卷三十一引）。謗，誹也（釋慧琳《一切經音義》卷八十引）。◎志慧按：《逸周書·謚法解》：「致戮無辜曰厲。」周厲王，前八七八年—前八四二年在位，其間先後用兵於噩、淮夷、獫狁，爲彌補財政空缺，將原屬於貴族與國人的山澤之利收歸中央大宗，激起反彈，於是進一步加强社會控制，實施言禁，據文末「三年，乃流王於彘」，知後者發生在其執政後期。**召公告王曰**〔二〕：**「民不堪命矣！」**召公，召康公之後穆公虎也〔三〕，爲王卿士。言民不堪暴虐之政令。○《補音》：召，上照反，或作「邵」。○《釋地》：召，畿内國名，今陝西鳳翔府岐山縣西南十里有召亭。◎志慧按：今陝西鳳翔劉家塬尚有召公手植甘棠的遺跡與傳説，與之毗鄰的扶風尚存召公鎮，當地相傳因西周初年召公曾於此設館講學而得名，上世紀八十年代，在武功鄭尚坡發現西周文化遺址，可爲旁證。**王怒，得衞巫，使監謗者，**衞巫，衞國之巫也。監，察也。以巫有神靈〔四〕，有謗必知之。　○賈逵：鑒，察也（《文選》張平子《西京賦》李善注及潘安仁《西征賦》李善注引，王、黄將此條置於下文「后稷監之」下，汪、蔣將此條置於下文「監戒而謀」下，蔣曰豫將此條置於下文「王無亦鑒于黎、苗之王」下）。　◎志慧按：巫師因其通神特長，在上古社會享有很高的權威，同時，「黍稷非馨，明德惟馨」，這個階層的崇高地位也來自於他們的自律。《左傳》中如晉國桑田巫、梗陽巫臯、楚國范巫矞似等都深度介入社會政治活動。厲王用衞巫監視謗者，是漢籍文獻中較早的政權染指神權並使神權爲政權背書的記載，厲王這一舉動從制度層面否定了周初以來君權神授的觀念，並撤除了約束政治權力的最後一道屏障，其意義不可謂小，《周語下》太子晉謂「厲始革典」，此其一也。短期内，雖然政權因神權的背書得以鞏固，神職人員追逐世俗權利的欲望得以滿足，但長期來看，神權被政權上下其手，其本身又淪爲惡政的鷹犬，則神權的崇高感也就大打折扣，而政權的逾界横行亦必致顛覆。從操作層面看，韋昭以爲因其有神靈，但從「國人莫敢言，道路以目」的結果來看，則衞巫之所爲，似僅限於憑藉其文化權力蒐集國人言論，將告密、迫害制度化，製造寒蟬效應，藉以鉗制輿論，在此並未見這個群體有察知國人思想的特異功能，如他心通、天眼通、天耳通，《宋史紀事本末》卷十七載秦檜所爲可爲參照：「邏卒布滿京城，聞有議之者，即捕治，中以深文。」**以告，則殺之。**巫言謗王，王則殺之。**國人莫敢言**〔五〕，**道路以目**〔六〕。不敢發言，以目相眄而已〔七〕。　○《舊音》：木見反。**王喜，告召**

公曰：「吾能弭謗矣，乃不敢言。」弭，止也。　◎志慧按：道路以目、不敢言，既是爲虐政所懾服，也是由於衛巫執法的隨意性使人們無所措手足，致自我設限的結果。召公曰：「是鄣之也〔八〕。鄣，防也。　○賈逵：障，防也（《文選》馬季長《長笛賦》李善注引，王、汪、黄、蔣輯）。防民之口，甚於防川〔九〕。流者曰川。言川不可防，而口又甚也。川壅而潰，傷人必多，川之潰決，害於人也。民亦如之。民之敗亂，害於上也。是故爲川者決之使導〔一〇〕，爲，治也。導，通也。　○《補音》：治，直吏反。一音雉之反，水名也。水出東萊曲城陽丘山，南入海。　○秦鼎：治，治之，平聲；自治，去聲。此《音》皆以「治之」爲直吏切，誤也。爲民者宣之使言。宣，猶放也。觀民所言，以知其得失〔一一〕。故天子聽政，使公卿至於列士獻詩，獻詩以風也。列士，上士也。　○《發正》：列士，統上士、中士、下士言之，位有三等，故曰「列」。韋專屬上士，非也。　○《集證》：竊疑列爲朝列。王朝論列，士惟元士與之。元士之中，惟上士三命，是以惟上士乃得與於朝位。然則韋解訓列士爲上士是矣，汪氏安得非之哉？瞽獻典〔一二〕，無目曰瞽。瞽，樂師。典，樂典也。史獻書，史，外史也。《周官》〔一三〕：外史掌三皇、五帝之書。師箴，師，小師也〔一四〕。箴，箴刺王闕，以正得失。　○賈逵：箴，教也（釋慧琳《一切經音義》卷八十引）。　○《補音》：刺，七賜反。本或作「刾」，俗。　○帆足萬里：箴，如《虞箴》之類，作箴以諫也。　○《標注》：史何論内外？瞽、史皆重疊言之，而非上下分職，曰樂師，曰少師，曰樂太師，太拘可厭。　○《集解》：瞽，樂師，則謂大師也。　○《集證》：「師箴」之「師」爲「大師」、「小師」。「瞽史教誨」之「瞽史」則别是一地位頗高近乎師保之職。竹添光鴻云：「《春官》瞽矇，有上瞽、中瞽、下瞽，《周頌》謂之矇瞍。《周語》曰：『瞽告有協風至。』《鄭語》史伯言虞幕能聽協風，以成物樂生者也。然則瞽之掌樂，固世官而宿其業，若虞夏之后夔，不必其父子祖孫皆有廢疾也。」其説是也，下瞍、矇亦然。◎志慧按：徐元誥據韋注瞽爲樂師，而以師爲大師；張以仁則以大師、小師盡屬諸師，將瞽、史合一，《周禮·春官·小師》「上士四人」，鄭注：「凡樂之歌，必使瞽矇爲焉，命其賢知者以爲太師、小師。」此間將瞽矇合稱，又將太師、小師從瞽矇中區别出來，有助於對「師箴」之「師」的理解。《春官》有瞽矇，《周頌》有矇瞍，《左傳·襄公十四年》載有師曠的一段話：「自王以下各有父兄、子弟以補察其政。史爲書，瞽爲詩，工誦箴諫，大夫規誨，士傳言，庶人謗，商旅于市，百工獻藝。」所言與《周語》本段互有出入，並工亦錯雜其中，孔穎達正義云：「《儀禮》通謂樂人爲工，工亦瞽也。」詩辭自是箴諫，而箴諫之辭或有非詩者，如《虞箴》之類，其文似詩而别。且諫者萬端，非獨詩箴而已，詩必播之於樂，餘或直誦其言，與歌誦小别，故使工、瞽異文也。《周語》云『師箴，瞍賦，矇誦』，亦是因事而異文耳。」綜上可知，瞽、工、史、師、瞍、矇等的職司並無明顯區别，只是行文時因事異文耳，今山西襄垣、武鄉一帶盲藝人在三年學徒期間，前二年主修陰陽占卜之學，最後一年纔修習音樂表演，這種一人身兼兩職、多職的情況或有助於理解以下現象：上古瞽矇既是樂工、故事講述者，又充任知天道的瞽史。復次，竹添光鴻謂「瞽之掌樂固世官而宿其業」則是也，謂其「不必皆父子祖孫皆有廢疾」則屬臆想之辭，盲瞽一職，並非父子相傳，而是師徒授受。**瞍賦，**無眸子曰瞍〔一五〕。賦，賦公卿〔一六〕、列士所獻詩也。○《漢書·藝文志》：不歌而誦謂之賦。**矇誦，**有眸子而無見曰矇。《周禮》：矇主弦歌、諷誦〔一七〕。誦，謂箴諫之語也〔一八〕。○《周禮·春官·瞽矇》：「諷誦詩、《世奠繫》，鼓琴瑟。」鄭注：「闇讀之不依詠也。《世奠繫》，謂《帝繫》、諸侯卿大夫《世本》之屬是也。」○帆足萬里：誦，無音節也。◎志慧按：「無眸子曰瞍」、「有眸子而無見曰矇」已見於《詩·大雅·靈臺》「矇瞍奏公」毛傳，或爲其時共識。復次，誦的對象如果是箴諫之語、詩歌類節奏性較强的文類，恰恰是需要體現音節的，故《周禮·春官·大司樂》「諷誦讀言語」鄭注云：「以聲節之曰誦。」帆足萬里所言不確。**百工諫，**百工，執技以事上者〔一九〕。諫者，執蓺事以諫，謂若匠師慶諫魯莊公丹楹刻桷者〔二〇〕。○《舊音》：桷，音角。○《補音》：桷，古岳反。○《集解》：《左傳》「工誦，箴諫」杜注曰：「工，樂人也。」與韋解異。◎志慧按：杜注所説的樂人亦在韋注「執技以事上者」之内，故各有所當。**庶人傳語，**庶人卑賤，見時得失，不得達，傳以語王也〔二一〕。○《補韋》：正君曰規。規者，正圓之器也。**近臣盡規，**近臣，謂驂僕之屬也。盡規，盡其規以告王也〔二二〕。○《平議》：盡者，進也。○《補正》：○皆川淇園：近臣、親戚，乃上公卿、列士也。**親戚補察，**補，補過。察，察政也。《傳》曰：「自王以下，各有父兄、子弟，以補察其規，訓規諫較順。過〔二三〕。」○《正義》：親戚爲王同宗諸臣，故得補衮職而察庶政也。◎志慧按：韋注所引《傳》曰見載《左傳・僖公二十四年》。**瞽、史教誨**，瞽，樂大師。史，大史也〔二四〕。掌陰陽、天時、禮法之書，以相教誨者。單襄公曰：「吾非瞽、史，焉知天道？」○《存校》：瞽、史即上「瞽、史」，注別指樂太師、太史以當之，以異於前之樂師、外史，恐未有確據。◎志慧按：《荀子・王制篇》：「修憲命，審詩商，禁淫聲，以時順脩，使夷俗邪音不敢亂雅，大師之事也。」《周官・大師》：「下大夫二人。」賈公彦疏：「就瞽之中命大賢知爲大師，其次賢知小者爲小師也；其餘爲瞽矇也。」《太史》：「下大夫二人，上士四人。」鄭注：「太史，史官之長。」賈疏：「其職云：讀禮、《書》，祭之日，執《書》以次位常，是禮事及鬼神之事也。」俱可參。**耆、艾脩之**，耆、艾，師、傅也。脩，脩理瞽〔二五〕、史之教，以聞於王。○《舊音》：東齊人謂尊爲耆、艾。○《略説》：耆、艾，長老之稱，且官居師傅，以齒、爵並尊，乃修治衆職之事，故變文總之，舊注疏失。○《述聞》引王念孫説云：「師傅職當匡君，非徒脩瞽史之教以聞而已也。脩之，謂脩飭之也，『之』字指王而言，非指瞽史之教而言。」○《補正》：修，儆也，謂儆戒王也，不訓修理。◎志慧按：《禮記・曲禮》：「五十曰艾，服官政。六十曰耆，指使。」《楚語上》載武丁言「必交脩余，無余棄也」，句中之「脩」與此「脩」同，當從韋昭、關修齡、王念孫等釋爲修理、修治、修飭，不訓儆。「之」字之所指則似王説稍勝。**而後王斟酌焉**，斟，取也。酌，行也。○賈逵：斟，猶取也。酌，行也（釋玄應《一切經音義》卷十四引，汪、蔣輯）。○《增注》：斟酌，參取之謂也。○《平議》：所謂斟酌者，蓋合公卿以下諸人之言而可否之、去取之也。○《集解》：《一切經音義》十四引賈逵曰：「斟，猶取也。酌，行也。」是韋解本賈注，然觀下句「事行而不悖」，則《平議》得之。　◎志慧按：《説文·斗部》：「斟，勺也。」《勺部》：「勺，挹取也。」《酉部》：「酌，盛酒行觴也。」段注：「凡處分曰斟勺，今多用斟酌。」斟、勺（酌），渾言不别，析言有異，《吕氏春秋·達鬱篇》「親戚補察，而後王斟酌焉」高注：「斟酌，取其善而行。」較衆説簡明。尤需留意者，厲王因造作制度自鳴得意，召公則就祖宗之法建言，舊注亦多在既有制度框架内作解，故「斟酌」係與厲王自創新政相對而言。弭謗則無所斟酌，致處於信息繭房中的決策者對民意反應遲鈍，對可能到來的危機無法及時預警，故弭謗是自絶生路。召公未能由此展開，反而回頭以川爲喻，雖然表達形象，但這對於一個感覺良好的「筑壩高手」不免失焦，故其説不售。是以事行而不悖。悖，逆也。　○《舊音》：悖，步没反，梁主以佛有悖音，乃改「悖」爲「背」。　○《補音》：經典及諸儒「悖」字多音布内反，罕從步没者，諸傳記亦未見梁武改「悖」爲「背」之説，將作《音》者别有所按邪？民之有口也，猶土之有山川也，財用於是乎出；猶，若也。山川所以宣地氣而出財用，口亦以宣人心而言善敗〔二六〕。猶其有原隰衍沃也〔二七〕，衣食於是乎生。廣平曰原，下濕曰隰，下平曰衍，有溉曰沃。　○《爾雅·釋地》：廣平曰原，下者曰隰。　○賈逵：下平曰衍，有溉曰沃（《左傳·襄公二十五年》「井衍沃」疏引）。　○唐固：下平曰衍，有溉曰沃（《史記·周本紀》集解引，王、汪、黄輯）。口之宣言也，善敗於是乎興，行善而備〔二八〕敗，民所善者行之，其所惡者備之〔二九〕。所以阜財用〔三〇〕、衣食者也。

阜，厚也。　〇賈逵：阜，厚也（《文選》陸佐公《石闕銘》李善注、釋慧琳《一切經音義》卷五十四引，王、汪、黄、蔣輯）。　〇帆足萬里：「猶其」以下三十九字，傳者解説敷衍之言，誤入正文，且以口爲阜財用衣食之用，殊非本文正義也。　◎志慧按：帆足萬里之懷疑似有理，然無據，且不明此傳者何人，亦未見旁證，故不敢取。**夫民慮之於心而宣之於口，成而行之，胡可壅也**〔三一〕？**若壅其口，其與能幾何？」**與，辭也。　能幾何，言不久也。　〇《補正》：與，辭也，語助辭也。《内傳》「其與幾何」義同。　◎志慧按：句猶「其與幾何」，後者見於《晉語一》、《晉語五》和《吴語》，義則同「其能幾何與」，今人譯注本如薛安勤、王連生《國語譯注》以「與」爲黨羽，誤。**王弗聽**〔三二〕。

【彙校】

〔一〕《考正》：「《史記》此篇及《彘之亂篇》並次於《厲王説榮夷公篇》後。」

〔二〕召，正統本同，明道本、元蘇應龍《諸子瓊林》卷四人倫門引作「邵」，「邵」爲「召」之形符加旁字，下文「召公」、「召穆公」、「召武公」同，不一一。明道本與《左傳·昭公二十六年》正義、《御覽》卷七三五引俱無「王」字，《集解》從公序本，稍勝。

〔三〕後，《史記·周本紀》集解引同，明道本作「孫」。

〔四〕以巫，《文章正宗》卷四引同，明道本、正統本、《周本紀》正義作「巫人」。

〔五〕國人，《左傳·昭公二十六年》正義引只作「國」。

〔六〕以，《監本》作「相」。

〔七〕盻，明道本、遞修本、正統本、静嘉堂本、弘治本、《增注》作「眄」，《正義》作「盼」，户埼允明《國語考》謂當作「眄」，秦鼎雖從明道本，但認爲皆可通，徐鼒《讀書雜釋》卷八謂木見反者大謬，疑誤「盻」爲「盼」也。《斠證》云：「秦本既音『莫見切』，則當正爲『眄』。盻，《説文》：『恨視也。』國人相視，彼此無恨，與韋意不合。盼，則狀目光流盼之美，皆與此文義不諧。『盻』，『眄』之訛，而『盼』復由『盻』誤也。」有後出轉精之功。《説文·目部》：「眄，目偏合也。一曰衺視也。秦語。从目丏聲。」《方言》卷二：「自關而西秦晉之間曰眄。」虐政之下，人人自危，道路相逢不敢正視，惟側目以示意。衺視之義頗合此中語境。

〔八〕鄣，明道本、正統本作「障」，《考正》：「《文選》馬融《長笛賦》李善注引賈逵《國語注》：『障，防也。』正作『障』字，韋注多本諸賈也。」《斠證》以爲通假、字誤皆有可能，是，下同。

〔九〕川，《史記·周本紀》作「水」，下「川壅」、「爲川」字並作「水」，《斠證》以爲作「水」於文不愜，疑因「川」、「水」篆文近似而誤，可從。

〔一〇〕明道本、正統本、《正義》、《文章類選》卷二十「爲川」下有「者」字，《考正》亦持此説，秦鼎據明道本和《古文析義》以爲當有，觀下句作「爲民者」，則有者是。

〔一一〕明道本、正統本無「其」字。

〔一二〕典，正統本及景祐本、黃善夫本、殿本《史記·周本紀》同，《禮記·表記》正義、《元龜》卷三百二十三宰輔部引亦同。《補音》云：「本或作『曲』，非。」明道本、《薈要》、《正義》作「曲」，注同，陳樹華所校《國語補音》及《補校》、《補韋》、《札記》、陳奐、《備考》、《考異》皆謂作「曲」是，秦鼎據《左傳·襄公十四年》正義引和明道本謂當作「曲」，錢大昕、王煦、吴曾祺、徐元誥、張以仁亦皆認爲當作「曲」，諸前賢之説雖俱有理，唯瞽亦自有其典，《晉語四》有《瞽史之記》和《瞽史記》，且瞽史所掌典籍爲故志、世系，如《周禮·春官》載瞽矇職責有「諷誦詩，世奠繫」，弦誦史事和世系爲其職司，故作「典」於義亦不可謂誤，兩存之可也。韋注「典，樂典也」同理。鄭知同《國語箋》：「『瞽獻曲』三字，韋本誤羼，古本無之。《潛夫論·嘆篇》云：『有周之制，天子聽政，使三公至於列士獻詩，良史獻書。』文出《國語》，是王符所見本無三字。」（志慧按：嘆篇，當作「潛嘆」，「獻詩」，原文作「獻典」，疑爲約引。）亦可參。

〔一三〕周官，明道本、遞修本、正統本、靜嘉堂本、弘治本、許宗魯本、《增注》、秦鼎本作「周禮」，公序本下文亦作「周禮」，於義雖同，與各本及下文整齊計，似此亦當作「周禮」。

〔一四〕小，明道本、正統本作「少」，《札記》依《周禮·春官》謂當作「小」，《考正》亦從作「小」，唯「少」、「小」古通，戰國文字中更常同作，載籍稱夫人爲「小君」，《左傳·定公十四年》兩稱南子爲「少君」，故不敢必其一。

〔一五〕眸，弘治本作「目」，但下句「有眸子而無見曰矇」則同於衆本，此誤。

〔一六〕《史記·周本紀》集解及明道本不重「賦」字，《考異》謂重者衍，《考正》亦從删，韋昭將「瞍」和「賦」分釋，不重者疑脱。

〔一七〕風，《史記·周本紀》集解及明道本、正統本均作「諷」，古通。

〔一八〕《史記·周本紀》集解引無「誦謂」二字，明道本無「誦」字，但有「謂」字，《考異》斷明道本脱「誦」字，關修齡則疑明道本「『謂』恐『誦』訛」，《增注》正作「誦」，不知依關氏説改，還是確有所憑。據上下文俱無「謂」字，關氏説可從，但《史記集解》、明道本亦自可通。

〔一九〕者，明道本、正統本作「者也」，遞修本、静嘉堂本、弘治本、許宗魯本無「者」字，疑脱。

〔二〇〕者，明道本、正統本俱作「也」，秦鼎本從之。

〔二一〕王，明道本、遞修本、正統本、静嘉堂本與弘治本皆作「士」，殿本《史記·周本紀》集解引韋注，本句作「不得言，傳以語士」，似作「士」者優，庶人傳語於士，通過列士傳於王，疑作「王」者擅改，秦鼎與上海師大本作「王」，中華書局點校本《史記》亦作「不得達，傳以語王」，疑皆源於金李本。

〔二二〕「規」下，明道本、遞修本、正統本、静嘉堂本、弘治本、許宗魯本有「計」字，《考正》從增，疑金李本脱。

〔二三〕《左傳·襄公十四年》作「補察其政」，張以仁《集證》據此斷韋氏誤引，有據。

〔二四〕大師、大史，明道本、正統本作「太師」、「太史」，弘治本則作「大師」、「太史」，内部不統一。大、太之别爲公序本與明道本二本之標誌性區别，正統本因「以經筵所藏舊本爲主，參考諸本，正其訛謬，補其脱落，仍將《音義》、《補音》芟夷煩亂，分入逐節之下。其不完者，韻書補之，於是爲書遂全云」（綴於該書所録《國語補音·序》之後），故其情況比較複雜。後文「大保」、「大子」、「大原」、「大宰」、「大祝」、《大誓》、「大王」（周太王）、「大蔟」、「大姜」、「大公」、「大伯」（吴太伯）、大叔（周襄王之弟子帶）等皆然，不一一。

〔二五〕脩脩理，明道本、正統本作「師傅修理」，《四庫薈要》據明道本删增，《考異》謂於義俱通。

〔二六〕明道本、遞修本、正統本、静嘉堂本、弘治本無次「以」字，上句有「以」字，疑金李本據增，實不必。

〔二七〕本句《史記·周本紀》同，明道本、正統本作「猶其原隰之有衍沃也」，《御覽》人事部八、《元龜》宰輔部十八諫争一引同公序本，關修齡、秦鼎謂「猶其」之「其」指地，《補正》亦謂承上句「土」字説，則是明道本、正統本誤倒。《考異》、《考正》、《集解》、《斠證》俱從公序本。

〔二八〕備，監本、《諸子瓊林》作「補」，所見他本皆作「備」，然監本亦似自有所據，於義則無殊。

〔二九〕其，明道本、正統本作「民」。所惡，明道本、正統本作「所敗」。

〔三〇〕「所以」前，明道本、《諸子瓊林》有「其」字，正統本無之，二者各有承傳。

〔三一〕胡，遞修本、静嘉堂本作「故」，但後者有毛筆描改作「胡」，作「故」者字訛。

〔三二〕弗，明道本、正統本、《周本紀》、《元龜》作「不」。

於是國人莫敢出言〔一〕。**三年，乃流王于彘。**流，放也。彘，晉地，漢爲彘縣〔二〕，屬河東，今曰永安。　○賈逵：流，放也（《文選》魏文帝《典論·論文》李善注引，王、汪、黄輯，蔣曰豫將此條置於下文「流在裔土」下）。　○《釋地》：彘城，今山西霍州。　◎志慧按：其事亦見清華簡《繫年》，唯《繫年》「彘」作「徹」，釋者以爲二字通假，或是。關於厲王流彘的原因及時間，《史記·周本紀》全承《國語》，《周本紀》並云：「共和十四年，厲王死于彘。」是年爲前八二八年。今山西霍州於周時稱作彘，東漢爲永安，隋爲霍邑，明置霍州，今尚存周厲王墓。

【彙校】

〔一〕國人，正統本同，明道本、《周本紀》與《諸子瓊林》俱只作「國」，《考正》從後者，《斠證》據《史記》該段文字多約引，謂不足以爲《史記》「國」下有「人」字之證，於義俱通。龜井昱：『添一「出」字。』亦可參。

〔二〕明道本、正統本與《周本紀》集解引俱無此「㕜」字，《考異》斷其衍，《考正》舉孫奭《孟子疏·離婁篇》引亦無「㕜」字，從删。

4 芮良夫論榮夷公專利之害〔一〕

厲王説榮夷公〔二〕，説，好也。榮，國名。夷，謚也。○《尚書·賄肅慎之命》正義：《晉語》云：「文王諏於蔡、原，訪於辛、尹，重之以周、召、畢、榮。」於文王之時，名次畢公之下，則是大臣也。未知此時榮伯是彼榮公以否，或是其子孫也，同姓諸侯相傳爲然，注《國語》者亦云：「榮，周同姓。」○《補音》：字書「謚」字當作「謚」。《説文》云闕。○《補正》：《墨子》「厲王染於榮夷終」，似終乃榮夷公之名。《史記·周本紀》成王時有榮伯，周之同姓，夷公其後也。**芮良夫曰**：芮良夫，周大夫芮伯也。○《補正》：芮良夫，姬姓，伯爵，食采於芮，今山西芮城。○楊伯峻《春秋左傳注·桓公三年》：芮國有二，一爲殷商時之芮，與虞國爲鄰，《詩·大雅·緜》所謂「虞、芮質厥成」者是也。一爲周畿内國，姬姓，嘗爲王朝卿士。《尚書序》云：「巢伯來朝，芮伯作《旅巢命》。」此武王時之芮伯也；《顧命》有芮伯，成王時也；《詩·桑柔序》云：「《桑柔》，芮伯刺厲王也。」《逸周書》有《芮良夫篇》，則厲王時也。◎志慧按：「虞、芮質厥成」之芮在今山西芮城和平陸交界處的西侯、洪池、嶺底、陌南東部一帶，今有閑田、讓畔城等遺跡，尚可與「虞、芮質厥成」相關的傳説相印證，是爲姜芮，此芮國在武王克商後成爲新封的姬姓魏國的一部分。西周之芮國爲姬姓，在今陝西省大荔、韓城一帶，一九二九年，在大荔縣趙渡鎮出土過春秋早期器「内伯鼎」，「内」即「芮」之初文，學界認爲芮良夫所在的芮國即在此地。二〇〇六年以後，與大荔只隔一個合陽的韓城市昝村鎮梁帶村兩周墓葬中，陸續出土了含有「内（芮）公」、「内（芮）大（太）子白」等字樣的青銅器，證明公元前八世紀初芮姜及其子芮伯萬將政治中心遷移至此。該芮在秦晉韓原之戰後屬秦。又，二〇一八年，在澄城縣王莊鎮劉家洼東周遺址考古中，出土兩件鑄有「芮公」的銅鼎和銘有「芮公作器」的建鼓，考古界認爲該遺址是一處芮國後期的都城遺址及墓地。《補正》混前後芮爲一，誤。**「王室其將卑乎！」**卑，微也。**夫榮公好專利而不知大難**[三]。專，擅也。**夫利，百物之所生也，**利，生於物也。專利，是專百物。**天地之所載也，**載，成也。地受天氣以成百物。○《爾雅·釋詁》：哉，始也。○《集證》：疑「載」謂「造始」也。《詩·文王》「載」作「哉」，鄭箋則訓爲「造始」。此云利乃百物所生，天地所造始也。蓋天地生百物，故言造始，韋解非是。**而或專之**[四]，**其害多矣**[五]。害，謂惡害榮公者多也。孔子曰：「放於利而行，多怨。」○《删補》：春臺先生曰：其害多矣，泛言好利之所害多也，韋注謬。○《增注》：凡人或專利者，戾於天地百物，故多遭患害也。○《補正》：害，謂害於國家。

◎志慧按：而，如也，下「王而行之」之「而」同。傅庚生《國語選》注同吴説。上言「利，百物之所生也，天地之所載也」，下言「天地百物皆將取焉」，則此「害」既非如韋注所謂特指「惡害榮公者」，亦非如《補正》所謂「害於國家」，甚至也不是動詞，而是與「利」相對之名詞，如下文所言「所怒甚多」而招致神人百物的大難，故春臺與《增注》所釋方稱正解。**天地百物皆將取焉，胡可專也？**天地成百物，民皆將取用之，何可專其利？**所怒甚多**〔六〕，**而不備大難，以是教王，王能久乎？夫王人者，將導利而布之上下者也，**導，開也。布，賦也。上謂天神，下謂人物。○《補韋》：布之上下，謂上自后、王、君、公，下及士、農、工、商，各有應享之利也。○《平議》：「導利而布之」者，通利而布之也，韋訓爲「開」，於義稍迂。○龜井昱：榮公害物多，故物之怒亦多也。◎志慧按：韋昭用聲訓之法釋布爲賦，未見其誤，然亦未盡其義，兹試爲之解：此「布」與「專」相對，則布當作散佈解，而非今之通義賦予。且此利係「百物之所生」「天地之所載」，在芮良夫看來，王人者當不得賦予一義。《楚辭·悲回風》王逸《章句》：「賦，鋪也。」《小爾雅》卷一：「頒、賦、鋪、敷，布也。」皆其證。**使神人百物無不得其極，**極，中也。○賈逵：極，所也（《和漢年號字抄》下引《東宮切韻》）。○《存校》：極，中也，未當。○《校證》：句謂無不得其至極。◎志慧按：中亦爲「極」之常訓，如《詩·衛風·氓》「士也罔極」，毛傳：「極，中也。」《周禮·天官·序官》「體國經野，設官分職，以爲民極」，鄭注：「極，中也。」韋解不誤。原極訓爲中之由，似與「標」之由高標而得標準之取義路徑相近：《説文》木部：「標，木杪末也。」同部：「杪，木標末也。」二者互相爲訓。陸士衡《吴趨行》「重欒承游極」五臣注：「極，棟也。」極爲屋之棟，猶標爲木杪末也，標引申作標準義，故極亦可得中義。猶日怵惕〔七〕，懼怨之來也。怵惕，恐懼也。○《補音》：曰，如字，發語端也，本或作「日」，人實反，義亦兩通。故《頌》曰：『思文后稷，克配彼天。立我烝民〔八〕，莫匪爾極。』《頌》，《周頌》也。《思文》，謂郊祀后稷以配天之樂歌〔九〕。經緯天地曰文。克，能也。烝，衆也。莫，無也。匪，不也。爾，女也。極，中也。言周公思有文德者后稷，其功乃能配於天。謂堯時鴻水〔一〇〕，稷播百穀，立我衆民之道，無不於女時得其中者，功至大也。○《正義》：《詩》鄭箋：「立，當作『粒』。」后稷播殖百穀，烝民乃粒。或謂《尚書》「烝民乃粒」，顯有明文，況帝以播時百穀屬之稷，《孟子》亦以樹蓺五穀屬之稷，則稷之大功專在養民。莫匪爾極，亦因人民之育連及之。宏嗣訓「立」爲立民之道，與鄭義異矣。○《集證》：思，爲狀詞前附語，「思文」猶「文然」也。韋本鄭箋訓爲思念，誤也。立，猶定也。《大雅》曰：『陳錫載周〔一一〕。』《大雅》，《文王》之二章。陳，布也。錫，賜也。言文王布賜施利，以載成周道。○唐固：言文王布錫施利，以載成周道也（《史記·周本紀》集解引，王、汪、黄輯）。○户埼允明：載，《毛詩》作「哉」，爲助字，此書以成爲義，自是一義，與上「天地之所載」相照。○龜井昱：載周，言始造周室也。○《正義》：《爾雅》：「哉，始也。」《周頌》「載」見毛傳：「載，始也。」則「哉」即「載」也。載成周道，言周道之成始于文王也。○《補正》：周，遍也，下「故能載周」句，謂惟能布利周遍，以至有今日。訓載周道非。是不布利而懼難乎？言后稷、文王既布利，又懼難也。**故能載周，以至于今。今王學專利，其可乎？**言不可也。**匹夫專利，猶謂之盜，王而行之，其歸鮮矣。**鮮，寡也。歸附周者寡也〔二〕。○《爾雅·釋詁》：鮮，寡也。○賈逵：鮮，寡也（釋慧琳《一切經音義》卷二十一引，汪遠孫輯）。○《述聞·通説下》：歸，終也。物之所歸即物之所終也。言厲王必不能終也，上文「王能久乎」是其證。**榮公若用，周必敗。」**◎志慧按：清華簡《芮良夫毖》載芮良夫再三告誡臣工敬天畏民，持盈守道，與本則義可互足。其中反覆引述《詩》中之句及先人之嘉言善語的言説方式亦與此文相類，皆可與本文互參。《黄帝書·經法·亡論》：「〔昧〕天〔下之〕利，受天下之患；昧一國之利者，受一國之患。」語義較芮良夫的勸諫簡約明白，後出轉精。

【彙校】

〔一〕張建軍、張懷通《〈芮良夫論榮夷公專利〉節次辨正》（《文獻》二〇一一年第二期）據《史記·周本紀》和《逸周書·芮良夫》相關材料的順序，認爲本則當在《邵公諫厲王弭謗》之前，其説有理，且可免致「彘之亂宣王在召公之宫」一段懸隔。《鈔評》題作「芮伯論榮公專利之害」，《抄評》作「芮良夫諫厲王用榮夷公」，今綜合之。

〔二〕榮夷公，《史記》同，《墨子·所染》與《吕氏春秋·當染》俱作「榮夷終」，《拜經日記》及《札記》

皆謂「公」、「終」聲相轉。二字聲不相近，疑「公」乃尊稱，「終」則其名。

〔三〕明道本、《諸子瓊林》前集卷十道德「公」前有「夷」字，《周本記》同明道本，正統本同公序本，《考異》指其涉上文而衍，《考正》謂下文有「榮公若用」之文，以彼例此，則不必有「夷」字，其説是。

〔四〕或，《史記·周本紀》作「有」。

〔五〕秦鼎云：「『而或專之』二句，當在『胡可專也』下，蓋錯置也。」其説有理。

〔六〕所怒，秦鼎引東涯之説云當作「所怨」，並謂依韋引「放利多怨」，認爲作「怨」爲是，臧庸《拜經日記》亦作如是説，可從，蓋字之訛也。

〔七〕日，明道本、《周本紀》作「曰」，閔齊伋本謂兩通，臧庸《拜經日記》卷十一和《標注》皆謂作「曰」者非，《斠證》謂「猶日日怵惕」也，後三者皆是也，作「曰」者形訛。怵，明道本、静嘉堂本、宋元遞修本作「怺」，後者正。

〔八〕烝，《毛詩》同，《補音》、明道本、正統本作「蒸」，注同。

〔九〕周頌也思文，明道本、正統本作「周頌思文也」，則標點當作「《周頌·思文》也」，秦鼎以明道本正公序本。下句費解，疑「謂」當作「爲」，然所見各本同。

〔一〇〕鴻，明道本、正統本、弘治本、許宗魯本作「洪」，「鴻」、「洪」古通。

〔一二〕載，《左傳·昭公十年》引同，《毛詩》作「哉」，並云：「哉，載。」鄭箋：「哉，始。」《諸子瓊林》同作「哉」。

〔一三〕寡，正統本同，明道本作「鮮」，《考異》斷作「寡」者是，於注例可從。

既，榮公爲卿士，既，已也。卿士，卿之有事者。　○《辨正》：韋注以「卿之有事者」當「卿士」意義不明，《左傳·隱公三年》「鄭武公、莊公爲平王卿士」杜注：「卿士，王卿之執政者，言父子秉周之政。」可補韋氏所缺。「卿士」在此係一偏義複詞，單指卿，正卿也。　◎志慧按：既，猶今「（不久）以後」，《魯語上》「既，其葬也」、《魯語下》「既，徹俎而宴」、《晉語一》「既，驪姬不克」、《晉語三》「既，里、丕死，禍」之「既」同，長言之則作「既而」。**諸侯不享，王流于彘。**享，獻也。　○皆川淇園：「諸侯」句與「歸鮮」應，「王」句與「周敗」應。

彘之亂〔一〕，**宣王在召公之宮，**宣王，厲王之子宣王靖也。在召公宮者〔二〕，避難奔召公。○《補音》：靖，宣王名，《史記》作「静」，《漢書》作「靖」。**國人圍之。召公曰：「昔吾驟諫王，**　○《正義》：驟，數也。《襄十一年傳》「晉能驟來」。　○《集證》：驟，數也。《晉語一》：「多而驟立。」《越語下》：「今申胥驟諫其王。」韋皆訓「數」。然此首出，當發注於此。**王**

不從，以及此難〔三〕。及，至也。**今殺王子，王其以我爲懟而怒乎**〔四〕！殺王子，令國人得殺之也〔五〕。○《説文・心部》：懟，怨也。**夫事君者，險而不懟**，君，諸侯也。在危險之中不當懟〔六〕。懟，謂若晉慶鄭怨惠公愎諫違卜，棄而不戰〔七〕。○《述聞》：險，謂中心憂危之也，此與下句「怨而不怒」皆以心言，非以境言。下文單襄公曰「君子將險哀之不暇，而何易樂之有焉」、《荀子・榮辱篇》曰「安利者常樂易，危害者常憂險」，是其證。○《補正》：君是對臣言，不必指諸侯，下「況事王」句，謂凡臣事君皆然，何況事王？語意自不相礙。○《斠證》：險既可通，無煩輾轉假借、別立新訓。**怨而不怒，況事王乎？」**怨，怨望也〔八〕。怒，作氣也。**乃以其子代宣王。**◎志慧按：面對連篇累牘的「不聽」「弗聽」「不從」「卒立之」，讀者看到的是貴族共同體糾錯意志的習慣性流産。究其原因，一邊是被勸諫者的貪婪與權力的傲慢，一邊是臣工們的勇氣與智慧的闕如。其結果，即使是共同體中的清醒者，也只能無奈無助地眼看著悲劇的發生，一次接著一次。譬如這一次，忽然抛出個未成年人來買單。在這個敘述架構中，這孩子只是證明召公絶對忠誠的工具。而讀者，是需要被誘導出壯烈的感覺的，以便遮蔽荒誕與罪責。在我所見的傳注、評點中，尚未見替這孩子説話的案例，從這一點而言，這種敘述是成功的。**宣王長而立之。**彘之亂，公卿相與和而脩政事〔九〕，號曰「共和」，凡十四年而宣王立。○《舊音》：彘之亂，公卿相與共和而脩政事。按：《汲冢書》共音恭，共伯名和。○《補音》：《舊音》雖出此説，然韋氏自依《史記・周紀》爲注，則「共」當如字。　○崔述《考信録》：周民之居厲王於彘，苦其虐，不得已而出之，使不得肆虐於己耳，非必殄滅之無遺育而後甘心也。果欲甘心於王，王出之後，何不更立他人而虚王位者十四年？王崩之後，又何以共戴宣王而無異言乎？蓋古者人情淳樸，上下之間不甚猜疑，王出則已不讐王也，況太子乎？謂宣王避亂而奔召公之宫，或有之；若謂國人圍而欲殺之，召公避嫌而後以子代之，則必無之事也。　◎志慧按：崔氏之疑有理，作爲一種敘述方式，如《周語中》富辰、《晉語二》荀息、《晉語三》共華、《楚語下》葉公子高的後續敘述，存在著模式化的現象，本文關於召公結局的敘述，可能受到此類敘述模式的影響。

【彙校】

〔一〕此章明道本屬上，穆文熙纂注、劉懷恕校刊本單列，題作《宣王子靖立》。案上條言主爲芮良夫，本條言主爲召公，似當單列，然此間召公之言既非諫言，亦非預言，且其事當屬召公諫厲王的補充，故疑本條原綴於《召公諫厲王弭謗》之後，錯簡於此。從敘述脈絡言，上二條皆以「流王于彘」與「王流于彘」收尾，此以「彘之亂」起，疑係追述者的補敘，例同卜辭之驗辭，故不能單列。尤可疑者，其亂非由彘地而起，甚至主要變故亦非發生於彘地，故當時人不可能呼爲「彘之亂」。故此屬上。

〔二〕召公宫，正統本作「召公之宫」，明道本作「邵公之宫」，《考正》從後者增。

〔三〕以，《周本紀》與《元龜》帝王部十二及宰輔部八引同，明道本、正統本作「是以」，《考正》從增，於義俱通。

〔四〕「懟」下，明道本有注文「音墜」二字，《考正》謂「此《舊音》誤入者」，是。

〔五〕令，明道本作「命」。

〔六〕明道本無「危」字，《考異》疑其脱，可從。

〔七〕戰，明道本、遞修本、正統本皆作「載」，《考正》、秦鼎從明道本，據史實可從，金李本字訛。

〔八〕怨，明道本、遞修本、正統本、静嘉堂本、弘治本、許宗魯本作「心」，「心望」本一詞，猶後世「怨恨」，如《史記·酷吏列傳》「買臣固心望」，又如《春秋繁露·楚莊王》「今晉文不以其同姓憂我，而彊大厭我，我心望焉」，疑金李本據後世用詞習慣擅改。

〔九〕和，《周本紀》正義引同，《舊音》作「共和」，《集證》謂「『相與和』即所以釋『共和』」，「共」字係後人誤增。竊疑「共」字涉下「共」字而衍。

5　虢文公諫宣王不藉千畝

宣王即位，不藉〔一〕千畝。藉，借也。借民力以爲之。天子田藉千畝〔二〕，諸侯百畝。自厲王之流〔三〕，籍田禮廢〔四〕，宣王即位，不復遵古〔五〕。○賈逵：天子躬耕藉田，民助力也〔六〕。藉田，千畝也（《書鈔》禮儀部十二引，汪遠孫輯）。○應劭：「古者天子耕，籍田千畝，爲天下先。籍者，帝王典籍之常也。」臣瓚曰：「景帝詔曰：朕親耕，后親桑，爲天下先。本以躬親爲義，不得以假借爲稱。籍，謂蹈籍也。」師古曰：「瓚説是也。」（《漢書·文帝紀》顔注）。○《增注》：藉，以爲蹈藉之義者爲是矣。◎志慧按：雷曉鵬《清華簡〈繫年〉與周宣王「不籍千畝」新研》據清華簡《繫年》與《國語》文本的分析，認爲「籍」有畋義，畋有治田義。籍田非一般意義的公田，而是爲祭祀上帝、天神專門開辟的祭田。宣王不籍千畝，指不再在籍田舉行籍禮，而且廢棄籍田，任其荒蕪。賴新材料與傳世文獻之綜合參證，其説有後出轉精之妙。復次，江西南昌海昏侯墓出土了銘有「昌邑籍田」的銅鼎和銅燈，可與下文虢文公所述諸種籍田禮制合參。**虢文公諫曰：**賈侍中云：「文公，文王母弟虢仲之後，爲王卿士。」昭謂：虢叔之後，西虢也。宣王〔七〕都鎬，在畿内。○《舊音》：鎬，音皓。○《補音》：鎬，胡老反。○《補正》：西虢，在弘農陝縣東南。◎志慧按：西虢，在今陝西省寶鷄市陳倉區東，爲文王異母弟虢文公虢叔封地，故名，韋注無誤。當地有虢鎮，虢，方音鬼。傳世有周宣王時銅器虢文公鼎二器，書作「虢文公子㑴」，容庚《商周彝器通考》第四章疑即此虢文公，可從。著名的虢季子白盤也出土於這一帶。吴曾祺所指者在今河南三門峽，爲北虢。「不可。夫民之大事在農，穀，民之命，故農爲大事。上帝之粢盛於是乎出，出於農也。器實曰粢，在器曰盛。○賈逵：器實曰粢，在器曰盛（《書鈔》禮儀部十二引，汪遠孫輯）。民之蕃〔八〕庶於是乎生，蕃，息也。庶，衆也。○《爾雅·釋詁》：庶，衆也。○賈逵：蕃，息也。庶，衆也（《書鈔》禮儀部十二引，汪遠孫輯）。事之共給於是乎在〔九〕，共，具也。給，足也。○《爾雅·釋詁》：共，具也。○賈逵：給，足也（釋慧琳《一切經音義》卷四十一引）。和協輯睦於是乎興，協，合也。輯，聚也。睦，親也。○《爾雅·釋詁》：輯、協，和也。○《辨正》：輯，不訓聚，當訓和，「和協輯睦」與「敦庬純固」一樣皆是由形容詞構成的近義合成詞，《魯語上》「契爲司徒而民輯」、《晉語一》「君盍使之伐翟，以觀其果於衆也，與衆之信輯睦焉」，韋注皆曰：「輯，和也。」財用蕃殖於是乎始，殖，長也。敦庬純固於是乎成〔一〇〕：敦，厚也。庬，大也。○《爾雅·釋詁》：惇，厚也。庬，大也。○《舊音》：庬，莫江反。○《校補》：《淮南子·氾論篇》：「古者人醇工龐，商樸女重。」敦庬，同「醇龐」。醇、敦並讀爲惇，《説文》：「惇，厚也。」韋注「庬」爲大，失之。◎志慧按：從上句「和協輯睦」的同義複合結構形式看，蕭説可從。龜井昱曰：「六句兩兩相比，『生』、『興』、『成』是韻也。」標點本此。是故稷爲大官〔一一〕。民之大事在農，故稷之職爲大官。古者，大史順時覛土〔一二〕，覛，視也〔一三〕。○《舊音》：覛，音脉。○《補音》：覛，莫獲反。　◎志慧按：容庚《金文編》將「覛」書作「覓」，以爲覓與「覛」同字，於字形是。

陽癉憤盈〔一四〕，**土氣震發**，癉，厚也。憤，積也。盈，滿也。震，動也。發，起也。　○《爾雅·釋詁》：癉，勞也。震，動也。　○賈逵：憤，盛也（釋慧琳《一切經音義》卷二十一引，汪遠孫輯）。　○孔晁：癉，起。憤，盛也。盈，滿。震，動也（《舊音》引，汪、黄輯）。　○《舊音》：癉，丁佐反。《方言》：楚謂怒爲癉，言陽氣起而盛滿，則震（動）發也。　○《補音》：癉，又音得按反，俱訓病也。　○《存校》：憤，當同「奮」義。　○《略說》：瘀熱蒸胃成疾曰癉，言陽蒸生熱，積滿地中，乃土氣爲之動發。　○《補正》：「憤」與「僨」通，動也。　○戎輝兵《〈國語集解〉訂補》：癉，讀爲「燀」，訓熱氣。　○趙生群、蘇芃《國語疑義新證》：「憤盈」爲同義複詞。《方言》卷十二：「憤，盈也。」《廣雅·釋詁》：「憤，盈也。」《逸周書·時訓》：「陰氣憤盈。」《後漢書·蔡邕傳》：「陰氣憤盛，則當靜反動。」「憤盈」、「憤盛」皆同義連文。　◎志慧按：此「癉」非勞義，故韋昭不取《爾雅》之義。「陽癉」係與「土氣」相對爲文，戎説是也。**農祥晨正**，農祥，房星也。晨正，謂立春之日，晨中於午也。農事之候，故曰農祥。　○賈逵：祥，猶象也（釋慧琳《一切經音義》卷二十一引，汪遠孫輯）。　○唐固：農祥，房星也。晨正，晨見南方，謂立春之日也（隋杜臺卿《玉燭寶典》卷一引、《初學記》卷三〔一五〕、《御覽》卷二〇，王、汪、黄、蔣輯）。　◎志慧按：《説文·晶部》：「農，房星，爲民田時者。」《辰部》：「辰，房星，天時也。」同部「辱」下復云：「辰者，農之時也，故房星爲辰。」「農祥」之説，蓋以此。《文選》班孟堅《東都賦》薛綜注：「農祥，天駟，即房星也。晨時正中也，謂正月初也。」張銑注：「房星，正月中晨見南方，農之祥候也。」今人王暉《從曾侯乙墓箱蓋漆文的星象釋作爲農曆歲首標志的「農祥晨正」》一文結合新出土材料認爲：「如果『農象晨正』的『正』等於中，那麼它所表示的星像在戰國早期也應在大寒前後。然而，《周語上》『農祥晨正』一段除載這一星象外，其他天象、物候現象很明顯不在大寒時節。房宿四星晨旦位於南中天時爲南北向却略偏東西，只有在過了南中天而偏西方的位置時，纔成爲正南北方向，並橫排爲一字形的陣列。而曾侯乙墓紫錦衣箱漆文所謂房宿『所尚若陳（陣）』，就是這種正南北向的星象形狀。當農人於晨旦起床後，一抬頭望見（房）宿四星成正南北向的陣列，便説明春耕時節到來了。」王説結合共時性考古材料，可補韋昭、薛綜等之未密。**日月底于天廟**[一六]，底，至也。天廟，營室也。孟春之月，日月皆在營室。○《舊音》：底，音旨。○《補音》：底，之履反。○《集證》：營室有天廟之名，《晉書·天文志》曰：「北方南斗星，天廟也。」營室正屬北方玄武七宿第六星。營室又有廟星之稱，《史記·天官書》：「營室爲清廟。」營室主土功、宮室、宗廟、稼穡、畜牧諸事，《國語》此文正言農事，是韋氏之訓，非無由也。**土乃脉發**。脉，理也。《農書》曰：「春，土冒撅[一七]，陳根可拔，耕者急發。」○賈逵：脈，理（釋慧琳《一切經音義》卷九十八引）。

【彙校】

〔一〕藉，《禮記·月令》正義引同，明道本、正統本作「籍」，《正義》謂「兼收二家之長，而用《補音》本者十之七八」，該字稿本從艸，刊本從竹，注各從正文，隸楷階段從竹之字與從艸之字常通作，如江西南昌海昏侯墓出土銅鼎有銘文「昌邑籍田銅鼎容十斗重卌八斤第二」，安徽六安雙墩漢墓出土銅壺上表序數的「第」字皆從艸。《説文·竹部》：「籍，簿書也。」《耒部》：「耤，帝耤千畝也。古者使民如借，故謂之耤。」《艸部》：「藉，祭藉也。」知「耤」、「藉」爲本字，「籍」爲通假字。下文藉田之「藉」明道本、正統本皆作「籍」，不一一，籍、藉皆「耤」之孳乳字。

〔二〕田藉，張一鯤本、穆文熙纂注《國語》、《國語評苑》、道春點本同，遞修本、弘治本、《鈔評》、李克家本、《增注》作「藉田」，静嘉堂本作「藉□」，明道本、正統本、閔齊伋本及《非國語》作「籍田」，疑金李本誤倒，張一鯤本承之，李克家本則據弘治本改，道春點本有日本文化二年（一八〇五）山田直温、依田利和豬飼傑朱筆校語：「田藉，李（克家）本作『藉田』。」先於山田直温等批校，《增注》已改作「藉田」，疑是冢田虎徑用彼等所同見之李克家本改。

〔三〕流，明道本、正統本同，遞修本、弘治本、許宗魯本作「亂」，静嘉堂本模糊不可識。

〔四〕籍，遞修本、静嘉堂本、弘治本作「藉」，金李本與正文及韋注前一「藉」皆不一致，宜整齊。

〔五〕遵古，《非國語》、明道本、正統本與《元龜》帝王部一百十五引俱無「遵」字，作「古也」，於義俱通。

〔六〕《輯存》依朱彝尊舊藏「民助」作「助民」，是。

〔七〕「宣王」前，明道本、正統本有「及」字，秦鼎謂此脱，但《史記·周本紀》集解引亦無之。

〔八〕蕃，《周本紀》索隱作「繁」，「蕃」本字，「繁」通假字。

〔九〕共，《補音》：「共，通作『供』，假借。」明道本、正統本作「供」。「共」初文，「供」後起字，《補音》於古今字、異體字、通假字皆視爲通假。注同。

〔一〇〕厖，《考正》：「《説文》、《玉篇》厖列厂部，諸本作『庬』，非。」《説文·厂部》云：「厖，石大也。」《玉篇·厂部》承之，後者於《广部》「庬」下云：「亡江、亡項二切，又豐也，有也，厚也。」該字與「敦」、「純」、「固」並列，義不取石大，而當取厚，則是諸本作「庬」者正得其義。

〔一一〕大官，段玉裁據《尚書正義·舜典》謂當作「天官」，《札記》、《經義叢鈔》、《發正》、《補正》皆從之，《集解》並謂韋所見本已誤，是，古文「大」、「天」形近，疑係隸定之誤。

〔一二〕大史，《補音》：「它蓋反，下及大宰、大師、大保並注並同。」明道本作「太史」，下「大史」同。「覛」下，明道本有「音脉」的音注，係《舊音》闌入，非韋昭注舊文。

〔一三〕「覛視也」三字，明道本、正統本置於「土氣震發」下，《元龜》帝王部籍田同公序本，據注例當從。

〔一四〕「癉」下，明道本有「丁佐反」的音注，係《舊音》闌入，非韋昭注舊文。

〔一五〕後者「晨見」前有「謂」字。

〔一六〕底，明道本同，正統本作「厎」，《考異》謂訓至者「厎」爲正字，《斠證》謂據《説文》則「底」反是正字，可從。古人書寫偶於「广」上方加一小點或短横作爲裝飾，二字遂常相混淆。

〔一七〕「冒撅」前，明道本、正統本有「長」字，《考異》斷無者脱，並引《詩·小雅·甫田》「既備乃事」鄭箋「至孟春，土長冒橛，陳根可拔」，云「撅」當從《補音》作「橛」，韋注「春」上脱「孟」字，其説可從，蓋「日月」二句時在寅月。

「**先時九日**，先，先立春日也。○賈逵：先，先立春日也〔一〕（《書鈔》禮儀部十二引，汪遠孫輯）。○皆川淇園：時，謂耕時。自迎春而祈穀，而藉田，理固當然，若然，則不得以立春之日耕于帝藉亦明矣。注以「先時」爲先立春日者誤。◎志慧按：藉田之日即立春之日，故賈、韋無誤。**大史告稷曰：『自今至于初吉**，初吉，二月朔日也。《詩》云：「二月初吉。」○《述聞》：今，謂先立春之九日，初吉則謂立春之日也，韋昭以初吉爲二月朔日，非是。下文稷以告王曰「距今九日，土其俱動」，正謂九日後立春土乃脈發耳，何待二月乎？○《辨正》：「初吉」亦不過是吉日的代名詞而已，朔日爲一月之始，自可謂之吉日；每月初一至七、八日亦爲一月之初，亦可謂之吉日；立春乃一年四季之初，當然也有資格稱爲吉日。甚至既不在一月之初，亦不在立春等佳節，衹要事主認可某一天爲良辰吉日，亦無妨稱之爲「初吉」，要之，人們所關注者在「吉」不在「初」。**陽氣俱烝**〔二〕，**土膏其動。**烝，升也。膏，土潤也〔三〕。其動，潤澤欲行。**弗震弗渝，脉其滿眚，穀乃不殖。』**震，動也。渝，變也。眚，灾也。言陽氣俱升，土膏欲動，當即發動，變寫其氣。不然，則脉滿氣結，更爲灾病〔四〕，穀乃不殖。○《爾雅·釋言》：渝，變也。○《略説》：震渝，蓋謂墾辟也。方陽升膏動而不發地更故者，必脈滿爲災。○《述聞》：渝，讀爲「輸」，輸寫也。謂輸寫其氣，使達於外也。「渝」、「輸」古字通，此言當土脈盛發之時，不即震動之、輸寫之，則其氣鬱而不出，必滿塞而爲災也。韋訓渝爲變，於上下文義稍遠矣。**稷以告，**以大史之言告王〔五〕。○《考異》：今讀以韋解在「告」下，「告」絶句，非。○《校證》：據《太平御覽》禮儀部十六等引重「王」字，謂重「王」字是也。◎志慧按：陳樹華、吴曾祺及張以仁《集證》皆以「稷以告王曰」爲一句，據韋注是也。《後漢書·黄瓊傳》李賢注、《御覽》卷五三七引重「王」字，《書鈔》儀禮部十二、《通鑒前編》卷九引則不重，觀下文言主不似王者，知「王」字不當重。**王曰：『史帥陽官，以命我司事，**史，大史。陽官，春官。司事，主農事官也〔六〕。**曰：距今九日，土其俱動，**距，去也。○皆川淇園：重言「距今九日」者，蓋爲王當預即其齋宮也。○《增注》：此史命司事之辭，而稷以告王也。○《集證》：此稷告太史語也。距今九日，謂立春之日也。◎志慧按：《越絶書·越絶外傳記地傳》載：「稷山者，句踐齋戒臺也。」又云：「句踐之出入也，齋於稷山。」其山在今上虞練塘，距越王臺約二〇公里，此小邦諸侯之齋戒臺，尚且遠離其日常活動之所，周天子於齋戒一事之鄭重其事蓋可想見。**王其祗祓，監農不易。』**祗，敬也。祓，齊戒、祓除也。不易，不易物土之宜。○《爾雅·釋詁》：祗，敬也。祓，福也。○賈逵：祗，敬也。祓，齊戒、祓除也。不易者，物土之宜，循其土穀，不易其俗也〔七〕（《書鈔》禮儀部十二引，王、汪、黄輯）。○《略説》：宜以行藉田，不易舊章。○皆川淇園：易，當讀慢易之「易」，言令農不敢慢易也。○《增注》：此稷因史之言更自告誡王也。○《補正》：易，治也，即《孟子》「易其田疇」之「易」，恐農有不治其田疇者，故遣官以監之。◎志慧按：韋昭於「祓」字義棄《爾雅》而取賈注，於文義更密合，《詩·大雅·生民》孔疏引孫炎曰：「祓除之福。」似爲調停之辭。監猶糾察，其對象自然是負面之事，日本恩田仲任《國語備考》與王引之《述聞》亦釋「易」爲輕忽、輕慢，唯「監農，使之不易」之解有增字解經之嫌，疑句爲「監農之不易者」之省，故以《補正》説較勝。**王乃使司徒咸戒公卿、百吏、庶民，**百吏，百官也。庶民，甸師氏所掌之民，主耕耨王之藉田者〔八〕。**司空除壇于藉，**司空，掌地也。○《增注》：於千畝中除地爲壇，蓋祭神之所。◎志慧按：《荀子·王制篇》：「修隄梁，通溝澮，行水潦，安水藏，以時決塞。歲雖凶敗、水旱，使民有所耘艾，司空之事也。」可參。《禮記·曲禮》「馳道不除」鄭注：「除，治也。」《集證》指《周語中》「雨畢而除道」、「九月除道」、《魯語下》「具舟除隧」、《齊語》「擊菒除田」諸「除」字皆當訓爲「治」，其説是。**命農大夫咸**

戒農用。農大夫，田畯也。農用，田器也。○《正義》：農大夫，又謂之農率，《周小正》「農率均田」，又謂之嗇夫，《儀禮·覲禮》「嗇夫承命」。◎志慧按：《荀子·王制篇》：「相高下，視肥墝，序五種，省農功，謹畜藏，以時順修，使農夫樸力而寡能，治田之事也。」楊倞注：「治田，田畯也。」可窺農大夫之職司。

【彙校】

〔一〕《輯存》謂朱彝尊舊藏引「立春」上只一「先」字。此釋「先」字，「先」字似當重；若是解釋「先時」，則朱引是也。

〔二〕烝，明道本、正統本作「蒸」，注同。公序本作「烝」者，明道本、正統本多作「蒸」，「烝」、「蒸」正俗字。以下凡公序本作「烝」明道本作「蒸」者不再出校。

〔三〕明道本、正統本無「土」字，於義是也，《考異》指其衍，但《文選》張平子《東京賦》李善注、《册府元龜》宰輔部諫争一引皆有之。

〔四〕灾病，明道本、正統本作「災疫」。

〔五〕大史，明道本作「太史」，下「大史」及「樂大師」同。

〔六〕明道本、正統本無「官」字，《文章正宗》卷四一有之，《元龜》宰輔部、《玉海》官制古官名下皆引作「者」，有「官」或「者」字於義更密。

〔七〕《輯存》據朱彝尊舊藏引賈逵注「土」下無「穀」字，謂「俗」作「穀」，可備一説。

〔八〕田，静嘉堂本、弘治本作「口」，後二者誤。

「先時五日，先耕時也。○《集證》：謂先立春時也，此承上文「先時九日」來。**瞽告有協風至，**瞽，樂大師，知風聲者。協，和也，風氣秋〔一〕，時候至也。立春曰融風〔二〕。○《爾雅・釋詁》：協，和也。○《札記》：惠（棟）云：許叔重曰：「劦，同力也。」引《山海經》「惟號之山，其風若劦」，即此。和風爲劦，同力爲和。◎志慧按：甲骨卜辭有云：「貞帝於東方曰析，風曰劦（協）。」（《甲骨文合集》一四九二五）《逸周書・時訓》亦云：「立春之日，東風解凍。」協風，即此春季東風。**王即齊宫**〔三〕，所齊之宫。◎志慧按：《越絶書・越地記》：「稷山者，句踐齋戒臺也。」地在今上虞道墟，當地又稱齋臺山。可參。**百官御事，各即其齊三日。**御，治也。○賈逵：御，治也（《書鈔》禮儀部十二引，王、汪、黄輯）。○秦鼎：諸官亦各就其齋宫三日。◎志慧按：《詩・大雅・崧高》「王命傅御」毛傳：「御，治事之官也。」齊三日，爲古代行齋之常規，如《周易》明夷卦初九爻辭「君子於行，三日不食」即是。**王乃淳濯饗醴**〔四〕。淳，沃也〔五〕。濯，洗也〔六〕。饗，飲也，謂王沐浴，飲醴酒〔七〕。○賈逵：饗，飲也，王沐浴，飲醴酒（《書鈔》禮儀部十二引，王、汪、黄輯）。○《增注》：醴，一宿而熟者。饗之，所以自潔。**及期，**期，耕日也。○《集證》：亦即立春之日也。**鬱人薦鬯，**鬱，鬱金香草，宜以和鬯酒也。《周禮》：「鬱人，掌祼器，凡祭祀、賓客，和鬱鬯以實彝而陳之。」共王之齊鬯。○《舊音》：鬯，丑亮反。○《補音》：鬱，於物反。○《刪補》：「凡王之齋事，共其秬鬯」鄭玄注：「給淬浴。」疏曰：「以鬯浴尸，明此亦給王洗浴，使之香美也。」○《發正》：鬯，爲和鬱之酒也。**犧人薦醴，**犧人，司尊也[八]，掌共酒醴者[九]。○《發正》：犧尊爲六尊之首，故謂司尊爲犧人。**王祼鬯，饗醴，乃行。**祼[一〇]，灌也。灌鬯，飲醴，皆所以自香潔[一一]。○《補音》：祼，古亂反。前已有「祼器」，漏音，亦失其次。○《補韋》：王祼鬯，祭耤田之神也。饗禮乃自饗，知然者，耕耤宜有祭，而王自饗不應用祼。○《正義》：《漢書·楚元王傳》顏注：「醴，甘酒也，少麴（麯）多米，一宿而熟。」案：祼鬯用以祭耒，飲醴所以助氣，皆取其香潔也。◎志慧按：醴，類似當今甜酒釀中過濾下來的液體，酒精含量較低。《說文·酉部》：「醴，酒一宿孰也。」諸家似皆從許慎之說，唯其說與《漢書》顏注「少麴多米」之説，驗諸先秦似皆未得其實，蓋漢以前醴的原料皆爲穀物的新芽，即櫱，利用其自然澱粉酶來分解多糖物質或澱粉，從而形成「醴」。釀造界所謂「櫱法釀醴，麴法釀酒」説的就是二者的區别。**百吏**[一二]、**庶民畢從。及耤，后稷監之。**監，察也。**膳夫、農正陳耤禮。**膳夫，上士也，掌王之飲食膳羞之饋食。農正，田大夫，主敷陳耤禮而祭其神[一三]，爲農祈也。○賈逵：農正，農大夫也[一四]（《書鈔》禮儀部十二引，王、汪、黃輯）。主敷陳耤禮而祭其神，爲農祈也（《淵鑒類函》禮儀部四引，王、汪、黄輯）。○《正義》：膳夫，亦曰膳宰。《荀子·王制篇》：「宰爵知賓客、祭祀、饗食、犧牲牢之數。」故與農正同主籍禮也。◎志慧按：《周禮》：「膳夫，掌王之食飲、膳羞，以養王及后、世子。凡王之饋，食用六穀，膳用六牲……」韋注約引《周禮》，組織不當，或係傳抄之誤。**大史贊王**，贊，導也。**王敬從之。王耕一墢**〔一五〕，一墢，一耜之墢也。王無耦，以一耜耕〔一六〕。○賈逵：一發，一耜之發也（《書鈔》禮儀部十二引，王、汪、黄輯）。耜廣五寸，二耜爲耦，一發廣尺也〔一七〕。（《舊音》，王、汪、黄輯）。○《舊音》：墢，鉢、伐二音。○《補音》：墢，《説文》作「坺」，云「一臿土也」，音蒲撥反，《切韻》即有鉢、伐二音。○《札記》：此「一墢」者，對下「三之」而言也，非言耜數。《月令》「天子三推」，高誘注《吕覽》云：「謂一發也。」引此「王耕一墢」，是以王耕爲廣尺深尺耳，《補音》載賈注亦然，正韋所本「無耦一耜」之説。發、墢字同。○《正義》：兩人並頭，各執一耜發土，故曰耦。王者尊，無與敵，故用一耜而獨發之，而所發之土仍是廣尺深尺。○《補正》：墢，本字作「坺」，《説文》：「鍤土謂之坺。」○《集解》：韋解原文就高注《吕覽》云「天子三推，謂一發也」，轉可得此文之義，即三推爲一發，斯一發乃謂三推也，發、墢同字，一墢對下「三之」而言，一墢謂三墢（志慧按：後「墢」，當係「推」之誤。），三墢即所謂「卿大夫九推」矣。**班三之**，班，次也。三於〔一八〕，下各三其上也。王一墢，公三，卿九，大夫二十七。○賈逵：班，次也，謂公、卿、大夫也。三之，下各三其上也〔一九〕。王一發，公三發，卿九發，大夫二十七發〔二〇〕

（《禮記・月令》正義引，王、汪、黄輯）。成，天子三推，諸侯九推也〔二一〕（《書鈔》禮儀部十二引，王、黄輯）。　◎志慧按：《禮記・月令》云：「天子三推，三公五推，卿、諸侯九推。」説各異辭，是記載有異，還是禮隨時變，姑存疑以俟考。**庶人終于千畝**〔二二〕。　終，盡耕也〔二三〕。　**其后稷省功**〔二四〕，　○《舊音》：省，小井反，下「省民」、「省風」同。　○皆川淇園：省功者，即王、公、卿、大夫所耕墢之功。　○《集證》：當從「后」字一逗，「后」即今之「後」字，謂庶民終耕之後也。　◎志慧按：從「先時九日」——「先時五日」——「及期」——「及藉」——「其后（後）」的敘述順序看，張説有理；但因「稷爲大官」，上下文「稷」、「后稷（監之、三之）」並稱，「稷」、「后稷」皆爲主稷之官，單稱作「稷」，全稱則爲「后稷」，后者，主也，下文韋注謂「農官之君」或正是此意，與特指傳説中之周始祖棄有别。**大史監之；司徒省民，大師監之，**　○賈逵：大師，三公官也（《書鈔》禮儀部十二引，王、汪、黄輯）。**畢，宰夫陳饗，膳宰監之。**　宰夫，下大夫也。膳宰，膳夫也。　◎志慧按：宰夫，廚師，如《左傳・宣公二年》「宰夫胹熊蹯不熟」。《周禮・天官・敘官》：「宰夫，下大夫四人；上士八人，中士十有六人。」韋解疑本此。又《天官・宰夫》云：「凡朝覲、會同、賓客，以牢禮之法掌其牢禮、委積、膳獻、飲食、賓賜之飧牽，與其陳數。」並上引《天官・膳夫》文俱可參。　膳宰，膳夫之長。　**膳夫贊王，王歆大牢，**　歆，饗也。　○《補音》：大，它蓋反。　◎志慧按：《補音》於大師、大宰、大史、大公等俱音它蓋反，是，下不一一。　**班嘗之，**　公、卿、大夫也。　○吴汝綸：班，徧也。　**庶人終食。**　終，畢也。

【彙校】

〔一〕秋，張一鯤本、穆文熙編纂本、劉懷恕刻本俱同，明道本、遞修本、正統本、道春點本、《增注》、《元龜》作「和」，則是金李本等字之訛也，道春點本、《增注》據義校正。

〔二〕明道本、正統本作「立春日融風也」。

〔三〕即，張一鯤本作「既」，後者字訛。齊，正統本同，明道本、古鈔本則作「齋」，《補音》：「齊，側皆反。」「齋」本字，「齊」通假字，下文及韋注同。

〔四〕乃，《元龜》帝王部一百十五作「親」。

〔五〕沃，所見各本唯金李本作「次」，形訛，兹據各本改。

〔六〕洗，明道本、遞修本、正統本作「溉」，《元龜》帝王部、《文章正宗》卷四一引俱作「溉」，《詩·大雅·泂酌》「挹彼注兹，可以濯溉」，「濯溉」連文，後世「溉」作爲洗之義不顯，疑金李本擅改。

〔七〕沐，弘治本作「木」，後者形訛。

〔八〕尊，《玉海》官制周禮官之屬引同，明道本、正統本與《元龜》帝王部則作「樽」，《考異》謂「樽」爲「尊」的後起字，蓋加旁字也。

〔九〕明道本、正統本無「者」字，秦鼎本亦無，疑脱。

〔一〇〕祼，静嘉堂本、弘治本作「陳」，形訛。

〔一一〕潔，正統本、張一鯤本、秦鼎本同，遞修本及《元龜》宰輔部諫争一皆作「絜」，二字古常通作。

〔一二〕吏，《書鈔》禮儀部十二、《事文類聚》遺集卷六作「官」。

〔一三〕藉禮，静嘉堂本、弘治本作「禮禮」，後二者誤。

〔一四〕《輯存》據朱彝尊舊藏本作「農正，農大夫，主敷陳籍禮而祭其神，爲農祈也」，謂陳本及《唐類函》鈔本脱，准韋注綜合參考前賢之例，汪説可從，且「田大夫」當作「農大夫」。

〔一五〕墢，《删補》謂字宜從土，宋本《藝文類聚》卷三九、《初學記》卷一四引作「撥」，《正義》作「撥」，《考異》據《詩·載芟》正義、《吕氏春秋·孟春紀·上農篇》高注引《國語》作「發」，謂「發」是也，「墢」俗字，《説文·艸部》云：「茇，艸根也。从艸，犮聲。春，艸根枯，引之而發土爲撥，故謂之茇。」則是「撥」、「墢」爲義符更旁字。

〔一六〕此注《六書故·土部》引同，明道本、正統本作：「王耕一墢，一耦之墢也。耜廣五寸，二耜爲耦，一耦之發，廣尺深尺。」且在原文「班三之」之下，注文「班，次也」之後。王無偶，則似當從公序本，《考正》、《發正》亦謂明道本誤。

〔一七〕「耜廣」三句注見《補音》所引《舊音》，彼「發」作「撥」，「廣」作「深」。《輯存》據朱彝尊舊藏本引「廣尺」作「深尺」，「公三發」以上有「王一發」句。

〔一八〕三於，明道本、遞修本、正統本、《御覽》卷八二二引作「三之」，《文選》楊雄《甘泉賦》李善注引作「之」,《删補》謂「於」宜作「之」,秦鼎本從明道本,《考正》、《考異》亦謂作「於」字誤,諸家説是,即據韋承賈注之常例亦當作「之」。

〔一九〕「三之」之「三」,《禮記注疏》本或作「王」,則句當作「王之下各三其上也」。

〔二〇〕後二句,《白虎通疏證》卷六、《淵鑒類涵》卷一百五十七禮儀部四引作「卿六發,大夫九發」,黄奭輯《賈逵國語注》引同,據正文「三之」,則當同韋注,下引《書鈔》禮儀部亦可證。

〔二一〕《輯存》據朱彝尊舊藏本引「成天子」二句作「大夫二十七發」,餘同。

〔二二〕庶人,明道本、正統本作「庶民」,《考異》云:「唐諱『民』改『人』已後,民、人雜出,不復諟正。」下文類此情況不再一一。張一鯤本、秦鼎本、《正義》「于」作「於」,《斠證》謂後二者「不知『於』、『于』之別,隨意定之耳」,其説是,二本類此者尚夥,亦不一一。

〔二三〕「耕」下,明道本、正統本、《御覽》卷八二二引有「之」字,《考正》、秦鼎從補,是。

〔二四〕龜井昱:「『其』字似文誤入行。」可參。

「是日也,瞽帥音官以省風土〔一〕。 音官,樂官也。風土,以音律省土風,風氣和則土氣養。

○賈逵:音官,樂官也。以音律省風土,風氣和則土氣養(《書鈔》禮儀部十二,王、黄、汪輯)。

○《補正》:「風」字作「動」字用,《晉語》「風德以廣之,風山川以遠之,風物以聽之」,句法皆與此一例。**廩于藉東南，鍾而藏之，**廩，御廩，一名神倉。東南，生長之處。鍾，聚也。謂爲廩以藏王所藉田，以奉齍盛〔二〕。○賈逵：廩以藏王所藉田，以奉粢盛。鍾，聚也，舉五穀之要藏于神倉也（《書鈔》禮儀部十二引，汪遠孫輯）。○《補韋》：補正：「帝耤所收，祭祀不能盡用，故布之於農，使爲種勸耕。」○鄭知同《國語箋》：此數語，是説藏藉田之種。鍾，乃「種」之譌。是日王耕藉畢，即治廩於藉田東南，以五穀之種藏於其内，將出種時，乃分佈之耕藉之農也。唯其是藏種，故取東南生長之方。但「種而藏之」文句不叶，上猶當有脱字。**而時布之于農。**布，賦也。○《平議》：上文曰「是日也，瞽帥音官以省風土」，「是日」即耕藉之日也，此承上文而言，則亦與同日可知，是時甫耕，未及收也，何遽及此？且王所藉田以奉齍盛。何以布之於農乎？竊疑「廩於藉東南鍾而藏之而時布之」此十三字爲錯簡，當在下文「耨穫亦如之」之下，「於農」二字爲衍文，涉下句「民用莫不震動，恪恭於農」而衍也。當云「耨穫亦如之，廩於藉東南，鍾而藏之，而時布之，民用莫不震動，恪恭於農」，如此則文義自順矣。◎志慧按：《平議》之説亦似有理，《集解》從之，惜無證據，兹録以備考。**稷則偏戒百姓**〔三〕，**紀農協功，**紀，猶綜理也〔四〕。協，同也。○賈逵：紀，猶録也（《文選》潘安仁《悼亡詩》李善注、陸士龍《爲顧彦先贈婦》、陸士衡《吴趨行》李善注引，王、汪、黄、蔣輯）。協，同也（《原本玉篇殘卷·糸部》引）。○《舊音》：偏，古文「遍」字。○《補音》：古文無此「遍」字，《説文》及諸韻作「偏」者正，作「遍」者俗。○皆川淇園：協，合也，猶言考也。功，功役也。言紀理農事，考課功役也。○《集解》：紀，理也。理，治也，此文謂同功而治農事也。○《集證》：此文「百姓」疑非「百官」或「百族」之謂，乃「百工」之謂也。籍田爲天子事，是此百姓即指王朝之百工，非泛指大小百官。◎志慧按：「偏」、「遍」異體字，蓋從彳與從辵之字古文中每可互换。於「紀」之義，韋注較賈注更勝，即「紀録」亦在「綜理」之中。**曰：『陰陽分布，震雷出滯。』**陰陽分[五]，日夜同也。滯，蟄蟲也。《明堂月令》曰：日夜分，雷乃發聲。始電，蟄蟲咸動，啓户始出[六]。○賈逵：滯，蟄蟲也（《原本玉篇殘卷·水部》引）。◎志慧按：分，字從八、刀，有半義，《禮記·月令》「是月也，日長至，陰陽争，死生分」孔穎達疏：「分，半也。」《荀子·仲尼》「以齊之分奉之而不足」楊倞注：「分，半也。」《列子·周穆王》「人生百年，晝夜各分」張湛注：「分，半也。」《水經注》「自非亭午夜分，不見曦月」之「分」義亦同。**土不備墾，辟在司寇。**墾，發也。辟，辠也。在司寇，司寇行其辠。○皆川淇園：此言春分之候尚不備墾以預備之，則其農爲不勤，司寇罰之也。《書·舜典》「敬敷五教在寬」傳訓「在」字爲於，與此「在」字同，言於司寇辟之也。◎志慧按：「辟」有罪義，但謂「土不備墾，罪在司寇」則不合常情。其實，「辟」之本義爲「法」，《説文·辟部》云：「辟，法也。从卩，从辛。節制其辠也。从口，用法者也。」虢文公引古制「土不備墾，辟在司寇」，意爲若有撂荒耕地者，則有司寇行使其相應的懲戒職責。**乃命其旅曰：『徇，**旅，衆也。徇，行也。○《爾雅·釋詁》：旅，衆也。○《補音》：行，下孟反，下「行農」同。○户埼允明：太宰純曰：徇，巡也。按：徇，遍也。《周禮·天官·小宰》「徇以木鐸」。○《略説》：旅，謂農師至宗伯也。○皆川淇園：狥者，大和善之，使衆聞之也。○《增注》：徇，巡行也。**農師一之**〔七〕，一之，先往也。農師，上士〔八〕。○《略説》：徇之序次分爲九等，各徇之者一，九則次至宗伯，舊注「之」訓往者非。○户埼允明：或以「之」訓往，非也。先往，先徇之也。**農正再之**，農正，后稷〔九〕之佐，田畯也，故次農師。**后稷三之**，后稷〔一〇〕，農官之君，故次農正。**司空四之**，司空，主道路、溝洫，故次后稷。**司徒五之**，司徒省民，故次司空〔一一〕。**大保六之**〔一二〕，**大師七之**，大保、大師，天子三公〔一三〕，佐王論道，氾監衆官，不得掌事〔一四〕，故次司徒。○《增注》：大傅不見，古保、傅或一之，故《文王世子》謂師保而不謂傅也。**大史八之**，大史，掌逆官府之治〔一五〕，故次大師。**宗伯九之**，宗伯，卿官，掌相王之大禮，若王不與祭，則攝位。故次大史。○《增注》：本注卿官當爲禮官，司空、司徒亦卿官也。○帆足萬里：宗伯，宗人之長。**王則大徇**。大徇，帥公〔一六〕、卿、大夫親行農也。○《補音》：行，下孟反。**耨穫亦如之**。』如之，如耕時也。○賈逵：耨，鎡錤也〔一七〕（《舊音》引，汪遠孫輯）。○《舊音》：耨，乃豆反。**民用莫不震動，恪恭于農**，用，謂田器也。○《刪補》：春臺先生曰：「用，以也，注非也。」○《校文》：用，猶用是也，注非。○《補正》：「用」爲語助辭，猶於是也，作田器解，便不詞矣。◎志慧按：韋注非，當從春臺及汪中等説，「用」在此作表因果關係的連詞，下文「財用不乏，民用和同」之「用」義同。**脩其疆畔**〔一八〕，**日服其鎛，不解于時**，疆，境也。畔，界也。鎛，鉏屬〔一九〕。○《舊音》：鎛，音博，田器也。解，古買反。○《補音》：鎛，伯各反。語曰：「日服其鎛，不解于時。」文意以謂不懈怠于時，則「解」當音佳賣反，借作此「懈」字，從去聲。作古買者，從上聲，音義俱别矣。○秦鼎：服，用也。◎志慧按：此「解」之音讀當從《補音》。**財用不乏，民用和同。**○《集證》：二「用」字皆訓是以，謂財是以不乏，民是以和同也。

【彙校】

〔一〕帥，正統本同，許宗魯本、《文章類選》卷二十作「師」。帥，率也，後者隸定之誤。明道本字從市，係「帥」的俗字。省風土，正統本及《元龜》宰輔部諫争一、《玉海》禮儀部耕籍引同，明道本無「省」字，《舊音》於上文「省功」下云：「下『省民』、『省風』同。」《考異》據此認爲舊本有「省」矣，《述聞》據《書鈔》引無「省」字，斷有者係因注而衍，檢《書鈔》禮儀部十二引亦有「省」字，是否爲陳禹謨所增已不可知。王引之據《舊音》於上文「省功」音「小井反」，並云下「省民」、「省風」同，斷唐本已有衍「省」者矣。據韋解「風土，以音律省土風」，王説可從，正文之「風」字蓋因韋解「省土風」而誤增。

〔二〕齍，遞修本同，明道本、正統本作「粢」，《説文·皿部》「齍」字下段注謂齍、粢爲古今字。「粢」又爲「粢」之義符更旁字。

〔三〕戒，正統本同，《書鈔》禮儀部十二引同，明道本作「誡」，二字古通用。

〔四〕猶，明道本、正統本作「謂」。

〔五〕「分」下，《元龜》卷一一五引同，明道本、正統本有「布」字，《考正》、秦鼎本從明道本，據下文「日夜同」和《明堂月令》「日夜同」，知韋注之「分」作「半」解，則「布」字亦非必有。

〔六〕雹，正統本作「雷」，明道本作「震雷」二字。次「始」字，正統本同，明道本作「而」，今傳本《禮記》與《吕氏春秋·仲春紀》作「始」。

〔七〕《發正》疑「師」爲「帥」字之譌，《集證》據韋注以「田畯」訓下文「農正」，以爲《國語》如誤，亦在韋氏之前，其説是。

〔八〕先釋「一之」，再釋「農師」，所見各本及《元龜》卷三百二十五宰輔部、朱熹《儀禮經傳通解》引皆同，此係韋注舊貌，還是傳抄過程中誤倒，不可考。

〔九〕稷，弘治本作「穆」，後者誤。

〔一〇〕明道本無「后稷」二字，依例當有。

〔一一〕次，静嘉堂本、弘治本作「文」，後二者形訛。

〔一二〕大保，明道本作「太保」，下作官職之諸「大」字同。

〔一三〕子，静嘉堂本漫漶不可識，弘治本作「十」，後者形訛。

〔一四〕得，明道本、遞修本、正統本、《元龜》作「特」，秦鼎本從明道本改，據義是，疑金李本擅改。

〔一五〕逆，明道本、正統本作「達」，《四庫薈要》據改，疑爲不明「逆」之古義（迎）擅改，《考正》、《札記》、《考異》俱謂當作「逆」，是。

〔一六〕帥，秦本作「師」，後者字訛。

〔一七〕《齊語》「挾其槍、刈、耨、鎛」韋注：「耨，兹其（明道本作『鎡錤』）也。」疑即出於賈注，因此處屬首見，故置於此。

〔一八〕疆，《舊音》作「彊」。

〔一九〕鉏，明道本、正統本作「鋤」，「鉏」、「鋤」古今字。

「是時也，王事唯農是務，○賈逵：唯，獨也（《文選》江文通《别賦》、嵇叔夜《琴賦》李善注並引，王、黄輯）。無有求利於其官，以干農功，求利，謂變易役使〔一〕，干亂農功。○《增注》：百官各無求其官之便利以犯亂農事者也。○《詳注》：干，犯也。三時務農而一時講武〔二〕，三時，春、夏、秋。一時，冬也。講，習也。○賈逵：講，習也（《原本玉篇殘卷·言部》引）。◎志慧按：《黄帝書·經法·論約》：「三時成功，一時刑殺，天地之道也。」與此句義可互證。故征則有威，守則有財。若是，乃能媚於神，媚，説也。而和於民矣，則享祀時至而布施優裕也。優，饒也。

裕，緩也。○《增注》：享祀于神不失時，而布施于民者優裕也。○《辨正》：《説文・衣部》：「裕，衣物饒也。」即此可知，「優裕」係同義合成詞，饒是「裕」的本義，而寬、緩之義則是其引申義。**今天子欲脩先王之緒，而棄其大功，匱神之祀**〔三〕，**而困民之財，**匱神之祀，不耕藉也。困民之財，取於民也。**將何以求福用民？」**

【彙校】

〔一〕役使，明道本作「使役」。

〔二〕《考正》、《考異》據《文選》多篇注文引俱無「而」字，斷「而」字衍，可從。

〔三〕之，遞修本、正統本、《增注》同，明道本作「乏」，《舊音》謂「讀者以『之』爲『乏』，然匱是乏義，無宜重也」，《考正》從作「之」，《考異》並謂《内傳・襄十四年》「困民之主，匱神乏祀」本或作「之祀」。《札記》援《魯語》「大懼乏周公、太公之命祀」、《楚語》「乏臣之祀也」證當作「乏」，秦鼎云：「明（明道）、閔（閔齊伋）二本作『乏祀』。」據下文云「困民之財」，則公序本似更整飭，明道本與閔齊伋本或以《左傳》改《國語》，《集解》謂《札記》駁之適以從之也，有理，注同，黄氏傾向性太强，此是一例。

王弗聽〔二〕。

【彙校】

〔一〕弗，明道本、正統本作「不」。

三十九年，戰于千畝，王師敗績于姜氏之戎。姜氏之戎，西戎之別種，四嶽之後也〔一〕。○孔晁：《傳》曰：「我諸戎，四嶽之裔胄。」言宣王不納諫務農，無以事神使民〔二〕，以致弱敗之咎。宣王不耕籍田，神怒民困，爲戎所伐，戰於近郊（《詩・小雅・祁父》正義引，汪、黄、蔣輯）。○《發正》：《詩・祈父》疏引孔晁云：「宣王不耕藉田，神怒民困，爲戎所伐，戰於近郊。」《漢書・西域傳》：「周衰，戎狄錯居涇渭之北。」是宣王時王畿近地已爲戎狄所薦居。孔以千畝爲近郊，其説近是。王自伐戎，而遠戰於晉地，必不然矣。○《釋地》：《括地志》云：千畝，原在晉州岳陽縣北九十里。沄案：岳陽縣，今屬山西平陽府，晉穆侯之戰在此地。張守節以證宣王伐戎之戰，則誤矣。姜戎在周之西，豈宣王西伐姜而東戰於晉之千畝原乎？蓋周別有千畝在姜戎之地。姜戎，今鳳翔府寶鷄縣南七里有姜氏城。○《補正》：《内傳・桓二年》杜注：「西河界休縣南有地名千。」○《集證》：閻若璩《潛邱劄記》云：「此千畝乃周之籍田，離鎬京應不甚遠。天子既不躬耕，竟久成舄鹵不毛之地，惟堪作戰場。故王用戎戰於此。」王不耕，是否即廢籍田爲墟，雖不可知，然謂此千畝實源於籍田千畝之義則似得其實也。　◎志慧按：孔、汪、閻、張等説皆可從。清華簡《繫年》下列文字復可爲之補證：「昔周武王監觀商王之不恭上帝，禋祀不寅，乃作帝籍，以登祀上帝、天神，名之曰千畝，以克反商邑。」在征商之前，則是千畝自當在西伯的領地之内。又云：「宣王是始棄帝籍，弗畋。立卅又九年，戎乃大敗周師於千畝。」雖山西介休亦有名曰千畝的地名，但周王之籍田必在王畿之内，上古時期，在陝西岐山、驪山、涇水中游、山西汾水下游和河南洛水流域都散居著稱爲戎的部落。陝西寶鷄姜城堡仰韶文化遺址傳爲姜炎文化發祥地，未聞與姜戎有關，《釋地》望文生義，不足據。復次，柳宗元《非國語》頗不以「敗于戎而引是（廢藉禮）以合」爲然。原敘述者之意，千畝之敗肯定有其戰術原因，但在漫長的因果鏈條上，廢藉禮是最初的戰略失誤，孔、韋指神怒民困以致弱敗是其中一個結果。不行藉禮，這是農業部族對自己文化的輕慢，與之爭奪資源的遊牧部族自然會變本加厲的侵蝕、毀壞。不僅此也，廢藉禮是對現有規則的破壞，下文命魯國立少以及料民皆然。此類多因多果的現象，到了《國語》言類之語一因一果的敘述模式中，敘述者擇其相關性最大者以及特別容易引起聯想者如終始於千畝這一細節故神其説。即使相隔三十八年，也逃不出因果律。《國語》記言部分這一類結局的安排，如《大子晉諫靈王壅穀水》《劉文公與萇弘欲城成衛周彪傒知其不終》等，其正當性不在符合因果律的邏輯自洽，而在其背後的規訓目的與價值正確。至於這種一因一果的敘述模式的缺陷，敘述者未必不了解，如厲王流於彘這一結局被分别安排在弭謗、專利兩個事件之後，楚靈王之不得其死分别置於其城陳、蔡、不羹和拒白公子張之諫之後。

【彙校】

〔一〕嶽，明道本、遞修本、正統本、静嘉堂本、弘治本作「岳」，次同。

〔二〕事，張一鯤本同，李克家本作「祀」，似擅改。

6 仲山父諫宣王立魯少子戲〔一〕

魯武公以括與戲見王，武公，伯禽之玄孫、獻公之子武公敖也。括，武公長子伯御也。戲，括弟懿公也。　○《補音》：《史記·魯世家》「宣王立戲爲魯太子」、「戲立，是爲懿公」、「九年，懿公兄括之子伯御與魯人攻殺懿公，而自立」，據《史記》，則伯御乃括之子明矣。又按：班固《人物表》：「伯御，魯懿公兄子。」與《史記》合，疑韋注失之。　○《正義》：《魯世家》言宣王立戲爲魯太子，夏，武公歸而卒，戲立，是爲懿公。九年，懿公兄括之子伯御與魯人攻殺懿公，而立伯御，則伯御乃括之子，非即括也。《漢書·人表》亦言伯御，懿公兄子，宋公序據《史記》、《漢書》以糾韋解之謬，宋説是。

○《翼解》：韋以括爲即伯御，當別有所據。　○《集證》：韋注之説，如非別有所據，則純就《國語》文義得來。此章之命意在王命不可輕易犯順，魯君繼承之習，在於立長，今棄長立幼，是犯魯習之順，故卒歸結於立括，以全不可犯順之微意，是以韋氏謂伯御爲括也。　◎志慧按：僅據《國語》文義得不出目前之韋注，據《史記》、《漢書·人物表》、《列女傳·節義傳》，疑韋解衍「伯御」二字，又疑韋解於「長子」下尚有「子」字，傳抄過程中脱一重文號，遂生誤解。**王立戲，以爲太子**〔二〕。**樊仲山父諫曰：「不可！**仲山父，王卿士，食采於樊。　○舊注：樊，宣王卿士山父之所封也。仲山父，樊穆仲也（《御覽》人事部九十七注引，汪遠孫輯）。　○秦鼎：一説：「不可」句，「立也」屬下句讀。○《發正》：陽，《内傳》作「陽樊」，今河南濟源縣，地在周東都畿内，仲山父所封之地在此，此封邑，非采地。韋云「食采於樊」，恐未是。　○《釋地》：今河南懷慶府濟源縣東南三十八里有陽樊城。○《補正》：仲山甫，大王子虞仲支孫。　○《詳注》：樊，在今山東滋陽縣西南。　◎志慧按：《左傳·僖公二十五年》杜注、服注及南宋王應麟《詩地理考》皆謂此樊即陽樊，在今河南省濟源縣承留鎮曲陽村，不知沈鎔何以指山東滋陽樊城爲仲山父之樊。又，如依「不可立也」句，則「不順」所指不明，故從秦鼎所引一説斷句。又，仲山父爲王卿士，《詩·大雅·崧高》、《烝民》皆盛贊其人，然樊在東都畿内，未聞仲山父受封之説，故仍以韋解采邑爲是。**立也不順，必犯；**不順，立少也。犯，魯必犯王命而不從。　◎志慧按：「犯」下當有「王命」二字，疑録文時忽略了重文號，檢《御覽》人事部九十七引正有二「王命」，是其證。不順是上位概念，立少是下位概念，故韋解難稱周延。順，以仲山父王卿的地位，内涵着精神上尊重既有的規範與契約，形式上契合既有的社會結構、體制邏輯。「立也不順」當涵蓋一切不正常的權力繼承與移交，如立庶、立少、以妾爲妻及其他規則之外的資源轉移、攫取或者延期兑付，故如葵丘會盟時於此等每三令五申。犯王命，必誅。故出令不可不順也。令之不行，政之不立，令不行，即政不立〔三〕。行而不順，民將棄上。使長事少，故民必棄上〔四〕。○戶埼允明：下文云：「下事上，少事長。」「上」字不必斥君也。或棄上爲不從令，非也。○《增注》：魯侯從王命而立戲，則是不順之令行也。◎志慧按：此「上」爲泛言，戶埼允明之駁是。夫下事上，少事長，所以爲順也。今天子立諸侯而建其少，是教逆也。○唐固：言不教之順而教之逆（《史記·魯周公世家》集解引，王、汪、黄輯）。若魯從之，而諸侯傚之〔五〕，王命將有所壅，言先王立長之命將壅塞不行。若不從而誅之，是自誅王命也。誅王命者，先王之命立長。今魯亦立長，若誅之，是自誅王命也。是事也，誅亦失，不誅亦失，誅之，則誅王命〔六〕；不誅，則王命廢〔七〕。○屠隆：將有所壅，即上之犯王命而不從也。誅王命，乃自出令而自誅之也。俱在今王上説，注恐非是。○俞桐川：魯人從之，則王命之順者不行；不從而不誅，則王命之逆者又不行。若不從而誅之，是以王命之逆者誅王命之順者，此自誅也。天子其圖之！」王卒立之。

【彙校】

〔一〕葉明元《抄評》題作「樊仲山父諫宣王立魯少子」，穆文熙編纂《國語》題作「仲山父諫王立戲」，上海師大本題作「仲山父諫宣王立戲」，綜此數家，爲補充信息，明確所指，改題如上。

〔二〕太子，静嘉堂本、許宗魯本同，遞修本、弘治本作「大子」，公序本常例作「大子」。

〔三〕即，《史記·魯周公世家》集解作「則」。

〔四〕必，《史記·魯周公世家》集解作「將」。

〔五〕傚，明道本、正統本作「效」，《説文》無「傚」字，傚爲「效」之後起加旁字。

〔六〕明道本無此「則」字，《考正》謂「與《史記正義》合，然當存之」，其説是，唯語出《史記集解》，而非《史記正義》。

〔七〕王命廢，明道本、正統本作「廢命矣」。

魯侯歸而卒。及，魯人殺懿公，懿公，戲也。○《補音》：殺，申志反。○《集證》：及，猶既也。而立伯御。伯御，括也。◎志慧按：將「及」作本字解，則「及魯人殺懿公而立伯御」不成句，若依《集證》釋作「既」，則「魯侯歸而卒」——「既（而）」——「三十二年」的時序清晰，故敢從之，並於「及（既）」下逗。韋注「伯御括也」與篇首重，疑係傳播過程中闌入。三十二年〔一〕，宣王伐魯，立孝公，孝公，懿公之弟稱也。○《史記·魯世家》：伯御即位十一年，周宣王伐魯，殺其君伯御，乃立稱（懿公弟）於夷宫，是爲孝公。諸侯從是而不睦。不睦，不親睦於王〔二〕。◎志慧按：釋不睦爲「不親睦於王」，疑因應上文「王命將有所壅」，故未見古來傳注有異辭。然揆諸史實與常理，在上者倚仗權勢破壞規則，蠶食鯨吞，巧取豪奪，致其本身信用喪失，共同體價值失範，强者和自以爲强者生覬覦之心，弱者無所告訴致鋌而走險，社會失序，天下擾攘，則此「不睦」亦當兼指諸侯之間甚至華夷之間。

【彙校】

〔一〕「三十二年」至「諸侯從是而不睦」十八字，明道本屬下章。此係王拒諫立戲的結果，公序本是。明道本、正統本句下有「春」字，《考正》從增，《詁訓柳先生文集》卷三宋魏仲舉注引則無之，於義無大别。

〔二〕韋注七字明道本、正統本作「從是而不相親睦於王也」。

7 穆仲論魯侯孝宣王以魯侯爲侯伯〔一〕

宣王欲得國子之能導訓諸侯者〔二〕，賈侍中云：「國子，諸侯之嗣子。」或云：「國子，諸侯之子，欲使訓導諸侯子也。」〔三〕唐尚書云：「國子，謂諸侯能治國、子養百姓者。」昭謂：國子，同姓諸姬也。凡王之子弟，謂之國子。導訓諸侯，謂爲州伯者。○《略説》：蓋謂能導訓國子之諸侯，未知是否，諸家解欠明順。○《增注》：國子，謂同姓諸侯之子也。同姓卿大夫之子亦稱國子。《周禮》「諸子之職，掌國子之倅，國有大事，則帥國子而致太子」是也。導訓諸侯者，蓋謂州伯也。○《補正》：《史記》：「宣王伐魯，殺伯御，問魯公子能道順諸侯者以爲魯後。」敘事較明顯。◎志慧按：於「國子」之義，韋注正唐固之牽强，《增注》又補韋注之不足，皆有後出轉精之妙。至於所道訓的對象，文義自明，曰「導訓諸侯」，曰「命魯孝公於夷宫」，韋注與冢田虎説義長。樊穆仲曰：「魯侯孝。」〔四〕穆仲，仲山父之謚也，猶魯叔孫穆子謂之穆叔。○《發正》：孝者，善德之通稱，下文「肅恭明神」數語皆其孝也。◎志慧按：韋注「穆仲，仲山父之謚也」，《史記・魯世家》集解引同，則是「穆仲」之「仲」非衍文，疑韋昭偶誤，穆其謚號，仲其排行。王曰：「何以知之？」對曰：「肅恭明神而敬事耇老；耇，凍黎也〔五〕。○《説文・老部》：「耇，老人面凍黎若垢。」段注：「凍黎，謂凍而黑色。」○《集證》：「恭」與「事」皆爲動詞。《爾雅・釋詁》：「耇，壽也。」耇老連文，狀其老也。韋解但出「涷梨」二字，難以見「面色似涷梨」之義也。○《辨正》：戎輝兵《〈國語集解〉訂補》以「明神」與「耇老」對文，又據《字匯》「明，神靈也」等爲證，以爲「明」、「神」同義，可從。**賦事行刑，必問於遺訓，**遺訓，先王之教。○《集解》：賦事，謂施布政事也。**而咨於故實**〔六〕**；**咨，謀也。故實，故事之是者。○《爾雅・釋詁》：咨，謀也。○《史記會注考證・魯世家》：中井積德曰：「固實，即故事。注以『是者』解實字，泥。」○《集證》：故實，即故事，亦即往事，重經驗也。◎志慧按：《札記》、《補正》俱引清段玉裁説云：實，當作「寔」，是也。故韋云「故事之是者」。唯所引之文出自清錢大昕《十駕齋養新録》卷二「寔來」條，且所討論之「寔來」出於《春秋・桓公六年》，與此不相干，疑《札記》與《補正》均據韋注「故事之是者」倒推《國語》原文。**不干所問，**○《略説》：謂順遺訓。**不犯所咨。」王曰：「然則能訓治其民矣。」**

乃命魯孝公於夷宫。命爲侯伯也。夷宫者，宣王祖父夷王之廟。古者爵命必於祖廟。○《正義》：《隱五年傳》「考仲子之宫」，《僖二十四年傳》「朝于武宫」，是廟稱宫也。◎志慧按：《禮記・祭統》：「古者，明君爵有德而禄有功，必賜爵禄於大廟，示不敢專也。」可參。樊穆仲從政治操作層面展開「孝」的幾個面向，譬如對未知世界及既有典制和公序良俗的敬畏，與後來孔門在家族倫理範圍内論「孝」異趣。關於「老」的内涵，從「敬事耇老」與「問於遺訓」「咨於故實」互文見義的表達看，蓋指向從不斷累積的經驗與知識中提煉的見識與智慧，也與後世生物學意義上的「老」不同，亦可觀。

【彙校】

〔一〕葉明元《抄評》題作「宣王命魯孝公爲侯伯」，上海師大本題作「穆仲論魯侯孝」，爲體現情節首尾完具計，今綜合二者而改題如上。

〔二〕導訓，《考異》、《集解》謂依注當作「訓導」，並引《書鈔》設官部二十四引文爲證，其實韋昭時的語序已與先秦有别，《書鈔》所引則難免以當時的語言習慣傳寫古籍，各本皆作「導訓」，不宜徒滋紛擾。龜井昱：「宜曰『諸侯之能導訓國子』。」有理

〔三〕萬卷堂本《書鈔》設官部二十四引「嗣子」下有「欲使訓導諸侯子也」八字，《玉海》官制引亦同，疑前者爲約引，後者又襲用前者之文。「嗣子」下，《輯存》所據朱彝尊舊藏本止「教諸侯」三字，疑有脱文。「子」前，明道本、正統本有「之」字。下「凡王之子弟」，明道本則無「之」字。

〔四〕《國語存校》：「魯侯孝，『孝』字本誤，蓋以『孝』爲魯侯名也，魯侯名攝。」則是「孝」字當涉下而衍。

〔五〕黎，明道本、遞修本、正統本、静嘉堂本、弘治本、許宗魯本作「棃」，《删補》謂宜作「棃」，《斠證》

以爲金李本用通假字。

〔六〕故，《史記·魯世家》作「固」，《集解》徐廣曰：「一作『故』。」古通。《考異》：「依注，『實』當作『寔』。」但《文選》王簡棲《頭陀寺碑文》李善注引亦作「實」，實、寔古通。

8 仲山父諫宣王料民

宣王既喪南國之師，喪，亡也，敗于姜戎氏時所亡也。南國，江漢之間也。《詩》曰〔一〕：「滔滔江漢，南國之紀。」○唐固：南國，南陽也（《史記·周本紀》集解引，王、汪、黄輯）。○《校文》：喪南國之師，事闕，據《内傳》曰：「我諸戎，四岳之胄裔。」又「允姓之姦居於瓜州」，則姜氏之戎即西戎也，與江漢無涉，注非。○《發正》：南國之師決非姜氏之戎，《括地志》以千畝爲近太原，誤本於此，而韋解亦以此致誤。○《釋地》：喪南國之師，蓋宣王征討南國而喪師耳，其事無考。《解》謂敗於姜戎時所失，非也。**乃料民于大原。**料，數也。大原，地名。○《補音》：大，它蓋反。○《增注》：料民，謂計民數以爲兵也。○秦鼎：猶云點兵也。○《發正》：大原，蓋在雍州之北而近西者。○《釋地》：太原，即今固原州也。○《補正》：此太原乃在平涼，與河東之太原無涉。

◎志慧按：今本《竹書紀年》：「（宣王）四十年，料民於太原。」可與此互證。《詩·小雅·六月》亦云：「玁狁匪茹，整居焦穫。侵鎬及方，至于涇陽。……薄伐玁狁，至于大原。」此「大原」當與同時之《詩》「大原」同，則其地指向涇陽及以北地區，周穆王、孝王、夷王、宣王皆先後在這一帶用兵。固原，古稱大原。料民當與兵員、軍賦有關，蓋因長期用兵致人户鋭減，下文仲山父所謂「示少」是也。准此，若在周人多年經營的涇水流域進行戰争動員不致引起强烈反彈，而在新開拓的固原一帶則易生變，仲山父之諫阻蓋有由也。《釋地》説是也。**仲山父諫曰：「民不可料也！夫古者不料民而知其少多，司民協孤終，**司民，掌登萬民之數，自生齒以上皆書於版〔二〕。協，合也。無父曰孤。終，死也。合其名籍〔三〕，以登於王〔四〕。○龜井昱：協，言總其通計也。父死子嗣，則去其父而著其嗣者，故曰孤終。**司商協名姓**〔五〕，司商，掌賜族受姓之官〔六〕。商，金聲，清。謂人始生，吹律合之〔七〕，定其姓名。○《删補》：韋昭蹈襲漢儒五行家之謬言，謂吹律定姓名，是皆當時之俗説，何足采邪？名姓者，名家之姓，蓋猶言舊族也。司商協名姓，蓋如公族大夫之職。○《略説》：《周禮》無此職，不知舊注何據。愚謂蓋合萬民之姓名。○户埼允明：司命於孤終，司商於賜族受姓，司徒於師旅，司寇於死刑，以上可以知其少多也。牧於犧牲，工於皮革，場廩於九穀，各以其所職知畜獸及九穀之多少，是則古之道也。○《增注》：司商，《周官》不見，《傳》曰：「天子建德，因生以賜姓，胙之土而命之氏。諸侯以字爲氏，因以爲族。」吹律定姓之説非古也，蓋起於漢京房也。○秦鼎：人始生吹律者，賈誼所謂「太子生而泣，大師吹銅，曰聲中某佳（志慧按：「律」之訛）」是也，非定姓名之謂也。定姓名者，蓋起漢儒五行家之謬説也。《白虎通》曰：「姓所以有百何？古者聖人吹律定姓，以記其姓。人含五常而生，聲有五音。」又京房本姓李，吹律改京。王莽時，卜者王況謂李焉曰：「君姓李，李屬徵，徵火，宜爲漢輔。」此皆俗説，《白孔六帖》論之是也。○《補韋》：司商，疑即司市也，商賈行居無常，故登其名姓而協之。舊説無所據義。○帆足萬里：商如詩商之「商」，司樂也。○《平議》：商，當讀爲「章」，古音相近。司樂者謂之司章，正取樂竟爲一章之義。◎志慧按：韋昭所揭人始生吹律以定姓名之法爲後世五音姓利説的先聲，如北宋王洙《地理新書》所載者，但未見於先秦，諸日本學者駁之是也。復次，《平議》説雖辨，亦得《集解》應和，惟嫌證據不足，存之以備考。**司徒協旅**，司徒，掌合師旅之衆。**司寇協姦**，司寇，刑官也，掌合姦民，以知死刑之數。○《正義》：《周禮·小司寇》：「歲終，則令羣士計獄弊訟。」是知死刑之數。**牧協職**〔八〕，周禮：牧人掌牧養犧牲〔九〕，合其物色之數。○《刪補》：物色，物，六畜也；色，謂毛色之純也，陰祀、陽祀、望祭等毛色各有其所宜也。○《略説》：職義未詳，或云「職」、「樴」通，然《地官·牧人》掌牧六牲，乃非繫養，此説不通。○《述聞》：大夫有稱牧者，「牧協職」，亦謂牧大夫任民以職事者。○《發正》：《周禮·地官·牛人》：「凡祭祀共其享牛，求牛以授職人而芻之。」鄭注「職」讀爲「樴」，樴謂之杙，可以繫牛。樴人者謂牧人、充人。《國語》「職」字當讀與《周禮》同，「協職」者，合其樴杙之數也。**工協革**，工，百工之官。革，更也，更制度者合其數也。○《略説》：《周禮》無見，但《天官·掌皮》以式法頒皮革于百工，豈此類乎？ ○《辨正》：主語是「工」，賓語是「革」，與之相先後的每個主賓搭配都無甚深義，想來這百工之官所協的「革」，亦不過是《晉語四》重耳所説的「羽旄齒革」，或者如《楚語上》蔡聲子之「杞梓皮革」而已，猶今所謂皮草、皮革，或者更廣泛一點的工業原料，與「更制度者」了不相關。**場協入，**場人，掌場圃委積之珍物〔一〇〕，斂而藏之。**廩協出，**廩人，掌九穀出用之數。 ◎志慧按：《周禮·地官·廩人》：「廩人掌九穀之數。」疑韋解本此。**是則少多、死生、出入、往來者**〔一一〕，**皆可知也。於是乎又審之以事**〔一二〕，事，謂因藉田與民狩以簡知其數也〔一三〕。**王治農於藉，**藉，藉於千畝田也〔一四〕。**蒐于農隙**〔一五〕，春田曰蒐。蒐，擇也。禽獸懷妊未著〔一六〕，秋乃取之也〔一七〕。農隙，仲春既耕之後。隙，閒〔一八〕。 ○《爾雅·釋詁》：蒐，聚也。又《釋天》：春獵爲蒐。 ○《補正》：春田曰蒐。《内傳》「春蒐夏苗」注：「擇取不孕者。」經義竟與此相反。 ○《集解》：韋解「蒐，擇也」，「擇」疑「搜」字之譌，下句「搜而取之也」即承此而言。 ◎志慧按：徐元誥未見遞修本、許宗魯本，遂有此誤斷。**耨穫亦於藉**〔一九〕，言王亦至於藉考課之。 ○《發正》：《孟子》：「春省耕而補不足，秋省斂而助不給。」考課即省斂也。 ◎志慧按：考課，既指省耕，亦指省斂，如《詩·豳風·七月》之勸農也。**獮於既烝**〔二〇〕，秋田曰獮。獮，殺也，順時始殺也。烝，升也。《月令》：「孟秋，乃升穀〔二一〕，天子嘗新。」既升，謂仲秋也。 ○《爾雅·釋詁》：獮，殺也。又《釋天》：秋獵爲獮。 ○《舊音》：獮，小淺反。**狩於畢時，**冬田曰狩。圍守而取之〔二二〕。畢時，時務畢也。 ○《爾雅・釋天》：冬獵爲狩。　○《集解》：畢時，疑猶云「卒歲」也，注似不明。**是皆習民數者也，又何料焉？**習，簡習也。　○皆川淇園：習，猶熟也，《史記・范雎傳》「豈有客習於相君者乎（哉）」，與此同。**不謂其少而大料之**〔二三〕，**是示少而惡事也。**言王不謂其衆少而大料數之，是示以寡少，又厭惡政事不能脩之意也〔二四〕。　○《存校》：惡，猶畏也，畏有軍旅之事。　○《略説》：其「司民」以下各盡其職，皆治民之事，及藉田、蒐狩皆簡習之事，王皆不爲之，是厭惡政事也。**臨政示少，諸侯避之。**示天下以寡弱，諸侯將避遠也，言不親附也〔二五〕。**治民惡事，無以賦令。**言厭惡政事，無以賦令也〔二六〕。　○《集解》：賦，施布也。**且無故而料民，天之所惡也，**故，事也。天道清浄也。○皆川淇園：天由民而視聽者也，而民常好安而不好亂，今無故而料民者，亂之階也，故曰天之所惡也。**害於政而妨於後嗣。」**害政，賊〔二七〕爲政之道也。妨後嗣，爲將有禍亂也〔二八〕。　○俞桐川：料民之故，因官失其職，民數不詳，又不能行耕籍、蒐狩之禮，故有此非法之舉。且喪師而料民，有盡民用力之意，政疎而心忍矣（《國語鈔》）。　○龜井昱：子曰：「逆天地者，罪及五世。」既曰天之所惡，故以後嗣之禍戒之。**王卒料之。**

【彙校】

〔一〕詩曰，明道本、正統本作「故詩云」，疑「故」字衍。

〔二〕以，明道本、正統本作「已」，「以」字古文作「㠯」，故得與「已」通用。

〔三〕籍，張一鯤本、秦鼎本作「藉」。

〔四〕王，弘治本作「年」，後者誤。

〔五〕名，《玉海》藝文及官制引同，明道本、正統本作「民」，《文獻通考》卷十「户口考一」引亦作「民」，似以作「名」稍勝，蓋司民所掌之民未必有姓也。

〔六〕岡島順《訂字》以爲「受」宜作「授」，秦鼎作「授」，其實「授」係「受」的後起字。

〔七〕人始生吹律合之，正統本同，明道本作「人姓吹律合」，疑明道本有脱誤。

〔八〕職，各本同，秦鼎謂當作「色」，疑係據韋注所作的推測；秦氏又引或説云：「與爲司職吏之『職』同，與『樴』同。《爾雅》：『樴，所以格獸。』」

〔九〕牧，弘治本作「物」，後者誤。牧養，《元龜》宰輔部諫争一、《文獻通考》卷十户口考一引同，明道本、正統本無「牧」字，疑脱。

〔一〇〕明道本、正統本無「之」字，疑脱。

〔一一〕明道本、正統本、弘治本同，遞修本無「者」字，脱。

〔一二〕明道本、正統本、弘治本同，遞修本無「乎」字，似有者稍勝。

〔一三〕民，弘治本同，遞修本、南監本、《補音》皆作「搜」，静嘉堂本漫漶不可識，許宗魯本作「搜」，《舊音》出「搜狩」,《五經文字·手部》:「獀搜,上《説文》,下經典相承隸省。」《玉篇·犬部》:「獀,秋獵。亦作『蒐』。」明道本、正統本作「蒐」,秦鼎從明道本,蓋未見遞修本等公序本早期版本也。金李本與弘治本臆補。

〔一四〕田也,明道本、静嘉堂本、弘治本同,遞修本作「時」一字,疑因該頁版片破損臆補,許宗魯本因之,作「旹」,蓋用《説文》小篆。

〔一五〕蒐,静嘉堂本、弘治本同,遞修本作「搜」,注同。

〔一六〕姙,明道本、正統本、静嘉堂本、弘治本、許宗魯本同,《補音》出「懐任」,遞修本作「任」,係用通假字。著,明道本、静嘉堂本、弘治本同,遞修本、許宗魯本作「箸」。

〔一七〕秋乃,弘治本同,遞修本作「搜擇而」,静嘉堂本作兩字而漫漶不可識,許宗魯本作「獀擇而」,明道本、正統本作「搜而」,秦鼎從明道本,據義作「秋乃」者誤,「搜」的異體字「叟」與「秋」形近,或因此而誤耶?

〔一八〕閒,遞修本作「閒也」,明道本作「閑也」,正統本、許宗魯本作「間也」,静嘉堂本、弘治本作「閑」一字,疑金李本、静嘉堂本、弘治本脱「也」字。《舊音》出「隙閒」,注云:「音澗,訓空隙。音閑則訓防禁也。」《補音》:「隙既訓閒,則當音人閒之『閒』。」《札記》從作「閒」,是。

〔一九〕「耨穫亦於藉」五字,秦鼎謂「當在『農於藉』下,蓋錯置也」,《辨正》:「《發正》將『耨穫亦於藉』句列於三時狩獵之後，《集解》據以置該句於狩獵三句之下。二位前賢看到的確實是個問題，調整以後就能使狩獵三句一氣貫通，唯將『耨穫亦於藉』句列於三時狩獵之後，該句就顯得突兀無來處，又使得『是皆習民數者』之『是』承接得不夠乾脆。竊以爲，『蒐于農隙』與『耨穫亦於藉』二句乃抄寫時的前後偶倒，重新乙正之後，『治農於藉（春耕藉田）』、『耨穫亦於藉（秋後嘗新報祭，自然也是群衆性的禮儀活動）』，二『亦』字將兩樁類似的事件串在一起；在治農、耨穫之後轉出『農隙』，繼而是『蒐』、『獮』、『狩』等狩獵活動，文氣也自然熨帖。而且，比起莫名其妙地把一個句子落在段尾，這樣前後句次序抄倒的可能性也更大些。」

〔二〇〕獮，正統本同，明道本作「獼」，但注文仍作「獮」，獮係「獼」的省文。烝，明道本同，次同。此下《周語上》二本盡同。

〔二一〕遞修本、許宗魯本句首尚有「農」字，《呂氏春秋·孟秋紀》有之，是有者據補，抑或無者脱，俱不可考。

〔二二〕「圍守而取之」前，明道本、正統本、遞修本、許宗魯本重「狩」字，秦鼎從明道本，是。

〔二三〕不謂其少，各本同，《非國語》、《元龜》宰輔部諫争一亦同，《存校》疑「不」字本衍，或是也，但韋所見本已如此，於義亦通。

〔二四〕明道本、正統本、静嘉堂本、弘治本、許宗魯本同，遞修本重「之」字。

〔二五〕也言，明道本、遞修本、正統本、《元龜》作「王室」，《考正》、秦鼎從明道本。静嘉堂本、弘治本則僅「言」作「室」字，必誤，然可知其所見有「室」字，則是明道本、遞修本較勝。

〔二六〕遞修本句首有「則」字，疑因版片破損臆補。

〔二七〕賊，明道本、遞修本、正統本、《元龜》作「敗」，秦鼎從明道本而無説明理由，《校文》謂據正文，以「賊」爲是，於義似兩可。

〔二八〕爲，明道本、正統本、静嘉堂本同，遞修本、弘治本、許宗魯本、《增注》、《元龜》作「謂」，《略説》謂「爲」通「謂」，是，用法同《孟子·公孫丑上》「管仲，曾西之所不爲也，而子爲我願之乎」之次「爲」字。

及幽王，乃廢滅〔一〕。幽王，宣王之子幽王宫涅也〔二〕。滅，謂滅西周也。○《增注》：西周之所以廢滅者，雖以幽王悖亂故也，且以驗于「妨於後嗣」之言焉耳。◎志慧按：本篇敘宣王料民，仲山父幾諫，後者理由似乎是民不必料，蓋政府各相關職能部門在行政過程中自然而然會掌握民數；亦不應料，蓋料民既爲民之所惡，又害於政而妨於後嗣。關於後一點，古來注《國語》者似皆未予深究。觀宣王料民，實係爲發動下一次戰争所做的兵員與戰争物資的摸底。仲山父未正面逆其龍鱗，而是委婉地提醒「妨於後嗣」，與前文祭公諫穆王征犬戎同工，所謂「耀德不觀兵」是也。而《祭公諫穆王征犬戎》重在「耀德」，本篇則重在「不觀兵」、「兵者不祥之器」、「天道好還」，這是連接「妨於後嗣」預言及幽王廢滅驗詞的内在理路。

【彙校】

〔一〕明道本、静嘉堂本、弘治本、許宗魯本同，遞修本無「廢」字，《考異》僅據《御覽》人事部無「廢」字，斷「廢」字衍，《元龜》宰輔部諫争一引亦無之，但《非國語》已有之，亦不可遽斷其衍。

〔二〕弘治本、許宗魯本同，遞修本無「幽王」二字。静嘉堂本作「□涅」，弘治本無「宮」字，脱。

9　西周三川皆震伯陽父論周將亡

幽王三年〔一〕，**西周三川皆震。**西周，鎬京也〔二〕，幽王在焉，蓋岐之所近也〔三〕。三川，涇、渭、汭〔四〕，出於岐山也〔五〕。震，動也。地震〔六〕，故三川亦動也，川竭也〔七〕。○應劭：震，地震，三川竭也（《漢書·五行志》顔注引）。○《發正》：涇、洛並不過岐山，殆攷之不審也。○《補正》：三水俱不出岐山，注未考。**伯陽父曰**〔八〕：**「周將亡矣！**伯陽父，周大夫。○服虔：陽甫，周太史（《漢書·五行志》注）。○唐固：伯陽甫，周柱下史老子也（《史記·周本紀》集解引，王、汪、黄輯)。〇《補正》：伯陽父，周太史，《周本紀》集解引唐固説以爲即老子，非是。◎志慧按：《史記·周本紀》正義云：「幽王元年至孔子卒三百餘年，孔子卒後一百二十九年，儋見秦獻公，然老子當孔子時，唐固説非也。」韋注只云「周大夫」，顯然對唐説持保留態度。**夫天地之氣不失其序，**序，次也。**若過其序，民之亂也**[九]。過，失也。言民者，不敢斥王也[一〇]。〇龜井昱：民，猶人也，對「天地」言之。〇《集證》：言天地之氣不失其序，若失其序，則是人所擾亂也。◎志慧按：韋昭將「民」視爲與「王」相對者，與伯陽父之意睽違，不如龜井昱、張以仁解爲普泛意義的「人」通達。伯陽父之意，自然失序大抵源於社會失範，因此，失序的自然現象適足以警示失範的社會，《周語下·劉文公與萇弘欲城成周衛彪傒知其不終》、《魯語上·里革斷宣公罟以諫》及歷代《五行志》《災異志》皆同此理路。**陽伏而不能出，陰遁而不能烝**[一一]，烝，升也。陰氣在下，陽氣迫之[一二]，使不能升也。〇應劭：迫，陰迫陽，使不能升也(《漢書·五行志》顏注引)。〇孔晁：陽氣伏於陰下，見迫於陰，故不能升，以至於地動(《左傳·文公九年》正義引，汪、黄、蔣輯)。〇《集證》：地震蓋起於陰陽二氣之失當。或陽爲陰所壓，所謂「陽伏而不能出」也，或陰爲陽所鎮，所謂「陰迫而不能烝」也，皆致地震。今三川之震，則由於陰爲陽所壓。若二句説爲一事，則語贅疣難通矣。**於是有地震。**陰陽相迫，氣動於下，故地震也。**今三川實震，是陽失其所而鎮陰也**[一三]。鎮，爲陰所鎮笮也。笮，莊陌反[一四]。〇應劭：失其所，失其道也。填陰，爲陰所填，不得升也(《漢書·五行志》顏注引）。○《史記會注考證·周本紀》：中井積德曰：「填陰，陽在陰也。填，滿也，塞也。」○龜井昱：陽壓陰而使不能烝也。○《斠證》：鎮（填）陰訓爲「爲陰所鎮（填）」，主詞與受詞顛倒，究非《國語》文法之常式，則龜井昱之説（陽壓陰而使不能蒸也）是也。◎志慧按：鎮陰，猶鎮於陰也，龜井昱爲從金李本出的張一鯤本、道春點本誤導，張以仁既信明道本，又祖金李本之訛文，非《國語》本誼。《漢書·五行志下》「僖公十四年，秋八月辛卯，沙麓崩」下引《京房易傳》曰：「小人剥廬，厥妖山崩，兹謂陰乘陽，弱勝强。」可參。**陽失而在陰**，在陰，在陰下也。○户埼允明：陽失序而在陰地，非在陰之下也。**川源必塞**〔一五〕；國依山川，今源塞，故國將亡也〔一六〕。○《略説》：陽陷而迫陰，是坎卦之象，故謂「川源必塞」。○皆川淇園：川源爲陰之所，故爲陽所鎮則塞也。○《發正》：《五行志》劉向以爲「陽失在陰」者，謂火氣來煎枯水，故川竭。◎志慧按：陽失而在陰，仍承「陽失其所而鎮陰」之意，關氏引入易象，未必切合原意。**夫水**〔一七〕，**土演而民用也**，水土氣通爲演。演，猶潤也。演則生物，民得用也〔一八〕。○賈逵：演，引也（《文選》馬融《長笛賦》李善注引，王、汪、黄、蔣輯）。○應劭：演，引也，所以引出土氣者也（《漢書·五行志》顔注引）。◎志慧按：《説文·水部》：「濥，水脈行地中濥濥然。」蓋其本字。又曰：「演，長流也。」段注：「演之言引也，故爲長遠之流。」《周語》注曰：『水土氣通爲演。』引伸之義也。」《漢書·五行志》「夫水，土演而民用也」應劭注：「演，引也。所以引出土氣者也。」亦可參。**水土無演**〔一九〕，**民乏財用，不亡何待？**水氣不潤，土枯不養，故乏財用。昔伊、洛〔二〇〕竭而夏亡，伊、洛竭，涸也〔二一〕。伊出熊耳，洛出冢領〔二二〕。禹都陽城，伊、洛所近。○《發正》：夏桀所都在今河南府洛陽縣，故云「伊、洛竭而夏亡」。○《補正》：伊水出虢州盧氏縣東巒山，洛水出商州洛南縣冢嶺山。河竭而商亡。商人都衛，河水所經。今周德若二代之季矣，二代之季，謂桀、紂也。其川源又塞〔二三〕，塞必竭。夫國，必依山川，依其精氣利澤也。山崩川竭，亡之徵也〔二四〕。川竭，山必崩〔二五〕。水泉不潤，枯朽而崩。若國亡，不過十年。數之紀也。數起於一，終於十，十則更，故曰紀。夫天之所棄，不過其紀。」

【彙校】

〔一〕三年，靜嘉堂本、弘治本、許宗魯本同，《詩·王風·黍離》正義、《小雅·十月之交》正義引同，明道本、遞修本、正統本、《御覽》卷八五作「二年」，《考正》謂當從作「二年」，《札記》據《史記·周本紀》《十二諸侯年表》、《漢書·五行志》斷爲「二年」，秦鼎、汪遠孫、《正義》從之，《備考》亦揭出《竹書紀年》作「二年」，於史實是也，作「三年」者疑南監本補版之誤，洪武末年，朱㮘所輯《文章類選》卷一二作「二年」，其間的變遷痕跡尚依稀可見。

〔二〕「鎬京」前，明道本、正統本有「謂」字。

〔三〕蓋，静嘉堂本漫漶不可識，許宗魯本作「涅」，後者誤，疑南監本該葉破損嚴重所致，明道本、遞修本、正統本作「郊」，《文章正宗》卷六同後者，秦鼎本、《四庫薈要》從明道本。

〔四〕汭，弘治本、許宗魯本同，明道本、遞修本、正統本、静嘉堂本作「洛」，《札記》據徐廣、顔師古注引皆作「洛」，謂蓋本之韋昭，《左傳・昭公二十三年》「三川」杜注亦作「洛」，陳樹華、《四庫薈要》、黄模、户埼允明、秦鼎本皆從明道本，習慣上人們將陝西的北洛水省稱作「洛」。

〔五〕明道本、静嘉堂本、弘治本、許宗魯本、秦鼎本同，遞修本無此句，脱。

〔六〕次「震」字下，《史記・周本紀》集解引尚有「動」字，《考正》從補。

〔七〕遞修本無「也川竭也」四字，《增注》云：「上脱『謂』字與？將衍三字與？」秦鼎疑衍，李慈銘亦疑衍（見王利器纂輯《越縵堂讀書簡端記》），然《註釋音辨柳宗元集》卷上《非國語》引已有之。

〔八〕伯陽父，《史記・周本紀》作「伯陽甫」，「父」、「甫」古通。

〔九〕民之亂，静嘉堂本、弘治本、許宗魯本同，《史記・周本紀》、《漢書・五行志》、明道本、遞修本、正統本、《御覽》卷八五、《文章類選》俱作「民亂之」，《考正》、《考異》謂當從，是，《正義》稿本原作「民之亂」，刊本將「之」字删除，在「亂」下添一「之」字，疑據明道本改，秦鼎作「民之亂之」，疑係曲爲彌縫。

〔一〇〕斥，金李本原作「斤」，係手民之誤，茲據遞修本、静嘉堂本、明道本改。

〔一一〕遁，静嘉堂本、弘治本、張一鯤本同，《周本紀》、《五行志》、《南史·明僧紹傳》、明道本、遞修本、正統本、許宗魯本、《正義》、《御覽》、《文章類選》俱作「迫」，《考正》、《訂字》、《札記》、《備考》、秦鼎斷金李本及其子系統誤，是，《增注》徑改。

〔一二〕二句「陰氣」、「陽氣」，《史記集解》、明道本、正統本互乙，《考正》、《訂字》、《增注》據後者乙正，據義當從。遞修本作「陽氣在下，陰氣在上，陰氣迫之」，義同明道本，唯嫌枝蔓。

〔一三〕鎮，《周本紀》、《五行志》俱作「填」，《札記》謂二字通。形符更旁字耳。

〔一四〕「筈莊陌反」四字當係對韋注「筈」的音注，非韋注之舊。陌，明道本作「百」，《舊音》亦作「百」，則似《舊音》闌入韋注。遞修本無此四字，疑南監版片破損後誤訂，其後版片從之。

〔一五〕明道本、正統本同，遞修本、《史記·周本紀》、《説苑·辨物》、《非國語》、《文章正宗》卷六、《文章類選》引俱無「川」字，《考異》疑涉上衍。《斠證》：「《國語》各本皆作『川源』，《天中記》卷七引《國語》亦作『川源』。下文『其川源又塞』，似承此句，則有『川』字是。無『川』字者，蓋由下文『源塞國必亡』『源』上無『川』字而删之也。」於義，似有「川」者更完密。源，《周本紀》作「原」，「原」、「源」古今字，次同。

〔一六〕正文「源必塞」下，明道本、遞修本、正統本有韋注「地動則泉源塞」六字和正文「源塞，國必亡」五字，秦鼎據《左傳·昭公二十三年》正義引補，是。

〔一七〕此從《述聞》斷句，《補校》則以爲「水」字衍，無據。

〔一八〕也，明道本、遞修本、正統本及《史記·周本紀》集解作「之」，是。

〔一九〕遞修本無「水」字，《述聞》云「水」字衍，蓋涉上句「水土演」三字而誤，《左傳·昭公二十三年》正義引此正作「土無所演」，《史記·周本紀》亦無「水」字。「演」前，明道本、遞修本、正統本有「所」字，《説苑·辨物》、《漢書·五行志》俱作「土無所演」，《集解》從之，是也。

〔二〇〕洛，《説苑·辨物》作「雒」，《考異》謂當從，《説文·隹部》「雒」段注：「自魏黄初以前，伊雒字皆作此，與雍州渭、洛字迥別。」

〔二一〕「伊洛竭涸也」五字，明道本、遞修本、正統本作「竭盡也」，秦鼎本徑删「伊洛」二字，有者當衍。

〔二二〕領，明道本、正統本作「嶺」，出本字也。

〔二三〕川源，《説苑·辨物》同，《漢書·五行志》只作「原」一字。

〔二四〕亡之徵，《説苑·辨物》、《通鑒前編》卷九引同，《周本紀》作「亡國之徵」，《斠證》疑有「國」字是，據下「國亡」一詞，其説是。

〔二五〕《周本紀》「山必」二字倒。「川竭山必崩」五字，《五行志》置於「塞必竭」下，黄丕烈以爲係班固移易，《説苑·辨物》亦有此文，句序同《國語》。《校證》謂今傳本割裂上下文義，當從《五行志》，於文義可從。至於是班固移易，還是今本及《辨物》傳寫過程中誤倒，則已不可考。

是歲也，三川竭，岐山崩。十一年，幽王乃滅，周乃東遷。東遷，謂平王遷於洛邑〔一〕。

【彙校】

〔一〕洛邑，《文章正宗》卷六引同，明道本、正統本作「洛汭」，《考異》從公序本，是。

10 鄭厲公與虢叔殺子穨納惠王

惠王三年〔一〕，惠王，周莊王之孫、釐王之子惠王毋涼也〔二〕。三年，魯莊十九年〔三〕。○賈逵：惠王，周莊王之孫、釐王之子惠王涼也〔四〕（汪遠孫輯）。○《舊音》：釐，音僖。○《補音》：釐，通作「禧」、「僖」。**邊伯、石遫**〔五〕、**蔿國出王而立王子穨**〔六〕。三子，周大夫也。穨〔七〕，莊王之少子王姚之子。王姚嬖於莊王，生子穨。子穨有寵，蔿國爲之師。及惠王即位，取蔿國之圃及邊伯之宮，又收石遫之秩，故三子出王而立子穨。○《經典釋文·禮記·緇衣》：賤而得幸曰嬖。○《集解》：

《史記·周本紀》「邊伯等五人作亂」集解，駰案：「《左傳》五人者，爲蒍國、邊伯、詹父、子慶、祝跪也。」内、外《傳》相歧如此。**王處于鄭。**○《史記·周本紀》：「惠王奔温，已居於鄭之櫟。」《正義》引杜預云：「櫟，今河南陽翟縣也。」◎志慧按：櫟，地在今河南禹州。**三年**[八]，**子頹飲三大夫酒**[九]，**子國爲客，**子國，蒍國也。客，上客也。○《補正》：古之饗禮，必尊一人爲客，如《内傳》所云「臧紇爲客」、「趙孟爲客」是也。◎志慧按：《魯語下》「公父文伯飲南宮敬叔酒，以露堵父爲客」，可爲《補正》說内證。**樂及徧儛。**徧儛，六代之樂也，謂黄帝曰《雲門》，堯曰《咸池》，舜曰《大招》[一〇]，禹曰《大夏》，殷曰《大濩》[一一]，周曰《大武》。一曰：諸大夫徧儛也[一二]。○賈逵：徧舞，皆舞六代之樂也（《史記·周本紀》集解引[一三]）。○《辨正》：韋昭以「徧儛」爲六代之樂，杜預《左傳集解·莊公二十年》承其說。《左傳·襄公二十九年》吴季札於魯觀樂，先歌《詩經》之詩，後舞遠古之樂，所歌之詩皆可指明其淵源，所舞之樂則大抵爲後人盛贊古聖先王文治武功之作，不得將後人歎美往聖之作徑指爲往聖所自作——此正韋昭、杜預等致誤之由。其實，三代及以上史跡茫昧無考，孔子已深感文獻不足徵，到後來反倒清晰起來了，竟至於能做到將某一樂曲配發給某一傳說中的古帝——這一類貌似系統完整的譜系或可廣見聞，但不得便視爲信史。**鄭厲公見虢叔，**厲公，鄭莊公之子厲公突。虢叔，王卿士虢公林父也。○楊伯峻《春秋左傳注·莊公二十年》：賈逵、韋昭《周語注》均以爲虢叔爲虢公林父之字，然桓十年《傳》云「虢仲譖其大夫詹父」，則林父字仲不字叔也。疑此虢叔爲僖五年《傳》之虢公醜。◎志慧按：《左傳・桓公五年》：「王爲中軍；虢公林父將右軍，蔡人、衛人屬焉；周公黑肩將左軍，陳人屬焉。」此時林父的地位十分顯赫，時在前七〇七年。五年以後，《桓公十年》：「虢仲譖其大夫詹父於王。詹父有辭，以王師伐虢。夏，虢公出奔虞。」楊氏稱林父字仲説據此，此「虢仲」還出現於《桓公八年》、《九年》。此處討論的虢叔見於《左傳・莊公二十年》、《二十一年》，彼所述與本則同，其後此公恃功跋扈，致先失下陽，終於亡國，身奔京師，時在前六五五年。從時間上看，離虢公林父將右軍已過了五十二年，特别是一曰仲，一曰叔；一曰林父，一曰醜，後二者看不出關聯，故楊氏所疑有理，即虢仲與林父爲一，虢叔與醜爲一，韋注誤。**曰：「吾聞之，司寇行戮，**○賈逵：戮，殺也（釋慧琳《一切經音義》卷四十三、五十三並引，汪遠孫輯）。**君爲之不舉，**不舉，不舉〔一四〕樂也。○《述聞》：不舉，爲去盛饌也。○《發正》：《周禮・膳夫》注：「殺牲盛饌曰舉。」鄭司農引《春秋傳》曰：「司寇行戮，君爲之不舉。」是先鄭解内、外《傳》以不舉爲去盛饌，而杜元凱襲之。《韓非子・五蠹篇》「司寇行刑，君爲之不舉樂」，蓋古説相傳如此。此句當指不舉樂而言，未必鄭是而韋非也。◎志慧按：二者其實爲一事，古代貴族享用盛饌時每有音樂伴奏，既去盛饌，也就不必音樂侍候，後世如南朝蕭梁祈雨七事，其七曰「徹膳羞、弛樂」，正是一事。**而況敢樂禍乎！今吾聞子穨歌舞不思憂**〔一五〕，**夫出王而代其位，禍孰大焉！**◎志慧按：此禍從何而來？未見歷來評注言及。然政柄易手三年，舉辦個小規模的慶功會或者音樂沙龍，何以會招來樂禍之譏乃至殺身之禍？「出王而代其位」是其中關鍵，其理如前文《芮良夫論榮夷公專利之害》所述，享一利必受一害，專利也必專害，所謂「昧天下之利，受天下之患；昧一國之利者，受一國之患」。子穨既出天子而代其位，在享有天子權威的同時，也必然要承擔天子這個職位所固有的風險，故云「禍孰大焉」。此義與現代管理學權責一致原則相通。**臨禍忘憂，是謂樂禍。禍必及之，盍納王乎？」虢叔許諾。鄭伯將王自圉門入**〔一六〕，○秦鼎：將，扶進也。○《集證》：將，謂導也。◎志慧按：《説文·寸部》：「將，帥也。」又《手部》：「𢪘，扶也。」作「將」者形符加旁字也。**虢叔自北門入，**二門，王城門也。**殺子穨及三大夫，王乃入。**◎志慧按：惠王先已居鄭，鄭在王城東南，虢在洛陽西北，二者各就其近處入洛。

【彙校】

〔一〕三年，各本同，《述聞》從《史記·周本紀》、《十二諸侯年表》校正，謂當作「二年」，韋注之「三年」亦當作「二年」，《考正》、《考異》皆持此説，如是方與魯莊公十九年相合，正文下文「三年」亦始得安頓。

〔二〕毋涼，《補音》及遞修本《周語中》作「母涼」，字訛，明道本、正統本僅作「涼」。秦鼎據《周語中》「平桓莊惠」韋注亦作「惠王涼」，無「母（毋）」字，故從明道本，然《世本》及《古今人表》

並作「毋涼」，古文「毋」、「毋」一字，疑「毋」字係前綴。涼，《史記·周本紀》作「閬」，索隱引《世本》作「涼」，蓋同音通假，次同。

〔三〕魯莊，明道本、正統本作「魯莊公」。

〔四〕張以仁據《舊音》及韋解推定爲賈逵注，今從之。

〔五〕遬，明道本、正統本及《左傳·莊公十九年》作「速」，《説文·辵部》：「速，籀文从敕。」

〔六〕「王子穨」，秦鼎本、《正義》有「王」字，明道本、正統本則無之，此處係首次出現，作爲成編的材料，疑無者脱。穨，遞修本同，明道本、正統本、《增注》作「頹」，秦鼎從之，古鈔本則作「穨」，《考異》謂「頹」係「穨」之俗，是，下同。

〔七〕穨，明道本、正統本作「子頹」，《考正》從補。

〔八〕斷句從上引王引之之説。

〔九〕明道本、正統本句首有「王」字，首次出現時未出「王」字，似於此處作彌縫，當依公序本。

〔一〇〕大招，正統本作「大韶」，明道本作「蕭韶」，《公羊傳·隱公五年》何休注作「舜曰蕭韶」，《舊音》云：「招，音韶。」《補音》：「招，即『韶』字假借，非止爲音。」則是「大招」與「蕭韶」所指相同，《訂字》以爲「宜作『招』」，是不明文字之用。

〔一一〕濩，正統本同，《補音》：「胡誤反。」明道本作「護」，「大濩」、「大護」文獻中並見。

〔一二〕諸大夫，正統本同，明道本作「諸侯大夫」，明道本衍。

〔一三〕或係《左傳》注，《輯存》未録，下同。

〔一四〕明道本、正統本不重「不舉」，《御覽》樂部七亦不重，據注例，以重者爲勝。

〔一五〕思憂，《御覽》樂部七引同，明道本、正統本作「息樂禍也」，秦鼎謂公序本誤，《札記》謂此便言樂禍，與下意複，從公序本，《考異》、《集解》從之，有理。

〔一六〕「闉門」下，明道本、正統本有韋注「闉門南門也」五字，《御覽》樂部七引則無之，《補韋》謂無者脱，《考正》從補，似有者義較完。

11 内史過論神謂虢將亡〔一〕

十五年，有神降于莘。惠王十五年，魯莊〔二〕三十二年。降，下也〔三〕。下者〔四〕，言自上而下，有聲象以接人。莘，虢地〔五〕。　○《釋地》：莘，在今陝州東南五十里。　○《補正》：莘，在陝縣硤石鎮西。　◎志慧按：莘，文獻又稱莘原、莘野，地在今三門峽市陝州區東凡鄉，該鄉所處之原，係陝州著名古原，原上現分佈著東凡、西凡、杜村、劉村、北陽、崔家、田家莊、東梁等村落。王問於内史過，内史，周大夫，過，其名，掌爵禄廢置及策命諸侯、孤卿、大夫。　◎志慧按：《周禮·春官·内史》：

「掌王之八柄之法，以詔王治，一曰爵，二曰禄，三曰廢，四曰置，五曰殺，六曰生，七曰予，八曰奪。執國法及國令之貳，以考政事，以逆會計。掌敘事之法，受納訪，以詔王聽治。凡命諸侯及孤卿、大夫，則策命之。」可參。孤卿，所見今人標點本皆斷，誤，《漢書・百官公卿表》：「立三少爲之副，少師、少傅、少保，是爲孤卿，與六卿爲九焉。」曰：「是何故？固有之乎？〔六〕」故，事也。固，猶嘗也。○石光瑛：何故，猶何爲也，問辭。韋訓爲事，非。對曰：「有之。國之將興，其君齊明、衷正〔七〕、齊，一也。衷，中也。◎志慧按：《補音》：「據注，並如字。」秦鼎於《楚語下・觀射父論絶地天通》「民瀆齊盟」下云：「盟，恐『明』字訛。齊明，齋戒明潔也。」秦氏於「盟」字之訓可商，於「齊」字則是，《楚語下》同篇「齊肅」，韋注：「齊，莊也。」《觀射父論祀牲》「齊敬」，韋注：「齊，潔也。」皆可證，「齊敬」《舊音》：「阻皆反。」盧之頤本「齊肅」下音齋，准此，《補音》言「齊明」之「齊」如字有誤，皆川淇園謂音側皆反，是。精潔、惠和，其德足以昭其馨香，惠，愛也。馨香，芳香之升聞者〔八〕。○《爾雅・釋詁》：惠，愛也。○賈逵：精，明也（《文選》顔延年《五君詠》李善注及《應詔觀北湖田收詩》李善注引，王、黄將此條置於下文「民之精爽不攜貳者」下，汪遠孫將此條置於下文「精意以享」下，蔣曰豫將此條置於《晉語一》「甚精必愚」下）。○《國語疑義新證》：精，潔也。「精潔」同義連文。其惠足以同其民人。同，猶一也。○《校證》：同，猶和同，謂其惠足以和同民人也。神饗而民聽，民神〔九〕無怨，故明神降之〔一〇〕，觀其政德而均布福焉〔一一〕。○《略說》：均，遍也。**國之將亡，其君貪冒、辟邪，**冒，抵冒也。○《舊音》：辟，音璧。○《補音》：辟邪，上匹亦反，下似嗟反。「辟」字凡有數音，其音璧者，即皇、王、后，辟，君也；音闢者，大刑之名也；音僻者，邪辟之謂也；音避者，避遠之辭也。今據正文曰「其君貪冒、辟邪」，即不當音璧，宜從「邪僻」之音。○《集證》：冒，亦貪也。《國語》「冒」字皆訓爲貪，《左傳》「冒」亦多訓爲貪。○《校補》：抵冒，猶言犯突而前，爲漢人恒言。◎志慧按：《左傳·文公十八年》：「縉雲氏有不才子，貪于飲食，冒于貨賄，侵欲崇侈，不可盈厭，聚斂積實，不知紀極，不分孤寡，不恤窮匱，天下之民以比三兇，謂之饕餮。」其中「貪」、「冒」並列，於義無殊，此「貪冒」當是同義合成詞，張說是。**淫佚**[一二]、**荒怠、麤穢、暴虐；**○賈逵：婬，邪也（《釋慧琳《一切經音義》》卷六十七引。按，《晉語七》「知程鄭端而不淫」韋注：「淫，邪也。」此爲首見，故將賈注置於此）。佚，亦淫也（《釋慧琳《一切經音義》》卷七十八引）。○《國語疑義新證》：「麤穢」與「精潔」相對，意爲污穢。**其政腥臊，馨香不登；**腥臊，臭惡也[一三]。登，上也。芳香不上聞於神，神不饗也。《傳》曰：「黍稷其馨[一四]，明德惟馨。」○《增注》：（韋）注所引「《傳》曰」本《尚書·君陳》之語，韋昭時《古文尚書》未行，故且據它傳。**其刑矯誣，**以詐用法曰矯，加誅[一五]無辜曰誣。○賈逵：非先王之法曰撟[一六]（《釋慧琳《一切經音義》》卷六引，汪、蔣輯），加誅無罪曰誣（《釋玄應《一切經音義》》卷十二引，汪、蔣輯）。**百姓攜貳。**攜，離也。貳，二心也。○賈逵：攜，離也（《文選》謝靈運《登石門最高頂詩》李善注引，王、汪、黄、蔣輯）。 ○《説文・心部》：懏，有二心也。 ○《舊音》：攜，下圭反，或作「携」。 ○《補音》：「携」字俗訛。 ◎志慧按：段玉裁、朱駿聲等皆謂懏乃「攜」之通假字，是。明神弗蠲[一七]，蠲，潔也。而民有遠志，欲叛也。 ◎志慧按：韋以「遠志」爲叛似言過其實，當如《詩・魏風・碩鼠》「逝將去女，適彼樂土」之意。民神怨痛，無所依懷，懷，歸也。 ◎志慧按：《詩・召南・野有死麕》「有女懷春」毛傳：「懷，思也。」用以釋此「懷」字似較韋注更勝。故神亦往焉，觀其苛慝而降之禍。苛，煩也。慝，惡也。 ○賈逵：苛，猶煩也（釋慧琳《一切經音義》卷二十四引）。苛，煩也（《史記・酈生傳》索隱引，王、汪、黄、蔣輯。按，《史記索隱》有「賈逵云」而未出注《國語》）。是以或見神以興[一八]，亦或以亡。 ◎志慧按：内史過反覆將民神並提，知在其心目中，神意神諭係藉由民意民情表現，殷商以來的明神落實在了明德，有時甚至可以置换。上溯周武王，已將天命落實到百姓，曰「天視自我民視，天聽自我民聽」。至春秋，這種觀念通過零星的災異案例得以被敘述，較周初稍顯具體，亦生動。往下看，《春秋繁露》藉由對《春秋》所載災異現象的案例分析及理論闡述，將天人感應説系統化；《漢書・五行志》則通過解釋災異推衍《洪範》，陰陽五行學説遂大備。復次，内史過上述言説也是召感論的早期表述，與佛家業力召感思想暗合，《易・乾文言》「同聲相應，同氣相求」、《荀子・勸學》「物類之起，必有所始。榮辱之來，必象其德」（亦見《大戴禮記・勸學》）等觀念皆可於此見到濫觴。本篇在中國思想史中的重要地位於焉可見。

【彙校】

〔一〕穆文熙《鈔評》題作「内史過論虢亡」，葉明元《抄評》作「内史過論神」，上海師大本同，今綜合二者施題。

〔二〕魯莊，明道本、正統本作「魯莊公」。

〔三〕下也，明道本、正統本作「謂下也」。

〔四〕明道本、正統本無「下者」二字，《考正》從删。弘治本「下者」二字作「有神」。

〔五〕地，静嘉堂本、弘治本作「也」，後者字殘。

〔六〕《考異》據《説苑・辨物》無「固」字，疑今本衍。按，故、固通用，韋昭有注，是韋所見本即有之，《元龜》總録部三十、《文章正宗》議論一議論二引皆有之，則是今傳《説苑》脱亦未可知。弘治本「固」作「國」，後者形訛。

〔七〕衷，《説苑・辨物》作「中」，古通。

〔八〕芳香，明道本與《元龜》總録部三十引作「芳馨」，於義無别，次同。

〔九〕民神，《增注》、秦鼎謂當作「明神」，但無據，依義此承上而非啟下，且與下文「民神怨痛」相對而言，二氏説誤。

〔一〇〕降之，《説苑・辨物》作「降焉」。

〔一一〕政德，《正義》作「德政」，疑不明詞義擅改，《左傳·襄公二十八年》「不修其政德」、《昭公四年》「不修政德」可證。

〔一二〕辟邪淫佚，《辨物》作「淫僻邪佚」。佚，《舊音》作「泆」，古通。

〔一三〕臭，明道本作「臯」，《玉篇·自部》謂「臯」係「臭」之俗。

〔一四〕其，明道本、正統本、遞修本《元龜》作「非」，據《左傳·僖公五年》，可從，作「其」者字之訛也，《訂字》、户埼允明已揭其非。

〔一五〕誅，《元龜》總録部三十引同，明道本作「謀」，疑爲「誅」字之訛。

〔一六〕撟，釋玄應於《一切經音義》卷十二「不撟」下云：「字從手，今皆作矯也。」《説文·手部》：「撟，舉手也。」又《矢部》：「矯，揉箭箝也。」段注：「引伸之，凡矯枉之稱。」則此間「撟」爲通假字，「矯」爲本字。

〔一七〕弗，明道本、正統本作「不」。

〔一八〕見，各本同，《述聞》：「見，當爲㝵，㝵，古『得』字，形與『見』相近，因譌爲『見』。下文曰『道而得神，是謂逢福；淫而得神，是謂貪禍』，即其證也。莊三十二年《左傳》作『故有得神以興，亦有以亡』，此尤其明證矣。」其説是。

「昔夏之興也，融降于崇山〔一〕**；**融，祝融也。崇，崇高山也。夏居陽城，崇高所近。○賈逵：祝融，回禄，火之神也（《御覽》神鬼部一注引，汪遠孫將此條置於下文「其亡也，回禄信於聆隧」下）。○《存校》：注崇高山近陽城，則非《虞書》之崇山也。○《補韋》：崇山，嵩山也。◎志慧按：《説文》有「崇」無「嵩」，《御覽》地部四此語下有云：「韋昭注曰：『崇、嵩，字古通用。夏都陽城，嵩山在焉。』」《札記》據此謂「今各本皆爲淺人删去『嵩、崇通用』之語」，檢《天中記》卷八亦有韋昭此注語，可知黄説有據。復次，本世紀初，在河南省登封市王城崗發現的龍山文化晚期城址，據信與早期夏文化和禹都陽城有關，可參。**其亡也，回禄信於聆隧**〔二〕**。**回禄，火神。再宿爲信〔三〕。聆隧，地名。○《舊音》：聆，音琴。○《補正》：回禄，本名吴回，即祝融，故曰火神。○《集證》：《墨子·非攻下篇》云：「天命融隆火于夏之城閒西北之隅，湯奉桀衆以克有（夏），屬諸侯於薄。」蓋即此事。**商之興也，檮杌次於丕山；**檮杌，鯀也。過信曰次。丕，大邳山，在河東。○賈逵：檮杌〔四〕，鯀也（《御覽》神鬼部一注引，汪遠孫輯）。○《舊音》：丕，匹皮反。○《補音》：檮，徒刀反。杌，五忽反。丕，《尚書》備悲反。○王煦《釋文》：檮杌自是獸名，不必據《内傳》以爲鯀也。○《補正》：《尚書》鄭注：「丕山，在修武、武德之界。」又作「伾」。◎志慧按：大伾山，在今河南浚縣境内。**其亡也，夷羊在牧。**夷羊，神獸。牧，商郊牧野。○賈逵：夷羊，神獸也（《唐開元占經》羊犬豕占引，汪遠孫輯）。**周之興也，鸑鷟鳴於岐山；**三君云：鸑鷟，鸑鳳之別名也〔五〕。《詩》云：「鳳皇鳴矣，于彼高岡。」其在岐山之舊乎〔六〕？　○賈逵：鸑鷟，神鳥也，鳳之別名也（釋慧琳《一切經音義》卷八十一引，王、黄、蔣輯）。　○舊注：歧（岐）山，今歧（岐）山縣是（《御覽》卷一百六十四州郡部引）。　○《舊音》：鸑，五角反。鷟，士角反。　○《集證》：韋蓋約三君之義説之，故文有微歧也。　◎志慧按：《漢書・地理志》顔注：「岐山，在美陽，即今之岐州岐山縣箭栝嶺也。」岐山在今陝西省寶鷄市境内。**其衰也，杜伯射王于鄗**〔七〕。　鄗，鄗京也。杜，國。伯，爵。陶唐氏之後。《周春秋》曰：「宣王殺杜伯而無辜〔八〕，後二年〔九〕，宣王會諸侯，田于圃〔一〇〕，日中，杜伯起於道左，衣朱衣、朱冠〔一一〕，操朱弓、朱矢，射宣王，中心折脊而死。」　○賈逵：武王封堯後爲唐、杜二國（《左傳・襄公二十四年》正義引）。　○《舊音》：鄗，音皓，《尚書》作「鎬」。　○《補音》：鄗，胡老反。此字又有郝音，常山縣，漢世祖即位爲高邑者，非周地也，宜從鎬。　○姚鼐《補注》：《墨子》云此事著在周之《春秋》，韋昭注《國語》遂引《周春秋》云，非昭時真有《周春秋》也，第因《墨子》所云而漫言之耳。　○秦鼎：《周春秋》，蓋《逸周書》、《汲冢紀年》之類。　○胡承珙《毛詩後箋・車攻》：鄗即敖鄗，韋以爲鄗京，誤矣。　○《詳注》：鄗，水名，在河南滎陽縣西。　◎志慧按：鄗京即鎬京，鄗京之「鄗」原從金，因其爲城邑，遂又有從邑者。在西安市長安區，近幾十年中周豐鎬城有大量考古發掘。杜伯射王事，詳見《墨子・明鬼下》。傳世有周宣王時杜伯盨四器和杜伯鬲，容庚《商周彝器通考》第四章疑即此杜伯，可從，沈鎔説無據。**是皆明神**

之志者也。志，記也，見記録在史籍者〔一二〕。

【彙校】

〔一〕融，《説苑・辨物》、《禮記・中庸》正義俱作「祝融」，然各本韋注俱有「融祝融也」字樣，則今本《國語》亦自有據。

〔二〕聆隧，《説苑・辨物》作「亭隧」，《説文・耳部》「聆」下引《國語》此文作「聆遂」，《左傳・莊公三十二年》正義、《後漢書・楊賜傳》李賢注引作「黔遂」。歷史地名茫昧無考，存疑可也。

〔三〕再，静嘉堂本、弘治本作「丹」，後二者形訛。

〔四〕《四部叢刊三編》景宋本《御覽》引缺「杌」字。

〔五〕鸑鳳，明道本、正統本與《文選》張平子《南都賦》李善注引賈逵《國語注》俱無「鸑」字。

〔六〕舊，静嘉堂本、弘治本、許宗魯本、葉邦榮本、張一鯤本同，明道本、遞修本、正統本、《元龜》作「脊」，《玉海》卷一百九十九祥瑞亦引作「脊」，秦鼎從明道本，據義，作「脊」是，作「舊」者形訛。

〔七〕「王」前，《説苑・辨物》、《左傳・莊公三十二年》正義和《禮記・中庸》正義引俱有「宣」字，可據補。鄗，《説苑》和《莊公三十二年》正義俱引作「鎬」，《翼解》以爲從金者爲正字，從邑者爲通假。

〔八〕無辜，静嘉堂本、弘治本、許宗魯本同，明道本、遞修本、正統本、《御覽》卷八八一、《元龜》作「不辜」，於義無殊，疑南監本版片該字破損，繼刻者據義補。

〔九〕二年，弘治本作「一年」，明道本、正統本作、《元龜》「三年」，《考異》據《竹書紀年》、《墨子·明鬼》謂當作「三年」，可從。

〔一〇〕圃，明道本、正統本、《御覽》作「囿」，囿中有獸，圃中有蔬。上古時期，圃與囿析言之則别，渾言之則同，故囿亦可稱爲圃。

〔一一〕「朱冠」前，明道本、正統本有「冠」字，《文獻通考》郊社考二十三引亦有，《史記·周本紀》正義則將「衣朱衣」及下八字作「衣朱衣冠，操朱弓矢」，疑約引，《考正》、秦鼎改從明道本。

〔一二〕見，正統本同，明道本作「是」，疑後者字訛。

王曰：「今是何神也？」對曰：「昔昭王娶於房，曰房后，昭王，周成王之孫、康王之子昭王瑕也。房，國名。　○《釋地》：今河南汝甯府遂平縣西有吴房故城。　○《集解》：《左傳·昭公十三年》「楚靈王遷房於荆」杜注：「故諸侯，汝南有吴防縣，即防國。」「防」、「房」古字通。○《集證》：房，堯子丹朱之封國。錢穆謂在今山西安邑縣。《路史》則以爲在今河北高邑縣。《國語釋地》謂房在今河南遂平縣，然此是春秋時之吴房，楚封于吴王夫槩者，非丹朱之房也。**實有爽德**〔一〕，**協于丹朱**，爽，亡也〔二〕。協，合也。丹朱，堯子。○賈逵：爽，貳也〔三〕（《文選》張平子《東京賦》李善注引，汪、蔣輯）。丹朱，堯子（《御覽》神鬼部一注引，汪遠孫輯）。○龜井昱：《釋言》：「爽，差也，忒也。○《補正》：協訓合，乃苟合之「合」。◎志慧按：爽義當從賈説作忒，龜井昱與高木熊三郎皆持此解。**丹朱馮身以儀之**〔四〕，**生穆王焉**。馮，依也。儀，匹也。《詩》云〔五〕：「實惟〔六〕我儀。」言房后之行有似丹朱，丹朱馮依其身而匹偶，以生穆王〔七〕。○《爾雅·釋詁》：儀，匹也。○皆川淇園：言丹朱依憑房后之身以匹耦昭王，而生穆王也。◎志慧按：韋注「房后之行有似丹朱」稍嫌勉强；丹朱男性，依憑房后之身亦似不倫，故皆川氏所説亦有未當，《史記·高祖本紀》載有劉邦母親受孕事，民間文本如湖北睡虎地秦簡《詰》篇有神狗幻化作女子丈夫之形以騙奸女子的記載，其後《風俗通義·怪神篇》、《搜神記》「田琰」、《搜神後記》「老黄狗」、《幽明録》「貍中郎」、「鷄幻主人」等篇章亦有類似記載，韋昭基於儒家不語怪力亂神的觀念，故有此懸揣之詞。**實臨照周之子孫而禍福之**〔八〕。**夫神壹**〔九〕，**不遠徙遷焉**〔一〇〕，一心依馮於人，不遠徙遷焉〔一一〕。**若由是觀之**〔一二〕，**其丹朱乎？**〔一三〕」**王曰：「其誰受之？」對曰：「在虢土。」**言神在虢，虢其受之。○《集解》：虢，國於上陽，今河南陜縣東南有上陽城。◎志慧按：關於虢國上陽城的所在，有三門峽市東南李家窑遺址和陜州故城的東部兩種説法，前者在二〇〇〇年以後曾進行過大規模的考古發掘，續有所獲；

梁寧森、鄭建英所著《虢國研究》則認同後一種説法，亦頗可參，目前不敢必其一。王曰：「然則何爲？」何爲在虢〔一四〕。對曰：「臣聞之：道而得神，是謂逢福〔一五〕；逢，迎也。○《標注》：逢，如字，遭也。淫而得神，是謂貪禍。以貪取禍。○《删補》：春臺先生云：「貪禍，猶言求禍也。」今按：以貪爲求之義，古文多然。○《發正》：《釋名》：「貪，探也。」《爾雅》：「探，取也。」是貪有取義，韋注非是。○《標注》：貪禍，猶言樂禍而益甚。貪，是利而欲之也。◎志慧按：汪説有理，《平議》從之，是。今虢少荒，◎志慧按：今虢少荒，句式同《晉語八》「今周室少卑」，少，非多少之意，而通「稍」，逐漸之意。荒，《孟子·梁惠王上》：「從獸無厭謂之荒，樂酒無厭謂之亡。」《越語下》「出則禽荒，入則酒荒」，皆有迷亂之意。《左傳》載時人對虢公醜的評價，晉士蔿曰驕，指其弗畜禮、樂、慈、愛；卜偃曰「天奪之鑒，而益其疾」；荀息曰不道；周内史過曰虐；虢大夫舟之僑曰無德；史嚚曰多涼德。《晉語二》舟之僑又謂「民疾其君之侈……諸侯遠己，内外無親」。似未見有正面評價，此可爲「虢少荒」釋證。其亡乎！」王曰：「吾其若之何？」對曰：「使大宰以祝、史帥狸姓〔一六〕，奉犧牲、粢盛、玉帛往獻焉，大宰，上卿〔一七〕，掌祭祀之式、玉帛〔一八〕之事。祝，大祝，掌祈福祥。史，大史，掌次主位。狸姓，丹朱之後。神不歆非類，故帥以往也。純色曰犧。○《發正》：「狸姓，丹朱之後」云云，古籍無徵，不知起自何時。無有祈也。」祈，求也。勿有求請，禮之而已。

【彙校】

〔一〕實，《説苑·辨物》作「是」，古通。

〔二〕亡，秦鼎本同，明道本、正統本作「貳」，《文選》張平子《東京賦》李善注、《元龜》總録部三十引同，遞修本作「二」，《考異》謂「貳」俗作「二」，進而誤作「亡」，其説有理。據從賈逵注到韋昭注之進路，亦能得出與汪氏同樣的結論，唯「貳」亦當爲「貣」之訛，見下注。

〔三〕《原本玉篇殘卷·叕部》引賈注同，《輯存》：「貳，當作『貣』，《爾雅》『爽，忒也』，『忒』與『貣』同。」

〔四〕馮，《六書故》及《古今韻會舉要》「儀」下引同，明道本、正統本作「憑」，注同，「憑」爲「馮」之後起字，疑古本作「馮」，傳抄者依後起字改。儀，《爾雅·釋詁》邢疏引作「匹偶」二字。

〔五〕云，遞修本同，正統本作「也」，誤，古鈔本作「云」，張一鯤本、《增注》、秦鼎本、《正義》作「曰」，疑係傳抄過程中擅改。

〔六〕惟，明道本、正統本作「維」。

〔七〕以，明道本作「焉」，並句末有「也」字，遞修本作「之」。邢昺《爾雅疏·釋詁》引本句「其身」下作「而匹偶之，生穆王焉」。

〔八〕實，《通鑑外紀》卷四引同，明道本、正統本前有「是」字，《説苑》作「是」，《考正》從補，《考異》

謂公序本無「是」字是也，「實」當作「寔」。在此，有「是」者爲代詞，「實」爲副詞，各有功用；無「是」者「實」字承擔「是」的功能，各有所當。

〔九〕神壹，《説苑》作「一神」，《考異》據《左傳》「神聰明正直而壹者也」斷作「壹」是，《國語》各本正文皆作「壹」，於義實無殊。

〔一〇〕徒，金李本原作「徒」，注同，静嘉堂本、弘治本、葉邦榮本同誤，明道本、遞修本、張一鯤本、秦鼎本不誤，此徑據改。明道本、《非國語》俱無「焉」字，遞修本此處版片損壞，不可識。

〔一一〕此處明道本、正統本作「言神壹心依憑於人，不遠遷也」，秦鼎謂公序本脱「言神」二字，目測遞修本不可識部分爲平行二字，當係注文，是可證秦鼎所言不虚，知金李本等「焉」字實係注文「言神」二字。

〔一二〕邢昺《爾雅疏》卷一及《元龜》總録部三十引無「若」字。

〔一三〕「丹朱」下，明道本、正統本、《非國語》、《左傳·莊公三十二年》正義有「之神」二字，秦鼎據下文韋解亦有「之神」二字，謂公序本脱，《考正》、《四庫薈要》亦持此説，可從。

〔一四〕王引之批校之董增齡《正義》稿本云：「當云『在虢何爲』。」刊本並未吸收。施國祁《與董壽群論〈國語〉新疏書》：「按下文『逢福』、『貪禍』之言，並據『然則』語氣，當作『在虢何爲』。」（汪曰楨輯《蓮漪文鈔》）王氏、施氏俱有理，而董氏所存者乃韋昭舊本。

〔一五〕逢,《説苑·辨物》作「豐」,上古時期二字聲紐同,故得通假。

〔一六〕本句秦鼎謂當作「帥祝史以狸姓」,「帥」、「以」錯置,「以,與也」,但《説苑·辨物》、《非國語》及《元龜》總録部三十引俱同今本,似不便輕疑。

〔一七〕上卿,明道本、《正義》作「王卿」,秦鼎與《考異》皆以爲作「王」者誤,是,正統本同公序本。

〔一八〕玉帛,明道本、遞修本、正統本、《元龜》總録部三十皆作「玉幣」,上古不僅幣帛連文,且繒帛亦可用作禮幣和貨幣,故於義二者並無正誤之分。

王曰:「號〔一〕其幾何?」對曰:「昔堯臨民以五,五年一巡守〔二〕。○賈逵:臨,治也(釋慧琳《一切經音義》卷二十二引,汪遠孫輯)。○王肅《孔子家語序》:説者曰:「堯五載一巡狩。」五載一巡狩,不得稱「臨民以五」。經曰:「五載一巡狩。」此乃説舜之文,非説堯。孔子説論五帝,各道其異事,於舜云:「巡狩天下,五載一始。」則堯之巡狩年數未明。周十二歲一巡狩,寧可言周臨民以十二乎?孔子曰:「堯以土德王天下,而色尚黄。」五,土之數,故曰「臨民以五」,此其義也。○秦鼎:堯以五紀政,五典、五禮、五刑、五玉、五等是也。今其冑見,冑,後也,謂丹朱之神。○賈逵:冑,胤也(釋慧琳《一切經音義》卷十九引)。神之見也,不過其物。物,物數也〔三〕。○秦鼎:物,謂以五紀物也。五年巡守,恐韋君失之。○《集證》:疑物謂文物制度也。此謂堯以土德王，其制用五也。《周語中》：「大物其未可改也。」《左・僖五年傳》：「民不易物。」《定元年》：「三代各異物。」物皆謂文物制度也。　◎志慧按：從「不過五年」之説考之，此「物」似以韋注「（物）數」爲當，至於「臨民以五」之「五」，五德終始之説，無確據證明其時已經出現；秦鼎説雖似有據，但依此立論，則六師、七政、八音、九疇及其他許多數字皆無不可立論，故「臨民以五」句似當另覓答案。對比《左傳・莊公三十二年》相關記載：「秋七月，有神降于莘。王曰：『若之何？』對曰：『以其物享焉。其至之日，亦其物也。』」則是神降之日爲七月五日，内史過因此得到啓發，取「五」字斷虢國國祚不過五年。疑「臨民以五」之「五」原作「物」，「物」義依韋解，句猶謂堯時以數爲紀，神以此數啟示周人。「臨民以物」——「不過其物」，前後照應。流傳中涉下文「不過五年」而誤作「五」，韋昭、王肅時已有此誤，遂不得解。唯此解亦無明證，姑存之以質諸高明。若由是觀之，不過五年。」王使大宰忌父〔四〕周公忌父也。帥傅氏及祝、史，傅氏，狸姓也〔五〕，在周爲傅氏〔六〕。　○王符《潛夫論・志氏姓》：帝堯之後有狸氏、傅氏。奉犧牲、玉鬯往獻焉〔七〕。玉鬯，鬯酒之圭，長尺二寸〔八〕，有瓚，所以灌地降神之器。　○《略説》：玉，玉瓚也。鬯，鬯酒也。　○《集證》：鬯爲黑黍酒，盛鬯之圭以玉爲之，故曰玉鬯。内史過從至虢，從，從大宰而往也。内史不掌祭祀〔九〕，王以其賢，使聽之〔一〇〕。　○《集證》：虢公亦使史嚚享（《左・莊三十二年傳》），則似當時史亦與於祭祀。《尚書・金縢》「史乃册祝曰」，楊筠如《尚書覈詁》云：「史，謂内史，主作册之事。」謂作册文以祝告於神。則内

史過往，非特以其賢耳。虢公亦使祝、史請土焉〔一一〕。 祝、史，虢之祝、史祝應、史嚚也。 ○《補音》：嚚，五巾反。 ○《集證》：《左・莊卅二年傳》曰：「虢公使祝應、宗區、史嚚享焉。神賜之土田。」韋解所本也。請土，謂請神賜之土田也。故《左傳》下文曰：「虢多涼德，其何土之能得？」**內史過歸，告王曰**〔一二〕：**「虢必亡矣。不禋於神而求福焉**〔一三〕，**神必禍之；** 潔祀曰禋。 ○《補音》：禋，於真反。 ○《集證》：韋泛言之，其義有未足也。此與下文「精意以享，禋也」實承前文「精潔惠和，其德足以昭其馨香」句來。此謂虢君之德不足以昭其馨香，非謂祀供之不潔也。然德之不足，實不潔之尤者。**不親於民而求用焉，民必違之**〔一四〕。 用，用其財力也。 **精意以享，禋也**〔一五〕**；** 享，獻也。 **慈保庶民，親也。** 慈，愛也。保，養也。 **今虢公動匱百姓，以逞其違**〔一六〕**，** 逞，快也。違，邪也。 ○賈逵：逞，快也（《文選》潘安仁《關中詩》李善注引，釋慧琳《一切經音義》卷九十四引同，王、黄將此條置於《晉語一》「其入也必甘受，逞而不知」下，汪、蔣輯）。 ○《略說》：其所爲者皆乏百姓，故怨違其上，而公反快之。 ○《增注》：違，謂不禋而求福，不親而求用也。 ○《發正》：「違」與「回」古字通，《小雅・小旻》、《鼓鐘》毛傳並云：「回，邪也。」 ◎志慧按：汪氏謂違與「回」通，可爲韋注補證，闕氏以本字解，故以「怨違」連文，雖於文例有據，唯此「違」的主語是虢公，虢公何怨之有？闕氏又以爲民怨違其上，而公反快之，又犯增字解經之忌，故不取。關於「動匱百姓」之「動」，《左傳》以下材料可資理解：魯莊十六年，「王使虢公命曲沃伯以一軍爲晉侯」。十八年，「虢公、晉侯、鄭伯使原莊公逆王后于陳」。廿一年，助惠王復辟，「爲王宮于玤」。廿六年，二度侵晉。三十年，「王命虢公討樊皮」。虢公夠得上絶對忠誠，堪稱惠王的第一「功狗」，這從惠王對他與鄭厲公賞賜的區别對待中可見。可是，蕞爾小邦何以能支撑連年戰争與頻繁的外事活動，百姓之匱亦於焉可知。尤其值得注意的是，本篇主角是虢公，没有依屬地置於《晉語》（如《晉語二》之《虢將亡舟之僑以其族適晉》《卜偃以童謡知虢將亡》），而懸置於《周語》，回頭看看虢公那些折騰，除魯莊廿六年秋冬兩度侵晉動因未明外，其他四次都有惠王的欽命，而惠王權力的獲取與鞏固也一直離不開這個驕侈荒虐的虢公，則惠王之爲人與爲政又能如何？這或者就是編者將神降於莘這一當時重大公共輿論事件置於《周語》的原因。**離民怒神，而求利焉，不亦難乎！**」求利，謂請土。

【彙校】

〔一〕虢，弘治本作「國」，後者似誤。

〔二〕明道本、正統本重「五」字。

〔三〕明道本、正統本、《文獻通考》郊社考引不重「物」字。

〔四〕忌父，《説苑·辨物》作「己父」，《札記》謂古「忌」、「己」同字，是。

〔五〕傅氏狸姓也，遞修本、静嘉堂本、弘治本、許宗魯本作「姓也，在傅也」，檢《補音》卷一云：「狸姓，力之反。今按：下注同。」知公序本原作「傅氏狸姓也」，至南宋重刻時始誤作「姓也在傅也」，此金李本校改之功，合於明道本及公序本原貌。

〔六〕《校文》謂「在周爲傅氏」五字枝贅，《元龜》總録部三十引已有，作爲補充説明似無不可。

〔七〕鬯，《説苑》作「觴」，據韋注則似作「鬯」稍勝。

〔八〕尺二寸，金李本原作「尺一寸」，静嘉堂本、李克家本同，明道本、遞修本、正統本、弘治本、許宗魯本、張一鯤本、秦鼎本皆作「尺二寸」，於禮是也，疑手民之誤，今正。

〔九〕内史，正統本同，明道本作「太史」，當係涉上文「太宰」而誤。

〔一〇〕使聽之，明道本、正統本作「使以聽之」，秦鼎據明道本補，不敢必其是。

〔一一〕史，静嘉堂本、弘治本作「皮」，後二者形訛。

〔一二〕告王，《説苑·辨物》同，明道本、正統本與《御覽》封建部五前有「以」字，《考正》從補。

〔一三〕求，監本作「請」。

〔一四〕民必違之，正統本同，明道本作「人必違之」，避唐諱也。

〔一五〕《文選》張平子《東京賦》薛綜注引作「精意以享謂之禋祀」，孔廣栻《國語》批校謂「此句係孔安國《尚書傳》語，或安國誤作《國語》字」。

〔一六〕逞，《説苑》作「盈」，《札記》謂古盈、逞字同。「盈」與「逞」字不同，但義有交集。

十九年，晉取虢。惠王十九年，魯僖之五年。○龜井昱：言僖二年晉師滅下陽也。十五至十九間三年，則不過五年。僖五年，晉滅虢，是間六年也，注恐寫誤。○《釋地》：僖公五年，惠王二十二年，晉滅虢，則十九年虢猶未亡，此言十九年取虢者，據用兵之始而言，蓋下陽舉而虢之亡成矣。虢國故城在今陝州東南。◎志慧按：疑韋昭想説明的是「惠王十九年，魯僖之二年，不過五年」，龜井昱説有理。譚氏所云之虢國故城係上陽城，上世紀五十年代後在三門峽上村嶺一帶續有考古發現，現於其舊地建有虢國博物館。關於虢邑下陽，舊説皆謂在大陽故城（距平陸縣城北二十公里，今張店鎮古城村）之東（北）三十里：《水經·河水四注》引服虔説云：「夏陽，虢邑也，在大陽（平陸古稱）東三十里。」《史記·晉世家》索隱引服虔曰：「下陽，虢邑也，在大陽東北三十里。」《後漢書·郡國志》「大陽，有下陽城」注：「虢邑，《左傳·僖二年》虞、晉所滅，縣東北三十里。」乾隆《平陸縣志》駁正康熙《平陸縣志》，指今平陸縣西張村鎮太陽渡村南金鷄堡古城址「當作下陽」，新近考古界在此地有周代青銅器出土，現存城墻殘基數段，遂徑以此地爲下陽城遺址。唯在晉獻公假虞滅虢前三年，晉軍已攻克地處今天芮城縣北的魏國，（見《左傳·閔公元年》：「晉侯作二軍，公將上軍，太子申生將下軍。趙夙御戎，畢萬爲右，以滅耿、滅霍、滅魏。」）如果下陽城在平陸縣西南，從芮城到平陸太陽渡村，筆者一路考察，發現即使不是沿黄河東下——如後來秦國的泛舟之役主要依賴水運那樣，在陸上亦並未見雄關險塞，所以當年晉軍只要揮師東指即可滅虢，何必假道於虞？況且，太陽渡與上陽僅一河之隔，晉虞之師兵臨城下時，上陽之師焉能不救？故舊説不可遽廢，新説亦尚待進一步的考古材料證成之。復次，柳宗元《非國語》謂内史過「妄取時日，莽浪無狀」，又云：「堯臨民以五，今其胄見，虢之亡不過五年，則其爲書也不待片言而迂誕彰矣。」貶斥可謂激烈。但是，這種價值設定可能影響讀者理解文本以及編者的意圖，因爲至少在編者的認知中，「不語怪力亂神」不是唯一的評判標準，甚至不是優選項。神權及相關的祭司階層是制約、抗衡政權的重要力量，這股力量有一套獨立的話語系統，内史過所説者是。觀内史過本段論述，頗寓人文意識，「觀其政德而均布福」、「觀其苛慝而降之禍」。表面上，主宰人間福禍的是神明，内裏呢？招感福禍的主體是行爲人：「道而得神，是謂逢福；淫而得神，是謂貪禍。」其對神禮敬而不祈求的態度與後世大乘佛教的精神甚相契合。神降於莘，虢公「使祝、史請土」；一二年之後，虢公夢神人面、白毛、虎爪……（見《晉語二·虢將亡舟之僑以其族適晉》），因爲史嚚不能逢迎，給出正能量解釋，「公使囚之」。從中可約略窺見神權已被政權裹挾和蠶食，此消彼長，韋昭所謂「逆順之數」，司馬遷所謂「盛衰大指」，於焉可見。

12 内史過知晉惠公君臣之敗〔一〕

襄王使召公過及内史過賜晉惠公命〔二〕，襄王，周僖王之孫、惠王之子襄王鄭也。召公過，召穆公之後召武公也，爲王卿士〔三〕。惠公，晉獻公之庶子惠公夷吾也。命，瑞命。諸侯即位，天子賜之命圭以爲瑞節。　○《正義》：此傳《解》云：「命，瑞命也。諸侯即位，天子賜之命圭以爲瑞節。」下傳太宰文公及內史過賜晉文公命，《解》又云：「命，命服也。」兩傳同文，兩解異訓，推宏嗣之意，因賜惠公命，內史過因執玉卑，故以命圭釋之。齡謂賜惠公者亦是命服，非圭也。《小雅·韓侯》言王錫韓侯元袞赤舄，即所謂賜之命服也。《無衣》一詩可以證下傳賜命服之説。此傳言車服、言旗章、言幣、言節，未嘗指定摯圭一事也。　○楊伯峻《春秋左傳注·僖公十一年》：據《周禮·考工記·玉人》，命圭，諸侯自始封以來受諸天子，世世守之，無新君再賜之禮。沈欽韓謂賜命爲賜爵，以爲新君即位，必受天子爵命，方敢用其車服云云，此僅賜命之一。此賜晉惠命或亦如此。但亦有他種賜命，莊元年，周天子不賜新即位之莊公以爵命，反追命已死之桓公，則非繼位之君之賜命矣。以毛公鼎、大克鼎及襄十四年、昭七年《傳》之辭命觀之，賜命只是一種寵命，表示倚畀之深耳。　○于鬯《香草校書》卷四十四：命者，當指策命而已，韋解以爲命圭，因下文「晉侯執玉卑」生説，而下章賜晉文公命，則又以爲命服，亦因彼下文大宰以王命命冕服生説，然同文而異解，既屬不安，且命圭命服，必當明著「圭」字「服」字，何得但曰賜命乎？　○《集證》：賜命，謂賜策命也。命服、受瑞則賜命所有事，故賜命不得謂賜命服或賜瑞命，更不得謂賜命圭。**呂甥、郤**〔四〕**芮相晉侯不敬，**呂甥，瑕呂飴甥也〔五〕。郤芮，冀芮。皆晉大夫。相，詔相禮儀。不敬，慢惰也。　○《正義》：顧炎武《杜注補正》：「呂，氏也。瑕，其邑名,《成元年》瑕嘉之『瑕』。 蓋兼食瑕、陰二邑。」《僖三十三年傳》芮子缺爲下軍大夫,文公復與之冀,則芮食冀,故謂爲冀芮。 ○楊伯峻《春秋左傳注·僖公十年》:吕甥亦稱瑕甥,亦並稱爲瑕吕飴甥,或稱陰飴甥,蓋吕(今山西霍縣西)、瑕(今臨猗縣附近)、陰(今霍縣東南)皆其采邑,飴則其人之名;甥,蓋爲晉侯之外甥,故或配名以稱之。 ○《集證》:《説文》:「郤,晉大夫叔虎邑也。」則食采於郤,後因以爲氏也,芮則其名,字子公。**晉侯執玉卑,拜不稽首。** 玉,信圭,侯所執,長七寸。卑,下也。《禮》:「執天子器則上衡〔六〕。」稽首,首至地也。 ○《正義》:《荀子·大略篇》:「平衡曰拜,下衡曰稽首。」蓋平衡謂頭與腰平,下衡謂頭下於腰。手在地,首在手,故拜手與稽首連言是一事,非兩事也。拜不稽首,是平衡而非下衡矣。 ○秦鼎:執玉,謂執玉致之也,「邾子執玉高,公受卑」是也。 ◎志慧按:《周禮·冬官·玉人》:「玉人之事:鎮圭尺有二寸,天子守之。命圭九寸,謂之桓圭,公守之。命圭七寸,謂之信圭,侯守之。命圭七寸,謂之躬圭,伯守之。」《禮記·曲禮》:「執天子之器則上衡,國君則平衡,大夫則綏之,士則提之。」韋注用《曲禮》文證晉惠公之非禮。又,執玉卑,《左傳·僖公十一年》作「受玉惰」,「卑」是「惰」的具體化。相反的例子如《論語·鄉黨》:「執圭,鞠躬如也,如不勝,上如揖,下如授。」俱可參。

【彙校】

〔一〕穆文熙《鈔評》題作「内史過論惠公君臣之敗」，葉明元《抄評》題作「内史過論惠公君臣」，上海師大本題作「内史過論晉惠公必無後」，考慮到其中的預言性質和盡可能揭示詳細的内容，今改題如上。

〔二〕召公，遞修本、正統本同，明道本作「邵公」，作「邵」者爲形符加旁字，下同。

〔三〕明道本無此四字，疑脱。

〔四〕郤，明道本、正統本作「郄」，《校證》謂「郤」、「郄」正俗字，是，下同。

〔五〕鮐，遞修本、明道本、正統本作「駘」，《舊音》所摘條目也作「駘」，與《左傳·僖公十五年》同，《考正》謂作「鮐」者誤，静嘉堂本明南監監生陳志昂補版已作「鮐」，吴宗輝認爲這就是明代修補時産生的異文。

〔六〕上，明道本、正統本作「尚」，二字古通。

内史過歸，以告王曰：「晉不亡，其君必無後。後，後嗣也。且呂、郤將不免。」王曰：「何故？」對曰：「《夏書》有之曰：『衆非元后，何戴？《夏書》，逸書也。元，善也。后，君也。戴，奉也〔一〕。○帆足萬里：元后，大君也。○《補正》：元，長也。故君有元首之稱，不訓善。又云：此語今在《大禹謨》，在東晉時始出，韋不之見，故但云逸書。◎志慧按：《大禹謨》爲梅氏《僞古文尚書》中一篇，下文《湯誓》同。后非衆，無與守邦〔二〕。』邦，國也。○舊注：邑，國（《御覽》卷二〇二引）。在《湯誓》曰：『余一人有辠，無以萬夫；《湯誓》，《商書》伐桀之誓也。今《湯誓》無此言，則已〔三〕散亡矣。天子自稱曰余一人。余一人有辠，無辠萬夫〔四〕。○《刪補》：今《湯誥》有「予一人有罪，無以爾萬方」之語，「誓」恐「誥」字之誤乎。○《正義》：此傳明稱《湯誓》，是告衆之辭，決非禱旱之辭，宏嗣故不從《墨子》及《尸子》、《呂覽》、《韓詩》也，《論語》孔注引《墨子》而不引此傳，疏矣。○《經傳釋詞》卷一：以，猶「及」也。《周語》引《湯誓》曰：「余一人有罪，無以萬夫。」言無及萬夫也。◎志慧按：所見《尚書·湯誥》原文確爲告衆之辭，後來子書如《墨子》、《呂覽》等踵事增華，引而伸之，凡此在文獻傳播中亦屬習見之事。萬夫有辠〔五〕，在余一人。』在余一人，乃我教導之過。在《般庚》曰〔六〕：『國之臧，則維女衆〔七〕。般庚，殷王祖乙之子〔八〕，今《商書·般庚》是也。臧，善也。國俗之善，則維女衆，歸功於下。○《爾雅·釋詁》：臧，善也。國之不臧，則維余一人，是有逸罰〔九〕。』逸，過也。罰，猶辠也。國俗之不善，則維余一人，是我有過也。其辠當在我〔一〇〕。○《爾雅·釋言》：逸，過也。○賈逵：溢，餘也（《原本玉篇殘卷·水部》引）。○秦鼎：《夏書》謂王可敬而衆不可卑也，而重在敬王；《湯誓》謂臣民不可凌虐也；《盤庚》謂心不可廣，鄰不可遠也。如是，則長衆使民不可不慎也。○户埼允明：居隆曰：「三書引似無根著，實有深意。《夏書》見不可不敬王而卑其上，《湯誓》見不虐處者而陵其民，《盤庚》見不可廣心遠鄰而施其所惡，故總之曰『長衆使民不可不慎也』。」**民之所急在於大事**〔一一〕，大事，戎、祀也〔一二〕。　○龜井昱：治民之急務在慎大事也，錫命亦大事也，下篇「合諸侯，國之大事也」，注誤。　◎志慧按：韋意疑承自《左傳·文公二年》：「祀，國之大事也。」《左傳·成公十三年》亦載劉康公語曰：「國之大事，在祀與戎。」唯此處則當從龜井昱説。**先王知大事之必以衆濟也**〔一三〕，**故祓除其心**〔一四〕，**以和惠民。**祓，猶拂也。　○《補正》：當言「猶弗」也，《詩》「以弗無子」，即「祓」字。　◎志慧按：以弗無子，語出《詩·大雅·生民》，毛傳：「弗，去也。」鄭箋：「弗之言祓也……以祓除無子之疾而得其福也。」《説文·示部》：「祓，除惡祭也。」訓爲去除本甚明晰，訓爲「猶拂」或「猶弗」皆稍嫌迂曲。**考中度衷以涖之**〔一五〕，涖，臨也。考中，考省己之中心以度人之忠心〔一六〕，恕以臨之。　○《爾雅·釋詁》：臨，涖，視也。　○户埼允明：當事已先考中道，而度人誠衷以蒞之也。忠者以己心而中於人之心而行之，猶無自他也。**昭明物則以訓之**，物，事也。則，法也。　○《爾雅·釋詁》：則，法也。**制義庶孚以行之。**義，宜也。庶，衆也。孚，信也。當制立事宜，爲衆所信而行之。　○《爾雅·釋詁》：孚，信也。**祓除其心，精也；**精，潔也。**考中度衷，忠也；**忠，恕也。　○《集證》：忠非恕之謂也。內外如一則是忠，下文賜晉文公命章：「中能應外，忠也。」中能應外，亦即內外如一也。**昭明物則，禮也；制義庶孚，信也。然則長衆使民**

之道，非精不和，非忠不立，非禮不順，非信不行。今晉侯即位而背外內之賂〔一七〕，背外，不予秦地〔一八〕。背內，不予里、丕之田。虐其處者，棄其信也；虐其處者，殺里、丕之黨。不敬王命，棄其禮也；施其所惡，棄其忠也；已所不欲，勿施於人。所惡於下，不以事上〔一九〕。今晉侯皆施之於人，故曰棄其忠也。以惡實心，棄其精也。實，滿也。四者皆棄，則遠不至而近不和矣，四者，精、忠、禮、信也。將何以守國？

【彙校】

〔一〕弘治本「也」作「后」，疑因上句而誤。

〔二〕無與守邦，《吕氏春秋·制樂》高注引傳曰作「無以守邑」，《御覽》封建部五引《國語》同後者。

〔三〕明道本無「已」字，疑脱。

〔四〕此九字各本同，歷來注家亦無異辭，但疑非韋注，而係涉正文之重，可删。

〔五〕萬夫，今《湯誓》作「萬方」。

〔六〕般庚，明道本、正統本作「盤庚」，《删補》以盧之頤本作「般」爲是，《略説》、秦鼎亦斷「盤」字誤。「般」、「盤」通假字，注同。

〔七〕維，明道本、正統本作「惟」，下同。

〔八〕祖乙，各本同，《略説》、《增注》據《史記》謂當作「祖丁」，是。

〔九〕逸，《尚書》作「佚」，《原本玉篇殘卷》引作「溢」，韋注與賈注意義無殊。

〔一〇〕明道本、正統本句前有「言」字，《考正》從補，可從。

〔一一〕明道本、正統本無此「於」字，《考正》從删，《斠證》謂「疑無『於』字是」，於義則無殊。

〔一二〕祀，正統本作「事」，《正義》稿本作「祀」，刊本作「事」，觀下文「祓除其心」、「崇立上帝、明神而敬事之，於是乎有朝日、夕月，以教民事君」等語，知韋注之「大事」當包含祭祀，作「戎事」者係抄寫「戎、祀」時之偶誤。

〔一三〕以衆濟，《御覽》封建部五及《文章正宗》卷四引同，明道本作「以濟衆」，《考異》、《校文》、《集解》、《斠證》皆從「以衆濟」，據義是。

〔一四〕明道本、正統本「故」前有「是」字，《考正》從補，《御覽》封建部五引則無之，於義無殊。

〔一五〕涖，《補音》引作「莅」，云：「本或作『涖』，並通。」明道本、正統本作「莅」，「涖」、「莅」古同，下多作涖，一作「莅」（《晉語二》「死又不敢莅喪」），即同一公序本内亦未見劃一。

〔一六〕明道本、正統本與《御覽》引皆無次「考」字，《考正》謂無者非。忠心，明道本、正統本作「衷心」，《考正》、秦鼎謂當從明道本，以下文「考中度衷」論，其説是也。《考異》據明道本無次「考」字，謂明道本衍韋注「考中」之「中」字，二句總解傳「考中度衷」四字，非但釋「考中」

也，於義亦通。

〔一七〕外内，《御覽》封建部五引作「内外」，據韋注次序及當時詞序，疑後者係據後世詞序擅改。

〔一八〕予，明道本、正統本作「與」，義同，次同。

〔一九〕「不以事上」前，明道本有「故」字，衍，正統本、《御覽》無。

「古者，先王既有天下，又崇立上帝〔一〕、明神而敬事之，崇，尊也。立，立其祀也。上帝，天也。明神，日月也。 ○賈逵：崇，敬也（釋慧琳《一切經音義》卷一引）。 ○《增注》：明神，凡神之明章者，謂六宗及社稷、宗廟之屬也。 ○龜井昱：立不必説祀，明神亦不啻日月。 ○《集證》：疑「明神」泛指，非專指日月也。前文「故明神降之」、「明神不蠲」皆泛指也。 ◎志慧按：韋據下文「朝日」、「夕月」爲解，故以明神爲日月，但與「上帝」並列，其義仍以「明神降之」、「明神不蠲」等泛指的神靈爲長。於是乎有朝日、夕月，以教民事君〔二〕，禮：天子以春分朝日〔三〕，以秋分夕月〔四〕。拜日於東門之外。然則夕月在西門之外必矣〔五〕。 ○《正義》：《尚書大傳》：即春，迎日于東郊，所以萬物先而尊事天也。迎日之辭曰：「維某年某月上日，明光于上下，勤施于四方，旁作穆穆，維予一人某，敬拜迎日于郊。」《大戴禮·保傅篇》：「天子春朝朝日，秋暮夕月。」孔廣森《補注》：「舊説，春分朝日，秋分夕月。《公冠篇》云：『于正月朔日，迎日于東郊。』《春秋·莊十八年》：『迎日于東郊。』《穀梁傳》曰：『王者朝日。』由此言之，朝日以朔，夕月以望與。顏師古曰：『朝日以朝，夕月以暮，皆迎其初出也。』」賈公彥曰：「《祭義》云：『祭日於東，祭月於西。』《玉藻》云：『玄端而朝日于東門之外。』《覲禮》：『春拜日於東門之外。』既春拜日于東，明秋夕月于西。」賈疏之義與韋訓同。惠士奇曰：「《玉藻》：『朝日於東，聽朔于南。』天子每月視朔必先朝日，古之禮也。後世朝日以春分，而視朔之禮廢矣。」**諸侯春秋受職于王以臨其民，**言不敢專也。**大夫、士日恪位箸**〔六〕，**以儆其官，**中廷之左右曰位〔七〕，門屏之間曰箸。○《略説》：位著，猶列位也。○《述聞》：此謂臣之位著也。位者，《曲禮》「下卿位」是也。著者，昭十一年《左傳》「朝有著定」杜注曰：「著定朝内列位常處。」韋注「中庭之左右謂之位」則非也。○户埼允明：朝列位有定所，所謂表著也。

庶人、工、商各守其業以共其上。◎志慧按：「共」、「供」古今字，此爲「供」義。**猶恐有墜失也**〔八〕，**故爲車服、旗章以旌之，**旌，表也。車服、旗章上下有等，所以章明貴賤〔九〕，爲之表識。○賈逵：章者，尊卑之别也（《原本玉篇殘卷·音部》引）。旌，表也。取其幖幟（釋玄應《一切經音義》卷十三、釋慧琳《一切經音義》卷五十七引，王、汪、黄、蔣輯）。**爲摯幣**〔一〇〕、**瑞節以鎮之，**鎮，重也。摯，六摯也。謂孤執皮帛，卿執羔，大夫執鴈，士執雉，庶人執鶩，工商執鷄。幣，六幣也。圭以馬，璋以皮，璧以帛，琮以錦，琥以繡，璜以黼。瑞，六瑞也。王執鎮圭，尺二寸；公執桓圭，九寸；侯執信圭，七寸；伯執躬圭，亦七寸〔一一〕；子執穀璧，男執蒲璧，皆五寸。節，六節也。山國用虎節，土國用人節，澤國用龍節，皆以金爲之；道路用旌節〔一二〕，門關用符節，都鄙用管節，皆以竹爲之。○《周禮·小行人》鄭注：凡邦國之民，遠出至他邦，他邦之民若來入，由國門者，門人爲之節；由關者，關人爲之節；其以徵令及家徙，鄉遂大夫及采地吏爲之節。皆使人執節將之，以達之。亦有期以反節，管節如今之竹使符也。○秦鼎：鎮，所以重固其身者，即王所賜寵命。土，平地也。道路，謂鄉遂，大夫也。都鄙者，公之子弟及卿大夫之采地之吏也。◎志慧按：韋解釋摯、瑞用《周禮·春官·大宗伯》文及鄭玄注，釋幣、節用《秋官·小行人》文及鄭玄注。復次，一九五七年，安徽壽縣出土鄂君啟節，爲戰國中期楚國青銅器，所謂「以金爲之」是也，形似剖開的竹節，三件車節，一件舟節，每件均有錯金篆書銘文，分别記述水、陸兩路由鄂至楚國郢都所經過的城邑。學界一般認爲係楚懷王頒發給鄂君的水陸通行符節，可參。**爲班爵貴賤以列之**〔一三〕，班，次也。○賈逵：班，位也（釋慧琳《一切經音義》卷十七引）。**爲令聞嘉譽以聲之。**謂有功德者，則以策命述其功美，進爵加錫以聲之。○户埼允明：聲者，聲教之「聲」，使人廣聞之也。**猶有散、遷、解慢**〔一四〕，○賈逵：懈，倦也（釋慧琳《一切經音義》卷一、四十七引）。○《補音》：解，佳賣反。**而箸在刑辟，流在裔土，**言爲之法制〔一五〕，備悉如此，尚有放散、轉移、解慢於事，不奉職業者，故加之刑辟、流之荒裔也〔一六〕。○秦鼎：著，謂署著其名。○《補正》：衣邊曰裔。裔土，邊土也。**於是乎有夷、蠻之國**〔一七〕，遂爲夷、蠻之國民。**有斧鉞、刀墨之民，**斧鉞，大刑也。刀墨，謂以刀刻其額而墨窒之〔一八〕。**而況可以淫縱其**

身乎？

【彙校】

〔一〕崇立上帝，《御覽》封建部五、《文章正宗》卷四議論一引同，明道本、正統本作「崇立於上帝」，疑衍「於」字。

〔二〕教民事君，《文章正宗》卷四、《通志·藝術傳》引同，《御覽》封建部五引無「君」字，《校證》據以謂當從，但「教民事」似不詞。

〔三〕以春分朝日，《御覽》引同，明道本、正統本句前尚有「搢大圭，執鎮圭，繅藉五采五就」十二字，後者係《周禮·春官·典瑞》文，《考正》從補，《舊音》出「繅，音蚤」，當即此「繅藉」之異文，蓋公序本今本傳寫脱誤。

〔四〕明道本、正統本無此句首之「以」字，《考正》從刪。

〔五〕明道本、正統本「必矣」作「也」一字。

〔六〕箸，明道本、正統本、《增注》、《御覽》作「著」，注同，下文「箸」及下「箸在刑辟」同，從竹之字亦或從艸，此通「宁」（音佇）。以下凡公序本作「箸」明道本作「著」者不再出校。

〔七〕廷，《文章正宗》引同，《御覽》與明道本、正統本俱作「庭」，「廷」本字，「庭」通假字，下文

《楚語上》「位宁有官師之典」韋注作「庭」，《爾雅·釋宮》作「庭」，疑此處出其本字，《楚語上·左史倚相儆申公子亹》則承自《爾雅》。

〔八〕猶恐有，《御覽》引同，明道本、正統本「有」前有「其」字，於義皆通；許宗魯本則有「其」而無「有」字，似以存「有」字爲長。

〔九〕章明，明道本、正統本、遞修本作「章別」。

〔一〇〕摯，《舊音》：「或爲『贄』。」明道本、正統本作「贄」，注同，《斠證》據《説文》無「贄」字，斷「贄」爲俗字，其實在這個意義上，「贄」爲「摯」之義符更旁字，注同。

〔一一〕亦七寸，正統本同，明道本作「六寸」二字，《札記》、《考異》俱據《考工記》認爲當依公序本，是。

〔一二〕用，明道本、遞修本、正統本、静嘉堂本、弘治本作「以」，許宗魯本作「目」，用《説文》小篆也，《考正》謂「當從『用』字，與《周禮》合」，上下文皆作「用」，作「用」者更整飭。

〔一三〕列，《御覽》封建部五、《文章正宗》卷四引作「別」，後者於義稍長。

〔一四〕解，明道本、正統本作「懈」，注同，《考異》以爲「解」、「懈」古今字，今人亦多持此説，可從。

〔一五〕許宗魯本無「之」字，疑脱。

〔一六〕荒裔，明道本、正統本作「裔土」，義近。

〔一七〕夷蠻，明道本、正統本、《御覽》作「蠻夷」，許宗魯本正文和注文俱作「蠻夷」，其餘各本韋注俱作「夷蠻」，似《國語》此處原作「夷蠻」。
〔一八〕類，明道本作「額」，疑因「額」較「類」字常見而改，正統本作「類」，則係字訛。室，正統本同，明道本作「涅」。《札記》指《周禮·司刑》鄭注作「室」，王煦《國語釋文》云：「本又作『涅』。」《考正》：「《補音》摘『類』、『室』二字，自當仍之。」可從。

「夫晉侯，非嗣也，而得其位，嗣，適嗣也〔一〕。◎志慧按：相對於下篇對重耳的溢美之辭，指惠公非嗣，是內史過的立場預設，還是敘述者基於成王敗寇的事後投射，皆不可知，要非當下事實。**亹亹怵惕，保任戒懼，猶曰未也。**亹亹，勉勉也。保，守也。任，職也。居非其位，雖守職戒懼，猶未足也。○《爾雅·釋詁》：亹亹，勉也。○《補音》：亹，亡偉反。○《述聞》：韋以保任爲守職，非也。任亦保也，「保、任、戒、懼」四字平列。◎志慧按：《禮記·禮器》鄭注：「亹亹，勉勉也。」《釋詁篇》以同義單字作解，《禮器》鄭注則以重文釋重文，與「亹亹」更密合，韋昭「以《爾雅》齊其訓」，入而能出，可謂後出轉精。《說文·人部》：「任，保也〔二〕。」於此「任」字取義王說較長。**若將廣其心，**廣其心，放情欲也。○龜井昱：小心之反，言棄其精也。**而遠其鄰，**背秦賂也。**陵其民，**虐處者也〔三〕。○龜井昱：言施其所惡也。**而卑其上，**不敬王命。**將何以固守？**守，守位也。

【彙校】

〔一〕適，明道本、正統本作「嫡」，《説文·女部》「嫡」下段注：「嫡庶字古只作『適』。」明道本好用俗字、後起字，此亦一例。

〔二〕孫刻大徐本作「任，符也」，此從沈濤《説文古本考》説，彼云：「保任，古人恒語。」

〔三〕此句明道本、正統本作「虐其處也」，《考正》從明道本增「其」字，仍存「者」字。

「夫執玉卑，替其摯也〔一〕；替，廢也，廢其執摯之禮〔二〕。○《爾雅·釋言》：替，廢也。○《正義》：《定十五年傳》：「公受（玉）卑，其容俯。子貢曰：『卑、俯，替也。』」蓋晉侯無守氣，而將廢其位也。拜不稽首，誣其王也〔三〕。誣，罔也〔四〕。○户埼允明：誣，有爲無、無爲有也。○《校補》：誣讀爲憮，實爲侮。《爾雅》：「憮，傲也。」上文曰：「相晉侯不敬。」不敬，即輕侮之也。◎志慧按：由下文「弗諫而阿之」知「不敬」爲不敬周襄王而非晉惠公，誣其王，即目中無周天子，韋注與蕭旭説於義皆可通，户埼允明「無爲有」一義則無所安頓。替摯無鎮〔五〕，鎮，重也，無以自重。誣王無民〔六〕。民亦將誣之〔七〕。夫天事恒象，恒，常也。事善象吉，事惡象凶。○《爾雅·釋詁》：恒，常也。任重享大者必速及，速及於禍。○户埼允明：言天之所垂人之可恒守之象也。夫天象缺盈反初，人惟任重享大而速及於禍。故晉侯誣王，人亦將誣之；欲替其鎮，人亦將替之。大臣享其禄，弗諫而阿之，亦必及焉。」大臣，吕、郤也〔八〕。享，食也〔九〕。阿，隨也。○秦鼎：食，猶受用也。○龜井昱：曲比曰阿，阿黨、阿諛之「阿」，訓隨不確。

【彙校】

〔一〕摯，明道本、正統本作「贄」，下文正文及注同，《左傳·僖公十一年》正義作「質」，後者通假字也。

〔二〕明道本、正統本無「其」字，南宋洪邁《經子法語·國語》引有之。

〔三〕《平議》：「拜不稽首乃不敬，非誣罔也，誣，蓋『輕』字之誤。下文云『誣王無民』，又云『故晉侯誣王，人亦將誣之』，諸『誣』字皆當作『輕』，韋據誤本作注，失其義矣。」《集解》從之，説雖有理，然未見所據。王，明道本、遞修本、正統本同，《增注》改作「上」，並云：「上，本作『王』，誤矣。」並下文「誣王無民」亦改，皆未出所據，不敢取。

〔四〕明道本此下尚有「誣民，民亦將誣之」七字，《考異》以爲下注誤竄在此，是。

〔五〕替摯，《御覽》封建部五引作「摯替」，據《左傳·僖公十一年》正義及下句「誣王」，知《御覽》誤倒。

〔六〕《左傳·僖公十一年》孔疏引「誣其王」與「誣王」二「誣」俱作「無」，「民」作「人」。

〔七〕明道本將此句置於正文「誣其王也」下，之前有「誣民」二字，《考正》斷其非，是。

〔八〕郤，明道本作「郄」，次同。

〔九〕享食也，正統本同，明道本作「享之言食也」，《考正》斷後者非，是。

襄王三年而立晉侯，襄王三年，魯僖之十年。錫瑞命在十一年〔一〕。**八年而隕於韓，**八年，魯僖之十五年。秦怨惠公背施忘德，舉兵伐之，戰於韓原，獲晉侯以歸，隕其師徒，三月而復之。○秦鼎：三年，當作二年；八年，當作七年，《内傳》、《史記》等可證。韋解「隕」，謂秦隕晉師徒，即晉爲秦所隕也。或引《晉語》「公隕於韓」曰晉自隕其師徒也，恐非。○《釋地》：《郡國志》：河東郡河北縣有韓亭。河北故魏國故城在解州芮城縣東北七里，其韓亭即秦晉戰地，故韓國也。◎志慧按：秦鼎誤信《史記・十二諸侯年表》，襄王元年當僖公八年，而《史記》誤作僖公九年。關於韓原地望的討論，詳見《晉語三・秦薦晉饑晉不予秦糴》按語。**十六年〔二〕而晉人殺懷公，無胄〔三〕。**胄，後也。襄王十六年，魯僖之二十四年〔四〕。懷公，惠公之子子圉也。惠公卒，子圉嗣立，秦穆公納公子重耳，晉人刺懷公於高梁。○《補音》：殺，申志反，下注同。**秦人殺子金、子公。**子金，吕甥。子公，郤芮之字也。二子悔納重耳，欲焚公宫而殺公，寺人披以告公，公潛會秦伯于王城〔五〕。二子焚公宫，求公不獲，遂如河上，秦伯誘而殺之。○《舊音》：寺人披，閹官也，一名伯楚，文公時爲勃鞮，勃鞮亦官名。　◎志慧按：勃鞮非官名，疾言之爲披，緩言之則爲勃鞮，《舊音》説非也。

【彙校】

〔一〕錫，明道本、正統本作「賜」，古同。

〔二〕《述聞》據前後注文校正，謂「十六」當作「十七」，《考異》、《補正》、《集解》從之，則是並韋注之「十六年」亦當作「十七年」。楊伯峻《春秋左傳注·僖公二十四年》「二月甲午軍于廬柳」下云：「二月無甲午，此及以下六個干支紀日，據王韜推算，並差一月。王韜且云：『晉用夏正，《傳》書日月或有誤耳。』」竊疑此「二月」係周曆二月，當夏曆前一年之十二月，尚在周襄王十六年，晉用夏曆，故云「十六年」；若是周曆，則已進入周襄王十七年。周曆魯僖二十四年初，尚在晉曆襄王十六年冬，故有韋注貌似錯亂、其實精審之説。他可類推得之。注同。

〔三〕「無胄」前，明道本、正統本重「懷公」二字，《御覽》封建部、《文章正宗》卷四引並不重「懷公」，秦鼎從明道本補，然《斠證》據上文内史過「其君必無後」的預言，謂此「無胄」正應上文内史過之言，非謂懷公無胄也，明道本蓋由上「懷公」而衍，其説深明《國語》記言之語的體例，當從。

〔四〕明道本、正統本無「之」字。

〔五〕明道本、正統本不重「公」字，疑脱。潛，静嘉堂本、弘治本作「晉」，後者形訛。

13 内史興論晉文公必霸

襄王使大宰文公及内史興賜晉文公命，大宰文公，王卿士王子虎也。内史興，周内史叔興父〔一〕。晉文公，獻公之子、惠公異母兄重耳也。命，命服也。諸侯七命，冕服七章。○舊注：大宰文公，王子虎（據下引《左傳正義》訂定）。○《左傳·僖公二十八年》正義：注《國語》者皆以爲大宰文公即王子虎也，今尹氏又在王子虎之上，故以爲皆卿士，唯叔興是大夫。或云皆大夫，「皆」字妄耳。○秦鼎：賜命，解與上「賜命」不同，蓋互文。○《集證》：命，謂策命也。命服爲策命所有事。上卿逆于境〔二〕，逆，迎也。○《爾雅·釋言》：逆，迎也。晉侯郊勞，郊迎，用辭勞也〔三〕。◎志慧按：《周語中·單襄公論陳必亡》：「周之《秩官》有之曰：『敵國賓至，關尹以告，行理以節逆之，候人爲導，卿出郊勞，門尹除門，……至於王吏，則皆官正蒞事，上卿監之。若王巡守，則君親監之。』」此正用其禮。館諸宗廟，館，舍也。舍於宗廟，尊王命也。○《校文》：《聘禮》：「卿館於大夫，大夫館于士，士館于工商。」然則王之卿士其館于孤卿之廟與？晉侯以宗廟舍之，故云「尊王命」。饋九牢，牛、羊、豕爲一牢，上公饔餼九牢。設庭燎。設大燭於庭，謂之庭燎。 ○《禮記・郊特牲》正義：謂於庭中設火以照燎來朝之臣夜入者，因名火爲庭燎也。禮，天子百燎，上公五十，侯、伯、子、男三十。 ○《正義》：此傳言九牢，是晉以上公禮尊太宰文公、內史興也。 ○《校證》：燭與燎異。設庭燎，蓋即於庭中燔柴以祭天也。 ◎志慧按：《詩・庭燎》鄭箋：「在地曰燎，執之曰燭。」又云：「樹之門外曰大燭，於內曰庭燎，皆是照衆爲明。」《禮記》孔疏承鄭箋，是。設火於庭，是謂庭燎，非關祭天，文獻中亦未見賜命時行祭天之禮的記載，《校證》説非。 **及期，命于武宮**〔四〕，期，將事之日也。武宮〔五〕，文公之祖武公之廟也〔六〕。命，受王之命〔七〕。 ○《正義》：《穀梁・文十三年傳》：「羣公曰宮。」是諸侯廟稱宮。《僖二十四年傳》「朝于武宮」，以武公始併，晉故奉之以爲太祖也。 ○秦鼎：淇云：「不於獻宮而於武宮者，象獻公之初死也。」又云：「此賜命，《內傳》不載，韋亦不説年月。」 ◎志慧按：《左傳・僖公二十五年》：「（夏四月）戊午，晉侯朝王。王饗醴，命之宥。請隧，弗許。」當前六三五年周曆四月初四，周襄王賜命重耳疑當在此時。本條置於上條周襄王賜命晉惠公之後，抑揚褒貶之義於焉可見。 **設桑主，布几筵**，主，獻公之主也。練主用栗，虞主用桑。禮，既葬而虞，虞而作主。天子於是爵命世子，世子即位〔八〕，受命服也。獻公死已久，於此設之者，文公不欲繼於〔九〕惠、懷。故立獻公之主。自以子繼父之位〔一〇〕，行未踰年之禮。筵，席也。 ○帆足萬里：布几筵，告先公也。几，所以馮神也。 **大宰涖之，晉侯**

端委以入。説云：「衣玄端，冠委貌〔一一〕，諸侯祭服也。」昭謂：此士服也。諸侯之子未受爵命，服士服也。　○孔晁：玄端之衣，委貌之冠也（《御覽》服章部二注引，汪、黄、蔣輯）。　○《略説》：服虔云：「禮：衣端正無殺，故曰端。文德之衣尚褒長，故曰委。」王肅云：「委貌之冠，玄端之衣也。」服説似長。　○户埼允明：委，垂也。　○《增注》：端，玄端，十五升布衣也。委，委貌，謂玄冠端委，士之朝服也。《士冠禮》可見焉。本注「説云」上必有脱字。　○《正義》：此自國君至於士皆得用之，而晉文之服此則取于未受命服士服之義。　○《集證》：《左傳・昭公元年》「天王使劉定公勞趙孟於潁」，定公謂趙孟曰：「吾與子弁冕端委以治民，臨諸侯。」《昭公十年》：「晏平仲端委立于虎門之外。」《哀公七年》：「太伯端委以治周禮。」定公、趙孟、晏平仲、吴太伯皆非士也，而服端委，則端委非士服明矣。冕服固是命服，端委則可以非士服也。預注《左傳》或曰禮衣，或曰朝服，是也。**大宰以王命命冕服，**冕，大冠也。服，鷩衣也。　○《補音》：鷩，必列反。**内史贊之，三命而後即冕服。**贊，道也。三命〔一二〕，三以王命命文公〔一三〕，文公三讓後就〔一四〕。　○《正義》：《周官》：「内史，凡命諸侯及孤卿大夫，則策命之。」案：大宰以八枋詔王，内史又居中貳之，故奉命命晉侯，亦以内史贊大宰也。**既畢，賓、饗、贈、餞，如公命侯伯之禮，而加之以宴好。**賓者，主人所以接賓，致餐饔〔一五〕之屬。饗，饗食之禮。贈，致贈賄之禮〔一六〕。餞，謂郊送飲酒之禮。如公命侯伯之禮者，如公受王命，以侯伯待之之禮，而又加之以宴好也。大宰，上卿也，而言公者，兼之。○《存校》：文公、太宰，卿也，禮之如公來命侯伯之禮，加一等矣，所以敬天子之使，注未然。○秦鼎：晉文國大勢强，而不自尊大，以侯伯自處，以公待大宰文公也。或云：「此注當作『如公受王命命侯伯之禮』。」兼之，當作「尊之」，字之誤也。大宰，上卿也，而待之如公，是尊之也。○《補正》：謂用上公奉王命，命諸侯爲侯伯之禮。注謂以侯伯待之之禮，語欠明晰。○《集證》：筵席之間，常禮之外，復有酬醧之禮以結情好，謂之宴好也。◎志慧按：此與上條「吕甥、郤芮相晉侯不敬，晉侯（惠公）執玉卑，拜不稽首」相反對，極言文公於賜命之各環節皆行禮如儀，並以侯伯自處，以公禮優待太宰文公。

【彙校】

〔一〕叔興父，正統本同，明道本作「叔興也」，下文「遂爲踐土之盟」下韋注作「興父」，知無「父」者脱。

〔二〕于，弘治本作訛「干」。

〔三〕用辭勞，秦鼎引或説謂三字係「用勞辭」之誤倒，然無據。

〔四〕宫，静嘉堂本、弘治本作「官」，後者形訛。

〔五〕武宫，遞修本、静嘉堂本、弘治本、許宗魯本作「武公」，誤。

〔六〕祖，静嘉堂本、弘治本作「祀」，後者形訛。

〔七〕武公之廟、受王之命，明道本、正統本俱無二「之」字。

〔八〕明道本不重「世子」，據義當脱。

〔九〕明道本、正統本無此「於」字，疑脱。

〔一〇〕自，正統本同，黄刊明道本作「目」，疑後者形訛，影鈔明道本不誤。

〔一一〕貌，明道本、許宗魯本作「皃」，因許宗魯本用《説文》小篆字體，故此處無由判斷許宗魯所見該字公序本本來面目。

〔一二〕贊道也三命，正統本及《文獻通考》郊社考引同，明道本與《元龜》卷六百五十五智識無此五字，《考正》從删，據文義，似明道本脱。

〔一三〕以，静嘉堂本、弘治本作「公」，後者形訛。

〔一四〕「後就」前，明道本、正統本與《正義》刊本（《正義》稿本則無）俱有「而」字，《考正》從補，不可必，遞修本同金李本。又，「王命」之「王」，静嘉堂本訛作「土」。

〔一五〕餐，《舊音》：「音孫。」《補音》：「蘇昆反。」則似公序本原作「飧」。饗，明道本作「饗」，疑涉下句而訛。

〔一六〕贈賄，《文獻通考》引同，明道本、正統本無「賄」字，疑脱，古鈔本有之。

内史興歸，以告王曰：「晉，不可不善也。◎志慧按：據下文「禮所以觀忠信仁義」及「臣故曰晉侯其能禮矣」，疑句前尚有「晉侯其能禮矣」作爲總冒，「禮所以觀忠信仁義」是分梳，「晉侯其能禮矣」則是總結。文獻不足徵，姑且存疑。**其君必霸。**○秦鼎：於行禮上觀其德行也，善敗於是乎見也。**逆王命敬，**謂上卿逆於境，晉侯郊勞。**奉禮義成。**謂三讓，賓、饗之屬皆如禮。○《述聞》：義，讀爲儀，謂奉行禮儀而有成也。古書多以「義」爲「儀」。○《辨正》：韋注於「奉禮義成」之「成」未明確解釋，觀其「皆如禮也」一語，似作本字解，王引之則明確説「奉行禮義而有成也」，亦作本字讀。然與上句「逆王命敬」合觀，「成」當是與「敬」並列的表情志的動詞，故而當視作「誠」的通假字。下句之「敬王命」、「成禮義」同樣相對爲文，「成禮義（儀）」即「誠於禮義（儀）」，而不是虚與應付。再結合下文大段討論「忠、仁、信、義」等道德範疇，則此「成」字更應該是「誠」字之通假字。◎志慧按：奉禮義，《述聞》説可信，猶「奉禮如儀」，下文「禮，所以觀忠、信、仁、義」之「禮」即此「禮義（儀）」，故不與「忠、信、仁、義」之「義」交集。**敬王命，順之道也；成禮義，德之則也。則德以道**〔一〕**諸侯，諸侯必歸之。**道，訓也。**且禮，所以觀忠、信、仁、義也**〔二〕，言能行禮，則有此四者。**忠所以分也，**心中則不偏〔三〕。○户埼允明：以己心謀人衷誠，故中能應外，所以分別一身而及于人，少有差別。分別一身，故曰「忠分則均」，曰「中能應外」。○《補韋》：謂有忠實之心，然後可分之以體事應物也，故曰「忠分則均」，又曰「分均無怨」。**仁所以行也，**仁行則有恩〔四〕。　○户埼允明：仁以忠恕而恩惠，故有報財不匱。信所以守也，信守則不貳。義所以節也。制事之節〔五〕。忠分則均，仁行則報，信守則固，義節則度。得其度也。分均無怨，行報無匱，守固不偷，偷，苟且也〔六〕。　○賈逵：婾，苟且也（釋慧琳《一切經音義》卷四十五引）。節度不攜。攜，離也。若民不怨而財不匱，令不偷而動不攜，其何事不濟？中能應外，忠也；　○秦鼎：中能應外，謂内外如一也。施三服義，仁也；賈侍中云：「三，謂忠、信、仁也。」昭謂：施三，謂三讓也。服義，義，宜也。服得其宜，謂端委也。　○《存校》：施三難解，注未然。　○《增注》：施三，未詳也。此段只釋忠、信、仁、義之名義焉耳，非敢斥文公行事也。　○秦鼎：施三，未詳，韋解亦未是。　◎志慧按：如果正文「施三」二字無誤，可與上文對應的唯有「三命而後即冕服」而已，姑存韋解可也。守禮不淫〔七〕，　○賈逵：失禮忘善曰婬（釋慧琳《一切經音義》卷六十七引）。信也；行禮不疚，義也。疚，病也。　○《爾雅·釋詁》：疚，病也。臣入晉境，四者不失，四者，忠、信、仁、義。臣故曰『晉侯其能禮矣。』王其善之！樹於有禮，艾〔八〕人必豐。」樹，種也。艾，報也。豐，厚也。　○秦鼎：「艾」、「刈」通，刈，收穫也。猶力穡有秋也，故訓報。　○洪頤煊《經義叢鈔》：艾，當作「刈」，獲也，《離騷》「願竢時乎吾將刈」王逸注：「刈，穫也。」言樹於有禮，其獲人必多也。　○《平議》：《詩·鴛鴦》篇「福禄艾之」、《南山有臺》篇「保艾爾後」，毛傳竝曰：「艾，養也。」此「艾」字亦當訓養，蓋從上句「樹」字生義，凡樹蓺五穀及蔬果之類，皆所以養人，故曰「樹於有禮，艾人必豐」。又《晉語》曰「樹於有禮，必有艾」，義亦同此，言必得其養也。韋訓爲報，雖於語意未失，恐非古訓。◎志慧按：獲即農人之報，韋注不誤。王從之，使於晉者道相逮也〔九〕。逮，及也。○《爾雅·釋言》：逮，及也。○《删補》：相逮，猶言相望也。

【彙校】

〔一〕道，《元龜》卷六百五十五智識引同，明道本、正統本作「導」，注同，「道」、「導」古今字。

〔二〕據下文順序，似「信」、「仁」二字當乙。

〔三〕中，明道本、正統本與《元龜》俱作「忠」。

〔四〕恩，許宗魯本作「報」，觀户埼允明考釋，疑其所見本正作「報」，郭萬青以爲「報」字之「恩報」義韋昭之時恐尚未有，故以「恩」字更合，可從。疑涉下文「仁行則報」之「報」而誤。弘治本則作「報信」二字，又其疑原作「報」，涉下句而衍「信」字。

〔五〕事，正統本、《元龜》引同，明道本作「義」，疑當作「事」，作「義」者疑涉正文而誤。

〔六〕苟且，所見衆本唯許宗魯本無「且」字，韋注從賈注出，知許宗魯本脱。

〔七〕守禮，明道本、正統本作「守節」，《四庫薈要》亦據明道本改，《御覽》封建部五引作「守法」，觀文中連續三次以分——行——守——節爲序的言説，「法」字則於上下文均無著落，「節」則在上下文中只關乎義，與上文「禮，所以觀忠、信、仁、義也」、下文「晉侯其能禮矣」照應看，似作「禮」未爲有失，且與下句並列。

〔八〕「艾」下，明道本下有注「音刈」二字，《補音》：「魚廢反。俗本於『艾』字特音乂，後人妄加。」韋昭《國語解》並無音注，《補音》説是也，然亦可知明道本自有淵源。

〔九〕逮，張一鯤本作「建」，後者形訛。

及惠后之難，王出在鄭，惠后，周〔一〕惠王之后、襄王繼母陳嬀也。陳嬀有寵，生子帶，將立〔二〕，未及而卒。子帶奔齊，王復之〔三〕，又通於襄王之后隗氏。王廢隗氏，周大夫頹叔、桃子奉帶〔四〕以翟師伐周，王出適鄭，處于氾〔五〕。在魯僖二十四年〔六〕。○《舊音》：隗，午罪反。氾，音巳。○《補音》：嬀，居危反。氾，《經典釋文》音凡，《春秋内傳》注：「氾，鄭南氾也，在襄城縣南。」其音祀者，乃成皋汜水耳。「祀」、「凡」文近易訛，故特志之。◎志慧按：《舊音》於此「嬀」字未出音切，而於下文再次出現「陳嬀」時注云：「九爲反。」疑此失音。汜，音祀，地在今河南滎陽汜水。氾，音凡，在今河南襄城，當地傳説因襄王避王子帶之亂於此而得今名，「汜」、「氾」二字形似，故文獻中常相混淆，《補音》謂「『祀』、『凡』文近易訛」，疑「祀」、「凡」二字分别爲「汜」、「氾」之訛。**晉侯納之。**納王於周而殺子帶，在魯僖二十五年〔七〕。**襄王十六年，立晉文公。**襄王十六年，魯僖二十四年。

二十一年〔八〕，**以諸侯朝于衡雝**〔九〕，**且獻楚捷，遂爲踐土之盟，**襄王二十一年，魯僖二十八年也。衡雝、踐土，皆鄭地，在今河内温地〔一〇〕。捷，勝也。勝楚所獲兵衆。文公以僖二十八年夏四月敗楚師〔一一〕於城濮。城濮，衛地也〔一二〕。旋至衡雝，天子臨之。晉侯以諸侯朝王，且獻所得楚兵，駟介百乘，徒兵千也。王命尹氏及王子虎、内史叔興父策命晉侯爲侯伯〔一三〕，賜之大輅之服、戎輅之服〔一四〕，彤弓一、彤矢百〔一五〕、玈弓十〔一六〕、玈矢千、秬鬯一卣、虎賁三百人。○《爾雅·釋詁》：捷，勝也。○《正義》：楚自戍穀圍宋，憑陵中夏，晉勝之於城濮，故舉獻捷之典。今河南懷慶府原武縣西北五里有衡雝城。踐土臺，東去衡雝三十餘里。○《釋地》：衡雍，在今懷慶府原武縣西北五里。踐土，《括地志》云：「滎澤縣西北十五里有王宫城，城内東北隅有踐土臺。」滎澤縣，今屬河南開封府。○《補正》：《後漢·郡國志》：雒陽卷縣有垣雝城，即古衡雍。◎志慧按：衡雝、踐土，今屬河南原陽。又，周康王時器宜侯夨簋，現藏於中國國家博物館，其中銘文記載了周王册封宜侯夨的一些細節，是目前所見最早記載周初分封同姓和功臣的實物，可參。**於是乎始霸**〔一七〕。○賈逵：霸，猶把也，言把持諸侯之權也〔一八〕（釋玄應《一切經音義》卷二引，蔣曰豫將此條置於上文「其君必霸」下）。○《增注》：及惠后之難以下，以驗於内史興之言焉耳。

周語上卷第一〔一九〕

【彙校】

〔一〕周，静嘉堂本、弘治本作「問」，後者形訛。

〔二〕明道本、正統本「立」下有「之」字，秦鼎從有。

〔三〕明道本無「王」字，脱。

〔四〕帶，明道本、正統本作「子帶」，此脱「子」字，《考正》從補。

〔五〕氾，當作「氾」，作「氾」者形訛，詳見下文按語。

〔六〕明道本、正統本句首有「事」字，《考正》、秦鼎從有。静嘉堂本、弘治本「魯僖」下尚有「王」字，衍。

〔七〕「在魯」上，明道本有「事」字，秦鼎從補，是。二十五年，明道本作「二十四年」，《札記》謂當依公序本，是，上海師大本從明道本出，但徑改作「二十五年」。

〔八〕二十一年，秦鼎謂當作「二十年」，城濮之戰發生在魯僖公二十八年，《左傳》是年載：「五月丙午，晉侯及鄭伯盟于衡雍。丁未，獻楚俘于王。」《國語》正文及下文「遂爲踐土之盟」韋注無誤，秦鼎據《史記·十二諸侯年表》爲據，實以訛傳訛。

〔九〕「朝」下，明道本、正統本有「王」字，《御覽》封建部五引則無之，《補音》出「朝于」，於義，則有「王」者較長，《考正》、《考異》亦以有者爲是。衡雝，明道本、正統本作「衡雍」，異寫耳，注同。

〔一〇〕地，明道本、遞修本、正統本、静嘉堂本、弘治本、許宗魯本作「也」，石光瑛指後者誤。

〔一一〕明道本、正統本無「師」字，脱。

〔一二〕衛地也，明道本無「地」字，脱。

〔一三〕明道本、正統本無「叔」字，疑脱。父，明道本、許宗魯本如是，静嘉堂本、弘治本、金李本、張一鯤本原作「史」，《訂字》、户埼允明已揭其非，《增注》、秦鼎本從公序本系列出，但均已改訂，此改。明道本、正統本無「侯」字，疑脱。

〔一四〕「賜之」之「之」，明道本、正統本作「晉侯」。明道本、正統本無前一「之服」。

〔一五〕矢，静嘉堂本、弘治本作「史」，後者誤。

〔一六〕旅，《補音》落胡反，明道本作「旅」，次同。

〔一七〕明道本、正統本句下有「也」字。

〔一八〕釋慧琳《一切經音義》卷八十五引下尚有「行方伯之職也」六字。

〔一九〕宋元遞修本、金李本卷尾頂格作「周語上第一」，空二格出「國語」；正統本、黄刊明道本頂格作「國語卷第一」，基於簡約和方便識别原則，本書僅出篇名與卷次，《晉語》九篇，循徐元誥《國語集解》例，作「晉語某第某」，俾便於識别。

國語卷第二

周語中

1 富辰諫襄王以翟伐鄭

襄王十三年，襄王十三年，魯僖之二十年也。下事見二十四年。〇秦鼎：十三年，據《年表》當作十二年。〇《發正》：《内傳》鄭伐滑一在僖二十年，一在僖二十四年，此是二十四年事，襄王之十七年也，《外傳》蓋合二事爲一，《史記·周本紀》亦沿《外傳》之誤。◎志慧按：秦鼎説非，説見《周語上·内史興論晉文公必霸》「二十一年，以諸侯朝於衡雝」下校語。汪遠孫所考説對了一半，蓋襄王十七年之鄭人伐滑可以追溯到四年前之事：「滑人叛鄭，而服於衛。夏，鄭公子士、泄堵寇帥師入滑。」這也就是《左傳·僖公二十四年》之「鄭之入滑也，滑人聽命」，《左傳》是年下云：「師還，又即衛。鄭公子士、泄堵俞彌帥師伐滑。」《國語》概括言之，不得謂誤，《集解》據《發正》徑改「十三年」作「十七年」則誤。**鄭人伐滑。**滑，姬姓小國也。先是，鄭伐滑，滑人聽命，鄭師還，又即衛〔一〕，故鄭

公子士、泄堵俞彌〔二〕**帥師伐滑。**○賈逵：滑，姬姓之國（《史記·周本紀》集解引）。○《正義》：今河南偃師縣南二十里有緱氏故城，即古滑地。◎志慧按：滑，文獻又稱「費滑」，其都城遺址在洛陽東南偃師市府店鎮滑城河村附近臺地上。滑國亡於魯僖公三十三年（前六二七），《左傳》是年載秦師「滅滑而還」，秦晉戰於殽，秦國戰敗，滑遂屬晉。偃師市山化鄉游殿村一帶現今仍爲滑姓人主要聚居地。**王使游孫伯請滑，**游孫伯，周大夫〔三〕。○皆川淇園：請，謂釋之也。**鄭人執之。**鄭人，文公捷也。鄭怨惠王之入而不與厲公爵，又怨襄王之與衛〔四〕、滑，故不聽王命而執王使。**王怒，將以翟伐鄭。**翟，隗姓之國也。○《補正》：狄有白狄、赤狄二種，皆非我族類。鄭自厲王子友受封，於周爲兄弟之親。襄王欲徵狄以伐之，則是召外自殺，故富辰引詩以諫之也。

【彙校】

〔一〕明道本、正統本「師還」前無「鄭」字，「即衛」前有「叛」字，《左傳·僖公二十四年》同一內容作：「鄭之入滑也，滑人聽命。師還，又即衛。」

〔二〕泄堵俞彌，正統本同，明道本作「泄堵寇」。《札記》、《考異》皆據《左傳》謂當作「堵俞彌」，秦鼎謂「俞彌即寇也」，或是也，唯不知俞彌與寇的相關性何在。

〔三〕周大夫，《元龜》諫諍部十二同，明道本、正統本其下有「伯，爵也」三字，《周語上·內史過論神謂號將亡》「杜伯」下韋注有「伯，爵」之解，則此處疑衍，《校文》亦作如是說，上海師大本從刪，是。

〔四〕王，遞修本、静嘉堂本、弘治本、許宗魯本同，張一鯤本作「公」，後者誤。

富辰諫曰〔一〕：「不可。富辰，周大夫也。人有言曰〔二〕：『兄弟讒鬩，侮人百里。〔三〕』鬩，侮也〔四〕。兄弟雖以讒言相違很〔五〕，猶禁禦它人侵侮己者〔六〕。百里，諭遠也〔七〕。○《爾雅·釋言》：鬩，恨也。○秦鼎：百里，謂禦侮人於百里外也。周文公之詩曰：『兄弟鬩于牆，外禦其侮。』文公之詩者，周公旦〔八〕之所作《常棣》之篇是也〔九〕，所以閔管、蔡而親兄弟。此二句，其四章也。禦，禁也，言雖相與狠於牆室之内，然能外禦異族侮害己者〔一〇〕。其後周室既衰〔一一〕，厲王無道，骨肉恩闕，親親禮廢〔一二〕，宴兄弟之樂絶〔一三〕，故召穆公思周德之不類〔一四〕，而合其宗族於成周，復脩作《常棣》之歌以親之〔一五〕。鄭、唐二君以爲《常棣》穆公所作，失之矣〔一六〕，唯賈君得之。穆公，召康公之後穆公虎也〔一七〕，去周公歷九王矣〔一八〕。○《存校》：《内傳》以爲召穆公作，當從《外傳》。注謂穆公復修作《棠棣》之歌，蓋强合之。○秦鼎：類，善也。○《補韋》：孫琮曰：注以人言與詩同意，愚謂二意正相反，富辰自是兩路夾説來。所謂侮人百里者，言兄弟不親，則召侮於外，故用「鬩乃内侮」、「雖鬩不敗親」兩句分應，韋注似誤。◎志慧按：據下文「鬩乃内侮，而雖鬩不敗親也」，孫琮說較密。關於《常棣》之作者與作時，《左傳》、《國語》所載者皆出自富辰一人之口，且是在同一場合，故只能有一個答案，韋昭、杜預、孔穎達等前賢一作一修之說，確有强合之嫌。**若是，則鬩乃內侮，而雖鬩不敗親也。**雖已相狠〔一九〕，外禦它人，故不敗親。○秦鼎：不敗，謂不遠之也。**鄭在天子，兄弟也。**言與襄王有兄弟之親。○《集證》：在，猶於也。韋訓「與」，非。**鄭武、莊有大勳力于平、桓；**武，鄭桓公之子武公滑突也〔二〇〕。莊，武公之子莊公寤生也。王功曰勳。平，幽王之子平王宜臼也〔二一〕。桓，平王之孫、太子泄父之子桓王林也〔二二〕。幽王既滅，鄭武公以卿士夾輔平王東遷洛邑〔二三〕。桓王即位，鄭莊公爲之卿士，以王命討不庭，伐宋，入郕〔二四〕，在魯隱十年。唐尚書云：「王奪鄭伯政〔二五〕，鄭伯不朝〔二六〕。王伐鄭，鄭祝聃射王中肩，豈得爲功？『桓』當爲『惠』。《傳》曰：『鄭有平、惠之勳。』」昭謂：鄭世有功，而桓王不賞，又奪其政，聃雖射王，非莊公意。又《詩敘》云：「桓王失信，諸侯背叛。」明桓王之非也〔二七〕，下富辰又曰：「平、桓、莊、惠皆受鄭勞。」明各異人，不爲誤也。○《舊音》：祝聃，上音粥，下音南。○《補音》：祝聃，上之六反，下乃甘反。「聃」字又有它甘反〔二八〕，即老子名也。○《校文》：若如唐說「桓」作「惠」，則「莊」當作「厲」，厲平子頹之亂，莊不與惠相當。然韋說是也。○《增注》：桓王之伐鄭也，鄭祝聃請從之，莊公曰：「君子不欲多上人，況敢陵天子乎？苟自救也，社稷無隕，多矣。」夜使祭足勞王，且問左右。此可見其非莊公意矣。○秦鼎：大勛，與下「小忿」、「小怨」應。又云：鄭莊無罪，桓王奪其政，已非。又桓王受鄭莊勞，惠王受鄭厲勞，是各異人也，本文非誤。**凡我周之東遷**〔二九〕**，晉、鄭是依；**東遷，謂平王也。《晉語》曰「鄭先君武公與晉文侯戮力一心〔三〇〕，股肱周室，夾輔平王」是也〔三一〕。◎志慧按：《左傳·隱公六年》：「周桓公曰：『我周之東遷，晉、鄭焉依。』」二語義同。**子頹**〔三二〕**之亂，又鄭之由定**〔三三〕**。**子頹，周莊王之子、惠王叔父也〔三四〕，篡王而立〔三五〕。惠王出居鄭，厲公殺子頹而納之〔三六〕。事在《周語上》。○秦鼎：子頹事，在莊公十九年、廿一年等傳。**今以小忿棄之，是以小怨置大德也，無乃不可乎！**置，猶廢也〔三七〕。《詩》云：「忘我大德，思我小怨。」**且夫兄弟之怨，不徵於它，**徵，召也。它，謂翟人〔三八〕。○《爾雅·釋言》：徵，召也。○《平議》：徵，猶證也。不徵於他，言兄弟雖有怨，不就他人而證驗其是非也，韋注失之。○《集證》：此語不知是否出於當時俗諺，否則，韋訓爲召，即指徵狄人伐鄭之事，於文上下承應爲長。○《辨正》：「兄弟之怨」四句説的是常理，與上文所引古「語」「兄弟讒鬩，侮人百里」及《詩·小雅·常棣》「兄弟鬩于牆，外禦其侮」同，故而此「它」當係一般性的他人，而非專指篇中的翟人。韋注釋「利乃外」爲「外利在翟」，其誤同此。◎志慧按：韋昭承《爾雅》之後釋「徵」爲召，於古有據，於文義似亦無誤，如上文「王怒，將以翟伐鄭」可爲其證，然近讀《吴銘訓詁劄記》之《〈孟子〉「徵於色，發於聲，而後喻」補證——兼説〈國語〉「徵於他」》，謂「原文自含訓詁，無勞外求」，「徵」猶「章」，「徵」、「章」皆可訓「明」，「怨徵於他」、「章怨」猶《戰國策·燕三》「不内蓋寡人，而明怨於外」，「兄弟之怨不徵於他」意近後世所謂「家醜不可外揚」，恐外窺其利。釋義較韋昭、俞樾等縝密。**徵於它，利乃外矣。**外，利在翟。〇户埼允明：義所以生利也，故以義爲利，義立則利在其中。今徵於它而棄兄弟，是外利也。**章怨外利，不義；**章，明也。**棄親即翟，不祥；**祥，善也。棄親，出翟師以伐鄭〔三九〕。〇《爾雅·釋詁》：祥，善也。〇《説文·示部》：祥，福也。**以怨報德，不仁。**言鄭有德於王，王怨而伐之，是爲不仁。

夫義，所以生利也；祥，所以事神也；仁，所以保民也。保，養也。〇《增注》：保，安有也。〇秦鼎：《禮記》云：「以怨報德，刑戮之民也。」《易·文言》云：「利，義之和也。」《晉語》：「義者，利之足也。」《成十五年傳》云：「義以建利，詳以事神。」詳、祥同。**不義則利不阜，**阜，厚也。〇賈逵：阜，厚也（《文選》陸佐公《石闕銘》李善注引）。**不祥則福不降，不仁則民不至。**

古之明王不失此三德者，三德〔四〇〕，仁、義、祥也。**故能光有天下，**光，大也。〇《集證》：光無大義，蓋假爲「廣」，謂廣有天下也。下文「叔父若能光裕大德」，韋解云「光，廣也」，是矣。《鄭語》「夫其子孫必光啓土」，韋訓爲大，亦當訓廣也。《詩·周頌·敬之》「學有緝熙于光明」，毛傳：「光，廣也。」僖公十五年《穀梁傳》「德厚者流光」，《荀子·禮論篇》「積厚者流澤廣」，其義同也。是光假爲「廣」，古籍多有也。◎志慧按：《爾雅·釋詁》：「熙，光也。」《周語下》：「熙，廣也。」《尚書·堯典》：「允釐百工，庶績咸熙。」孔傳亦云：「熙，廣也。」以遞訓之法釋「光」爲廣並無不妥，張氏所引《詩·敬之》毛傳亦並不以爲通假，而徑云：「光，廣也。」如此，則韋注亦不便輕議。**而龢寧**

百姓〔四二〕，令聞不忘。不忘，言德及後代也。王其不可以棄之。」王不聽。

【彙校】

〔一〕曰，遞修本作「口」，字殘。

〔二〕明道本、正統本「人」上有「古」字，《考正》從補，似不可必。

〔三〕《標注》：「侮人，不通，疑當作『禦人』。」據韋注，或是也。

〔四〕侮，遞修本同，明道本作「佷」，正統本、《增注》作「狠」，「佷」、「狠」通，《爾雅·釋言》《元龜》卷五三四引作「恨」，「恨」與「狠」、「很」古皆有相通者，下文「以讒言相違狠」、「雖己相狠」各本同，則此韋注作「侮」者係涉下「侮人百里」而誤，《考正》、《略説》、户埼允明、秦鼎改從明道本，是。

〔五〕狠，正統本同，《補音》出「很」，並云「户墾反，本或作『恨』者，非」。明道本作「佷」，遞修本作「很」，「狠」俗，「佷」、「很」古每同作。次同。

〔六〕猶禁禦它人，正統本同，明道本「它」作「他」，張一鯤本亦作「他」，疑從俗改，《説文》有「它」無「他」，次同，下文凡公序本作「它」明道本、正統本作「他」者不再出校。

〔七〕諭，静嘉堂本、弘治本作「踰」，後者誤。

〔八〕旦，静嘉堂本、弘治本作「是」，後者誤。

〔九〕《常棣》之篇，正統本作「《常棣》之詩」，明道本作「《棠棣》之詩」，「常」通假字，「棠」本字，《毛詩》作「常」，疑明道本出本字，次同。

〔一〇〕然，明道本作「猶」。

〔一一〕周室既衰，明道本、正統本作「周衰」，《考正》從後者，據義可從。

〔一二〕明道本不重「親」字，《考異》從重，疑明道本脱。

〔一三〕明道本無「之樂絶」三字，疑脱，《考異》、《集證》以爲當補，上海師大本徑補，可從。

〔一四〕召，明道本、遞修本作「邵」，義符加旁字也，次同。静嘉堂本、弘治本作「郡」，形訛，下「召康公」作「邵康公」，則是與遞修本同。遞修本表姓氏之「召」多不從邑，似金李本優。

〔一五〕脩，正統本同，張一鯤本作「修」，明道本作「循」，後二本無「作」字，疑「脩作」不詞。

〔一六〕失之，明道本作「先之」，後者字之訛也。

〔一七〕明道本無「穆公虎」三字，疑脱。

〔一八〕去，正統本同，明道本作「至」，於史實後者誤。

〔一九〕雖已相狠，明道本、遞修本、正統本「已」作「内」，與「外」相對，作「内」是也。正統本「狠」字作空格處理，影鈔本以朱筆補作「狠」，明道本本句作「雖内相恨」，遞修本、葉邦榮本「狠」作

「很」，秦鼎從作「雖内相很」，可從。

〔二〇〕明道本、正統本句首有「乃」字，依釋例似不當有。

〔二一〕宜臼，静嘉堂本、弘治本、許宗魯本同，明道本、遞修本作「宜咎」，「臼」、「咎」通，戰國楚竹書中屢見。

〔二二〕「孫」後，明道本有「文」字，疑衍；明道本無「泄父」二字，疑脱，上海師大本徑依公序本，是。

〔二三〕「鄭武公」下，明道本尚有「之子莊公寤生」六字，以卿士夾輔平王東遷洛邑者係武公，而非莊公，有者衍。夾輔，《舊音》出「挾輔」，《補音》謂善本但作「夾」，不加手。其下明道本、正統本有「周室」二字。

〔二四〕明道本無「入郟」二字，「入郟」亦屬「以王命討不庭」之例，事載《左傳・魯隱公十年》，無者脱。

〔二五〕明道本無「王」字，脱。

〔二六〕明道本無「鄭」字，脱。

〔二七〕明桓王之非也，明道本無「王」字，正統本有，無者疑脱。

〔二八〕張一鯤本作「他甘切」，擅改，秦鼎本同張一鯤本。

〔二九〕明道本、正統本、閔本無「凡」字，秦鼎、《考異》、《斠證》皆以無者爲是，《左傳・隱公六年》亦無，但《元龜》諫諍部十二引已有之。

〔三〇〕侯，明道本作「公」，然《晉語四》各本俱作「侯」。《補音》：「注引『戮力一心』，據字書及經史，當用此『勠』字，從力。《説文》從戈者殺也，從力者并力也，檢此書諸本並用此『戮』字，將傳寫之誤，或古字通用？」宋庠分析在理，然不如段玉裁説之融通，《説文・戈部》「戮」段注：「勠力，字亦叚『戮』爲『勠』。」下「戮」、「勠」不再出校。一心，明道本作「同心」。

〔三一〕明道本、正統本無「夾」字，疑脱。明道本、正統本無句末「是」字。

〔三二〕穨，遞修本、正統本、静嘉堂本同，明道本、弘治本作「頽」，史傳多作「頽」，注同。

〔三三〕由，明道本、正統本作「繇」，「由」、「繇」古通。

〔三四〕惠王叔父，明道本、正統本作「惠王之叔父」。

〔三五〕簒王，明道本、正統本作「簒惠王」，《元龜》諫諍部十二引有「惠」字。

〔三六〕明道本、正統本、《元龜》諫諍部引重「鄭」字，可據補，《考正》即從補。

〔三七〕明道本、正統本無「猶」字。

〔三八〕明道本句後有「伐鄭也」三字。

〔三九〕翟，遞修本、静嘉堂本、弘治本作「狄」，與正文不一，依公序本例似當整齊作「翟」。

〔四〇〕明道本無「德」字，當脱。

〔四一〕龢，明道本、正統本作「和」，於音曰龢，於味曰和，然亦常通作，在用字過程中還被視爲異體字，史載共伯和攝王政，師毀簋作「伯龢父」，公序本多作「龢」，間亦作「和」，後不備述。

十七年，王降翟師以伐鄭。降，下也。○帆足萬里：翟地高，故曰降。

2 富辰諫襄王以翟女爲后〔一〕

王德翟人，將以其女爲后，◎志慧按：《左傳·僖公二十四年》：「夏，狄伐鄭，取櫟。王德狄人，將以其女爲后。」可互參。富辰諫曰：「不可。夫婚姻，禍福之階也。階，梯也。利内則福由之〔二〕，利外則取禍。○秦鼎：或云：利内，言利在内也；利外，言利在外也。今按：利内，利内親也；利外，利外人也。太室云：内，同姓也。外，異姓也。今王外利矣，樹利於翟。其無乃階禍乎〔三〕？昔摯、疇之國也由太任〔四〕，摯、疇，二國，任姓，奚仲、仲虺之後，大任之家也〔五〕。大任，王季之妃，文王之母。《詩》云：「摯仲氏任。」又曰：「思齊大任，文王之母〔六〕。」○《補音》：大任，上它蓋反，後大姒、大姜、大王、大姬注並同。○《發正》：《詩·大明》鄭箋：「摯國中女曰大任，從殷商之畿内嫁於周。」是以摯爲商畿内國。《説文》：「汝南平輿有摯亭。」劉昭注《續漢志》引作「摰」，蓋古摯國地，「摰」、「摯」古通用。《鄭語》「依、𩁹、歷、華」，《詩譜》𩁹作「疇」，然則疇亦濟、洛、河、潁四水間國，去摯不遠。○《釋地》：摯、疇，二國名，摯，今汝寧府汝陽縣有摯亭。疇，今平陽府襄陵縣有犨氏鄉，或云古疇國。◎志慧按：譚沄之時，今河南省駐馬店地區是否有一個名爲摯亭的所在，尚需存疑，《後漢書·郡國志》「汝南郡，平輿」自注云：「有摯亭，見《説文》。」今駐馬店下轄的平輿縣古槐鎮有一摯地遺址，屬縣級文保單位，或即此也。**杞、繒由大姒**[七]，杞、繒，二國，姒姓，夏禹之後，大姒之家也。大姒，文王之妃，武王之母。○《補音》：繒，才陵反。○《發正》：《通志·氏族略》二（「曾」姓）「鄫」亦作「繒」，《方輿紀要》云今兗州府嶧縣東有鄫城。◎志慧按：《左傳·襄公六年》：「莒人滅鄫，鄫恃賂也。」杜注：「鄫有貢賦之賂在魯，恃之而慢莒，故滅之。」鄫地在今山東蒼山（蘭陵）縣境内。文獻載杞之獲封蓋因其係夏後，乃「興滅國」之顯例，此云「由大姒」，蓋姒姓之女成了文王之后、武王之母，與黄帝姬姓、「有嬀之後」的田齊奉黄帝爲宗等皆吾族早期族群認同過程中的有趣案例，頗可注意。**齊、許、申、吕由大姜**，四國皆姜姓，四岳之後、大姜之家。大姜，大王之妃、王季之母。○《左傳·隱公元年》正義：言由大姜而得封也。○《補正》：許，即潁川許昌。申，在南陽郡宛縣，故申伯國。吕，在鄧州南陽縣西。**陳由大姬**，陳，嬀姓，舜後。大姬，周武王之女[八]、成王之姊。《傳》曰：「以元女大姬配虞胡公而封諸陳。[九]」○《舊音》：嬀，九爲反。○《正義》：陳之始封，在于商初，此言陳由太姬者，商衰而陳失國，此詳周初復得續封之由耳。○《釋地》：陳，侯爵，嬀姓，舜後，在今河南陳州府淮寧縣。**是皆能内利親親者也**。内利，内行七德。親親，以中固其家。○秦鼎：内利，利之在内也。○《補正》：七德，當即指下「尊貴」七事。○《辨正》：據前文「兄弟之怨不徵於它，徵於它，利乃外矣」及「今王外利矣」等語考察，利之内外並非指稱主人公的品德行爲，故韋注所謂「行淫辟，求利於外，不能親親」不僅是憑空臆測之辭——事實上，密須之伯姞、聃之鄭姬、息之陳嬀、鄧之楚曼皆未聞有惡德敗行，亦與内利、外利無所關涉。◎志慧按：綜觀上述諸例，此「内利」當指藉由政治聯姻而獲得更大的政治利益。

【彙校】

〔一〕公序本與明道本、正統本俱將下一章合並於上，雖然言主同爲富辰，但兩部分皆有各自獨立的三段式結構（起因——嘉言善語——諫止的結果），基於《國語》敘事的這種特色，兹特予分疏，並仿上海師大校點本施題。劉懷愳本正將此分疏，並施題曰：「富辰諫取翟女。」

〔二〕本句明道本、正統本、監本作「由之利内則福」，《斠證》據文氣疑公序本非，可從。明道本句下有韋注「利内，娶得偶而有福也」九字，疑公序本脱，《考正》從補。

〔三〕明道本、正統本句下有韋注：「爲禍階也。」《考正》從補，但《元龜》諫諍部十二引無之。階，弘治本作「皆」，後者誤。

〔四〕國，《集解》疑當爲「興」，涉注「二國」而譌，下言亡，此言興，蓋對文也，唯「國」於此亦可用作動詞，故其説不可必。太任，明道本、遞修本、静嘉堂本、弘治本、張一鯤本、秦鼎本、《文章類選》卷二〇及金李本韋注俱作「大任」，金李本正文與注文不一。作爲姓氏之任，金文如格伯簋等亦書作「妊」，妊、任皆從「壬」字孳乳而來，義亦相通。

〔五〕大任之家也，正統本、《史記·周本紀》集解、《元龜》引同，明道本無之，疑脱。

〔六〕「又曰」及以下凡十字，明道本作八個「□」。《補正》徑删，似不當遽删。

〔七〕繒，《增注》謂當作「鄫」，注同。《左傳》作「鄫」，《穀梁傳》作「繒」，則古本有作「繒」者，疑因其物産而從糸，因其城邦則從邑。

〔八〕明道本、正統本「女」前有「元」字，似有者稍長。

〔九〕諸，明道本、正統本作「之於」。

「昔鄢之亡也由仲任〔一〕，鄢，妘姓之國，仲任氏之女〔二〕，爲鄢夫人。唐尚書云〔三〕：「鄢爲鄭武公所滅，非取任氏而亡也。」昭謂：幽王爲西戎所殺而《詩》言「褒姒滅之」〔四〕，明禍有所由也。

○恩田仲任《備考》：按《潛夫論·志氏姓》云：「鄢取仲任爲妻，貪冒愛悋，蔑賢簡能，是用亡邦。」

○《正義》：或謂鄢國遠在楚境之西南，非鄭武所得取。鄢别有冒色而亡，與鄭武所取之鄢恐非一地，況鄭取虢、鄶之鄢邑，非滅鄢國也。鄢既是邑，則鄢安得有夫人邪？是與韋異義。○《釋地》：鄢國故城在陳州府鄢陵縣西南四十里。　○《集解》：考《路史·國名紀》，楚亦有鄢都，在今湖北宜城縣，與鄭之鄢陵有別，此文「隱」不知孰指。**密須由伯姞**，伯姞，密須之女也。《傳》曰：「密須之鼓」、「闕鞏之甲」，此則文王所滅而獲鼓甲也。《大雅》云：「密人不恭，敢距大邦。」不由嫁女而亡。《世本》云：「密須，姞姓[五]。」　○《增注》：伯姞，似非密須之女，蓋與下「鄶由叔妘」同，密須之君娶同姓女也，此亦可謂明禍之所由也。　○秦鼎：伯姞，蓋密須同姓之國女，密須亦娶同姓而亡。　○《發正》：密須滅於恭王，不滅於文王也。密須姞姓，取伯姞，即指同姓三女奔之之事，與鄶由叔妘、聃由鄭姬皆是取同姓以致滅亡一例，韋云不由嫁女而亡，大謬。　○《釋地》：杜預曰：「密須，姞姓國，在安定陰密。」今涇州靈臺縣也。　◎志慧按：文王所滅之密須，姞姓，《世本》已言之；滅於恭王者爲姬姓密，見前《密康公母論小醜備物終必亡》韋注，《發正》混爲一談，其後吴曾祺《補正》復因襲其説。姞姓密滅亡之由，文獻所載者如下：《詩·大雅·皇矣》：「密人不恭，敢距大邦，侵阮徂共。」位於今甘肅靈臺一帶的密國向涇水下游擴張，與向西擴張的周人迎頭撞上，故云「不恭」；至於密須之鼓，頗似「匹夫無罪，懷璧其罪」。其後之姬姓密，三女奔康公，康公不獻，遂亡，原因與前述相類；至於「由伯姞」，除韋注「密須之女也」而外，並無其他可證，或者起因於由伯姞而來的政治衝突。**鄶由叔妘**，鄶，妘姓之國。叔妘，同姓之女，爲鄶夫人。唐尚書云：「亦鄭武公滅之，不由女亡也。」昭謂：《公羊傳》曰：「先鄭伯有善乎鄶公者，通於夫人，以取其國。」此之謂也。　○《舊音》：鄶，古外反。　○《正義》：《水經・洧水注》引《竹書紀年》：「晉文侯二年，同王子多父伐鄶，克之，乃居鄭父之丘，名曰鄭，是曰桓公。」王應麟曰：「鄶有疾恣之詩。富辰曰：『鄶由叔妘。』」案：《隰有萇楚・序》：「國人疾其君之淫恣，而思無情慾者。」王氏引以證叔妘之事。　○《釋地》：鄶，妘姓國，故城在開封府密縣東北五十里。　○《補正》：鄶，即檜，在滎陽密縣東北。**聃由鄭姬**，聃，姬姓，文王之子聃季之國。鄭姬〔六〕，鄭女，爲聃夫人。同姓相取〔七〕，猶魯昭公取於吴矣，亦其黷〔八〕姓，所以亡。○賈逵：〔聃，〕文王子聃季之國也（《史記・管蔡世家》索隱引，王、汪、黄輯）。　○《釋地》：《路史》：「冉，伯爵，本作冄，京兆今有阝冄亭。」案：《廣韻》阝冄亭在鄭，然則聃國在同州府華州界，去鄭不遠。　○《補正》：聃無考，賈逵《左傳》那處當之，未知確否。　◎志慧按：聃侯娶鄭姬自是同姓相娶，然其亡國原因無考，不知韋昭何由斷定其黷姓所以亡。**息由陳嬀**，息，姬姓之國。陳嬀，陳女，爲息侯夫人〔九〕。蔡哀侯亦取于陳，息嬀將歸，過蔡，蔡哀侯止而見之，弗賓。嬀以告，息侯導楚伐蔡。蔡侯怨，因稱息嬀之美於楚子，楚子遂滅息〔一〇〕，以息嬀歸。　○《正義》：《地理志》汝南郡有新息縣，故息國也，蓋本自他處而徙此也。　◎志慧按：息亡事見載《左傳・莊公十年》、《十四年》，今河南息縣即其故地。**鄧由楚曼**，鄧，曼姓。楚曼〔一一〕，鄧女，爲楚武王夫人，生文王。過鄧而利其國〔一二〕，遂滅鄧而兼之。　○《正義》：鄧城，在今河南許州郾城縣東南三十五里。　○《釋地》：鄧，侯爵，故城在今湖北襄陽府襄陽縣東北二十里。　◎志慧按：《左傳・莊公六年》記楚文王滅鄧。鄧城遺址位於湖北樊城北約六公里處團山鎮鄧城村，地望與譚沄所釋者相合，其中曾出土鄧公牧簋及春秋早期卜骨，《正義》謂在河南者無據。**羅由季姬，**羅，熊姓之國。季姬，姬氏之女〔一三〕，爲羅夫人〔一四〕。○《補正》：羅在今湖北岳州府，平江縣南三十里有羅城。**盧由荆嬀**〔一五〕，盧，嬀姓之國。荆嬀，盧女，爲荆夫人。荆，楚也。○《春秋·莊公十年》「荆敗蔡師于莘」杜注：荆，楚本號，後改爲楚。○秦鼎：陳嬀事見《莊十年》，楚曼事見《莊六年》，季姬、荆嬀，今無所考。又云：盧國，楚滅而縣之，故文十四年楚子燮、子儀作亂，盧戢黎殺之。○《補正》：盧，在今湖北襄陽府南漳縣東五十里，有中盧故城。**是皆外利離親者也。」**外利，行淫辟〔一六〕，求利於外〔一七〕，不能親親，以亡其國。○《略説》：蓋諸國之亡多不經見，舊注曲解，難依據。○《增注》：外利，遺利於外也。◎志慧按：考富辰之意，在提醒襄王華夏内部聯姻之重要，以及不當婚姻之貽禍，不知韋昭何以將「外利」與「行淫辟」聯繫起來。

【彙校】

〔一〕鄢，正統本同，《補音》：「本或作『傿』，古字疑通。」明道本作「⿰阝焉」，注同，《潛夫論·志氏姓》作「鄢」，疑明道本移易偏旁。

〔二〕明道本、正統本「仲任氏」前有「取」字，此疑脱。

〔三〕云，明道本、正統本作「曰」。

〔四〕滅，静嘉堂本、弘治本同，遞修本、許宗魯本、《舊音》出「烕」，後者並云「火悦反，從火、戌，謂陽氣至戌而盡，諸本或作『滅』」，《補音》：「《舊音》所引，《説文》訓也，《詩》音亦同呼悦反。」

〔五〕姑，静嘉堂本、弘治本作「姑」，後者形訛，但其正文不誤。

〔六〕明道本無「鄭姬」二字，疑脱。

〔七〕取，明道本、正統本作「娶」，次同。明道本多改古字爲今字。

〔八〕黷，正統本同，明道本作「嬻」，《補音》：「本或作『瀆』。」三字古皆有通作者。

〔九〕明道本、正統本無「侯」字。

〔一〇〕明道本無二「楚子」之「子」字，疑脱。

〔一一〕明道本無之前「鄧曼姓楚」四字，疑脱，上海師大本徑補。

〔一二〕明道本句首重「文王」二字，《考異》斷公序本脱，《考正》、秦鼎改從明道本，是。

〔一三〕明道本、正統本無「之」字。

〔一四〕明道本、正統本下有「而亡其國也」五字。

〔一五〕盧，明道本、正統本作「盧」，《四庫薈要》據明道本改，是，注同。

〔一六〕辟，明道本、正統本作「僻」，「辟」通假字，「僻」本字。

〔一七〕秦鼎云：「求利，疑『樹利』訛。」説雖有理，然無據。

王曰：「利何如而内，何如而外？」對曰：「尊貴、明賢、庸勳、長老、明，顯也。庸，用也。勳，功也。長老，尚齒也。　○《爾雅·釋詁》：勳，功也。**愛親、禮新、親舊。**親，六親也。新，新來過賓也。舊，君之故舊也〔一〕。　○龜井昱：新者，新家、新臣之新，非過賓也。　○賈逵：愛，親也（釋慧琳《一切經音義》卷四十一引）。**然則民莫不審固其心力以役上令，**役，爲也。　○賈逵：審，信也（《令集解》卷二引《玉篇》）。　○《增注》：役，使役也。**官不易方，**方，道也。　◎志慧按：《莊子·人間世》：「與之爲無方，則危吾國；與之爲有方，則危吾身。」郭注引李云：「方，道也。」可爲韋注旁證。**而財不匱竭，**貢賦有品，財用有節，不乏盡也。　◎志慧按：韋注所云雖屬或有之事，但以「貢賦有品，財用有節」釋「財不匱竭」，不免有增字解經之嫌。**求無不至，動無不濟。**　○秦鼎：上行七德，則民心不偷而奉上也。求，上求財也。動，上動事也。**百姓兆民，**百姓，百官〔二〕也。官有世功，受氏姓也。十億曰兆〔三〕。　○《增注》：百姓，凡士民之有族姓者也。**夫人奉利而歸諸上，是利之内也。**夫人，猶人人也。**若七德離判，民乃攜貳，**判，分也。攜，離也。七德，謂「尊貴」至「親舊」。**各以利退，**以利，利其身而去。退，自營也〔四〕。**上求不暨，是其外利也。**暨，至也。　○秦鼎：外利，利之在外，不在我也。　○《補正》：「上求」句即寫攜貳之狀，謂上雖求之而不至也。夫翟無列於王室，列，位次也。鄭伯，南也，王而卑之，是不尊貴也。賈侍中云：「南者，在南服之侯伯。」或云：「南，南面君也。」鄭司農云：「南謂子男。鄭，今之新鄭〔五〕。新定之於王城爲在畿内〔六〕，畿内之諸侯雖爵於侯伯〔七〕，周之舊法皆食子男之地。」昭按〔八〕：《内傳》：子產爭貢，曰：「爵卑而貢重者〔九〕，甸服也。鄭伯男也，而使從公侯之貢，懼弗給也〔一〇〕。」以此言之，鄭在男服明矣〔一一〕。周公雖制土〔一二〕，中設九服，至康王而西都鎬京〔一三〕，其後衰微，土地損減，服制改易〔一四〕，故鄭在男服。禮：畿外之侯伯世位〔一五〕。其見待重於采地之君〔一六〕，故曰「是不尊貴之」〔一七〕也。○王肅：鄭，伯爵而連男言之，猶言曰公侯，足句辭也（《左傳·昭公十三年》正義引，汪、黄輯）。○《補校》：其實南、男通，《論語》「子見南子」孔注「舊以南子者」，孔疏本、《釋文》本俱作「等以爲男子者」。秦鼎云：「《昭十三年》孔疏引此文作『鄭伯，男也』，《家語·正論解》亦曰：『鄭伯，男也。』蓋男、南古音通用，王肅云：『鄭，伯爵而連男言之，猶曰公侯，足句辭也。』又按：伯，男爵本卑，今曰尊貴者，對翟言之也。」○《補正》：「南」、「男」古字通，《内傳》作「鄭伯男也」。○《國語疑義新證》：各家以「伯南」連讀，皆非也。「男」訓「任」（指所任之職業），言鄭在伯爵之位，應承擔與此相應之職貢。◎志慧按：「任」之職業義較後起，恐不宜訓此「南」字；漢人聲訓多穿鑿，如《白虎通·嫁娶》「男者，任也，任功業也」説似不可遽信。諸説中仍以鄭衆與韋昭爲合於典制與文理。翟，豺狼之德也。鄭未失周典，王而蔑之，是不明賢也。蔑，小也。○賈逵：

懱，棄也（釋慧琳《一切經音義》卷十六引）。○《發正》：《方言》：「小，江淮、陳楚之内謂之蔑。」《法言·學行篇》：「視日月而知衆星之蔑也，仰聖人而知衆説之小也。」是「蔑」與小同義。○《補正》：蔑，棄也，不訓小。◎志慧按：「蔑」有棄義，亦有小義、輕義，韋注無誤。**平、桓、莊、惠皆受鄭勞，王而棄之，是不庸勳也。**平王東遷，依鄭武公；桓王即位，鄭莊公〔一八〕佐之。莊，桓王之子莊王它也〔一九〕。惠，莊王之孫、僖王之子惠王毋涼也〔二〇〕，爲子穨〔二一〕所篡，出居於鄭，鄭厲公納之。自平王以來，鄭世有功，故曰「皆受鄭勞」。勞，功也。**鄭伯捷〔二二〕之齒長矣，王而弱之，是不長老也。**捷，鄭文公之名。弱，猶稺〔二三〕也。○《正義》：是時，鄭文公即位已三十四年。**翟，隗姓也，**隗姓，赤翟。○《集解》：赤狄與北狄不同，赤狄乃錯居中國之一種，北狄乃與貉皆在北者。北狄亦稱白狄。**鄭出自宣王，王而虐之，是不愛親也。**鄭桓公友，宣王之弟〔二四〕。出者，鄭國之封出於宣王之世。**夫禮，新不閒舊，**閒，代也。○《爾雅·釋詁》：閒，代也。○《增注》：閒，離閒也，新閒舊，《内傳》所謂「六逆」之一，新不閒舊是禮也。◎志慧按：《左傳·隱公三年》「遠閒親，新閒舊」孔疏：「閒，謂居其閒使彼疏遠也。」《爾雅·釋詁》：「閒，代也。」韋昭「以《爾雅》齊其訓」，此其例也。郭注：「閒錯，亦相代。」邢疏：「謂閒廁交錯，亦相更代也。」《尚書·益稷》「笙鏞以閒」僞孔傳：「閒，迭也。」「迭」即「更迭」、「更代」之意，孔疏：「《釋詁》云：『閒，代也。』孫炎曰：『閒廁之代也。』《釋言》云：『遞，迭也。』李巡曰：『遞者，更迭，閒厠相代之義。』故閒爲迭也。」閒舊，謂以新寵雜廁於舊臣之間，以致疏離、更迭舊臣也。釋「間」爲「離」或「離間」（如《晉語》「且夫間父之愛而嘉其況，有不忠焉」，韋注：「間，離也。」）與釋「間」爲「代」或「迭代」各有所當。**王以翟女間姜、任，非禮，且棄舊也。**姜氏、任氏之女世爲王妃嬪，今以翟女代之，爲棄舊也。○秦鼎：舊說：「夫禮」句，「新不間舊」句，此本石碏語，文義甚穩，但「禮新」，七德之一也，今「夫禮」爲句，則一德没而不見，亦心所不安，且上五德，每德詳説，此禮新、親舊二德混不分明，恐本文有脱誤，今不可考爾。◎志慧按：翟女爲新寵，王本欲優容過禮，進言者自不必推波助瀾，揭出「新不間舊」的原則及王之所爲非禮新之道且棄舊，即涵蓋了禮新與親舊二德，秦鼎疑所不當疑。**王一舉而棄七德，臣故曰利外矣。《書》有之曰：『必有忍也，若能有濟也。**［二五］』《書》，逸書也。若，猶乃也。濟，成也。言能有所忍，乃能有成功。○《爾雅·釋言》：濟，成也。○賈逵：濟，成也（釋慧琳《一切經音義》卷七及三十二引）。○《正義》：《宣十五年傳》伯宗曰：「山藪藏疾，瑾瑜匿瑕，國君含垢，天之道也。」舉天道以明君道也。**王不忍小忿而棄鄭，又登叔隗以階翟。**階，階翟禍也。○龜井昱：「階」受「登」字，注「禍」字贅。○《集解》：叔隗，猶云隗姓次女也，《内傳》渾稱隗氏。**翟，封豕豺狼也，不可厭也**［二六］。」封，大也。厭，足也。**王弗聽**［二七］。

【彙校】

〔一〕明道本不重「親」、「新」、「舊」三字，將三條釋文並置於所釋之詞之後。

〔二〕百官，静嘉堂本、弘治本、金李本原作「直官」，疑爲刻工之誤，遞修本、正統本、秦鼎本皆不誤，兹據改。

〔三〕此四字遞修本、静嘉堂本、弘治本、金李本原置於下文「夫人猶人人也」之前，《略説》、秦鼎皆謂當依明道本移正，正統本同明道本，今從之。

〔四〕明道本、正統本無「退自營也」四字，疑脱，影鈔正統本有「退自營」三字，是可證本有。

〔五〕明道本、正統本無「之」字。

〔六〕定，明道本、遞修本、正統本俱作「鄭」，遞修本稍顯模糊，作「定」者疑係後起補版之誤，《訂字》已指作「定」者非，《考正》、户埼允明、《增注》、秦鼎從明道本，是。明道本、正統本無「爲」字，疑一本作「爲」，一本作「在」，傳抄者誤合之也。

〔七〕於，明道本、遞修本、正統本作「有」，秦鼎引或説云：「於，疑『爲』之誤。」然無據。

〔八〕按，明道本作「案」。

〔九〕明道本、正統本無「爵」字，《左傳·昭公二十六年》無之，《考正》從無。

〔一〇〕弗，明道本同，正統本作「不」，《左傳·昭公十三年》作「弗」。

〔一一〕男，明道本作「南」，下「男服」同。矣，明道本作「侯也」二字，《考異》謂「矣」、「侯」形近，因誤，又衍「也」字，皆是也。

〔一二〕土，静嘉堂本、弘治本作「士」，後者誤。

〔一三〕鎬，明道本作「鄗」，通假。

〔一四〕服制，明道本作「車服」。

〔一五〕位，明道本作「謂」，並屬下讀，《考正》疑公序本誤，是。

〔一六〕采，金李本原作「宋」，蓋刻工之誤，静嘉堂本、弘治本、張一鯤本同其誤，遞修本、正統本、許宗魯本、李克家本、秦鼎本皆不誤，兹據改。

〔一七〕尊貴之，遞修本同，明道本、正統本、《增注》與秦鼎本皆無「之」字，《訂字》、《考正》、户埼允明從無，疑有者衍。

〔一八〕明道本、正統本無「公」字。

〔一九〕它，《舊音》：「它，音陀。」《補音》：「徒何反。」明道本作「他」，《補正》謂當作「它」，是。

〔二〇〕毋涼，明道本、正統本只作「涼」，辨見前。《補正》謂涼宜作「閬」，其實二字古通作。遞修本、秦鼎本無「毋」作「母」，形訛。

〔二一〕子積，明道本作「穨」一字。

〔二二〕捷，《春秋公羊傳》作「接」，古音近相通。

〔二三〕穉，明道本、正統本作「稚」，《説文·禾部》「穉」下段注：「今字作稚。」穉、稺異體。

〔二四〕弟，明道本、正統本作「母弟」，陳樹華據《史記·鄭世家》「桓公爲宣王之庶弟」斷有「母」字者衍。

〔二五〕《僞古文尚書·君陳》「若能」作「其乃」。

〔二六〕厭，正統本同，明道本作「猒」，《説文·甘部》：「猒，飽也。」《厂部》：「厭，笮也。」則「猒」本字，「厭」通假字。

〔二七〕弗，明道本、正統本作「不」。此三字明道本、正統本屬上，此係上一故事的結局，宜屬上，今從之。

十八年〔一〕，王黜翟后。十八年，魯僖二十四年也〔二〕。黜，廢也。翟后既立，而通於王子帶〔三〕，故廢之〔四〕。○賈逵：黜，廢也（釋慧琳《一切經音義》卷四十一引）。翟人來誅，殺譚伯。誅，責也。翟人奉子帶以攻王〔五〕，而殺譚伯。譚伯，周大夫〔六〕。○唐固：譚伯，周大夫原伯毛伯也〔七〕（《史記·周本紀》集解引，王、汪、黄輯）。○梁玉繩《史記志疑》卷三：集解引唐固曰：「譚伯，周大夫原伯、毛伯也。」索隱謂：「《國語》譚伯而《左傳》原伯，唐固據《傳》文讀『譚』爲『原』，然春秋有譚，何妨此時亦仕王朝，預獲被殺。《國語》既云殺譚伯，故太史公依之，不從《左傳》也。」索隱甚謬，唐固引

《傳》文，正以著「譚」、「原」之異，未嘗讀「譚」爲原，而譚久爲齊桓公所滅，此時安得有之？蓋《國語》誤，小司馬不糾《史》之誤，從《國語》而妄爲之徵。**富辰曰：「昔吾驟諫王，王弗從**〔八〕**，以及此難**〔九〕。**若我不出，**○帆足萬里：出，出戰也。**王其以我爲懟乎！」乃以其屬死之。**帥其徒屬以死翟難〔一〇〕。

【彙校】

〔一〕此下明道本別行，其内容係周王欲以翟女爲后的結果，當屬上。《述聞》據《國語》、《左傳》相關記載謂「十八」當爲「十七」，《考異》、《集解》從之，是。

〔二〕魯僖，明道本、正統本作「魯僖公」。

〔三〕明道本、正統本無「於」字，疑脱。

〔四〕明道本、正統本「廢之」前有「王」字，秦鼎從有。

〔五〕明道本、正統本無次「以」字。

〔六〕周大夫，明道本、正統本下有「原伯毛也」四字。《札記》引惠棟語云：「索隱曰：唐固據《左傳》文，讀『譚』爲『原』。韋本唐義，蓋以毛爲原伯名，疑所據《内傳》文如此也。今《史記集解》載唐注作『譚伯，周大夫原伯毛伯也』。衍下『伯』字，與小司馬所説既異文，亦不詞，乃不知者用杜氏《内傳》文改之。」《考異》：「公序本無『原伯毛也』四字，案：『毛』字衍，唐固以譚伯爲原伯，韋注本唐，後人不解其義而妄删之。」梁玉繩所揭者史實，而黄丕烈、汪遠孫所考者文本流傳過程中之委曲，皆各有當。

〔七〕《輯存》斷「毛伯」二字衍，蓋後人以《左傳》加之，謂明以《外傳》之譚伯當《内傳》之原伯也，韋解本唐，謂明道本亦衍一「毛」字，是。

〔八〕弗，明道本、正統本作「不」。

〔九〕明道本、正統本句首有「是」字。

〔一〇〕翟難，明道本、正統本作「狄師」。

初，惠后欲立王子帶〔一〕，故以其黨啓翟人，言初者，惠后已死也。以其黨者，謂穨叔、桃子緣惠后欲立子帶，故以子帶之黨啓翟人伐周〔二〕。翟人遂入周，王乃出居于鄭，晉文公納之。王出適鄭，居于氾也。文公納之，而殺子帶〔三〕。在魯僖之二十五年〔四〕。○《正義》：此傳襄王適鄭居氾，此南氾也，杜預曰：「在襄城縣南。」

【彙校】

〔一〕本段公序本不别行，明道本則屬下章，其内容係前文周王以翟女爲后的補充，其本身不具備故事或言説的完整性，故亦當屬上。

〔二〕明道本、正統本「之」作「爲」、「啟」作「開」。

〔三〕明道本無「而」字。

〔四〕明道本、正統本「之」作「公」，遞修本、静嘉堂本、弘治本「二十五年」作「一十五年」，後者誤，許宗魯本亦從改作「二十五年」。

3 襄王拒晉文公請隧〔一〕

晉文公既定襄王于郟，郟，洛邑王城之地也。○《釋地》：郟，王城也，一名郟鄏。王勞之以地，王以其勤勞，賞之以地，謂陽樊、温、原、攢〔二〕茅之田。○賈逵：晉有功，賞之以地楊樊、温、原、欑茅之田也（《史記·周本紀》集解引）。○《集解》：勞，讀去聲。○楊伯峻《春秋左傳注·隱公十一年》：樊，亦名陽樊，今濟源縣東南約二十里有古陽城，當即其地。温，故城在今河南省温縣西稍南三十里。原，今河南省濟源縣北而稍西有原鄉，當即其地。欑音鑽營之鑽。欑茅，今河南省修武縣有大陸村者當即其地。**辭，**辭，不受也。◎志慧按：《括地志》卷二：「故温城在懷州温縣西三十里，本周司寇蘇忿生之邑。」二〇〇〇年，河南省考古所和焦作市文物隊經由對位於温縣城西一六千米處的招賢鄉上苑村北夯土高臺考古發掘，確定其地即温國故城遺址，故城東西長四〇〇米，南北寬三〇〇米。復次，《左傳・僖公二十五年》與《國語・晉語四・文公出陽人》俱載文公定襄之事，唯後二者皆無「勞之以地，辭」五字，在「王饗醴，命之宥（命公胙侑）」之後緊接「請隧」，結合《周語上》最後二篇突出晉文的正面形象以及本篇周天子勉勵晉文「更姓改物，以創制天下」之類不當話語，此五字疑爲敘述者之飾筆。**請隧焉。**賈侍中云：「隧，王之葬禮，闕[三]地通路曰隧。」昭謂：隧，六隧也。《周禮》：天子遠郊之内有六鄉[四]，則六軍之事也[五]；外有六隧，掌供王之貢賦。惟天子有隧[六]，諸侯則無。○《略説》：《左傳》、《晉語》直曰「王章也」，此具載「規方千里以爲甸服」，其餘以均分公侯伯子男，及「叔父有地而隧焉」等語，則六隧似是。○《增注》：隧，墓道，賈説爲是矣。隱元年《内傳》曰「闕地及泉，隧而相見」是也。下文曰：「唯是死生之服物采章」，亦可以見其墓道之謂也。《費誓》曰「魯人三郊三遂」，「遂」、「隧」同，天子六鄉六隧，諸侯大國三郊三隧，是諸侯有所謂鄉隧之「隧」者，然則「請隧焉」非六隧之謂也。○《正義》：若謂廣三遂爲六遂，則當云請廣其隧，不當止言請隧。言請隧者，前此未有葬隧，今欲新制之也。況勞以地而不受，復請自分其地爲六隧？○秦鼎：諸侯但宋、魯有隧，蓋以王者後與周公故，今文公請置六隧也，欲置六隧者，欲增兵數也。晉後果置三軍三行可以見焉。下文云「叔父有地而隧焉」，則隧之爲六隧無疑。○《發正》：隧爲葬禮，自是兩京舊説，韋易爲六隧者，下文云「規方千里以爲甸服」，是言制地之事，故以隧爲六隧，不知下文又云「死生之服物采章」，正指葬禮而言，賈説得之。《晉語》三君云：「隧，王之葬禮。」是唐、虞與賈同。○《翼解》：賈、韋之説皆是也。其實韋兼用賈義，據正文，則晉顯係請六隧之地，故王據天子規甸之地以折之。然晉既辭所勞之賜地而不受矣，又何取乎六隧之地？蓋請六隧之地，開地通路，爲天子之葬禮，故王又引死生之服物以示之。○《補正》：玩一篇語氣，似賈説爲長。如韋注，當作「遂」，不作「隧」，且韋云諸侯無隧，考《尚書·費誓》云：「魯人三郊三遂。」則成王時諸侯已有之矣，韋亦失之不考。◎志慧按：《左傳·僖公二十五年》「請隧，弗許」杜注：「闕地通路曰隧，王之葬禮也。諸侯皆縣柩而下。」與賈注同。據下文「大章」、「大物」及「叔父有地而隧」等語，似以釋爲天子葬禮爲優，闕修齡、秦鼎於此處以爲六隧，於下文復申「死生之禮臨長百姓，則貴賤有等，諸侯不得擬也」，不知何以自相矛盾如此；陳瑑調停之情可嘉，唯闕地通路在墳墓而不賴六隧之地，其誤亦顯然。又，樊善標《韋昭〈國語解〉用禮書研究》云：「韋解説鄉出軍士，遂出賦貢，是簡化的説法，其實六鄉既出軍士，也出賦貢。至於六遂，也是既掌貢賦，也出軍士。」其説是。**王弗許**[七]，**曰：「昔我先王之有天下也，規方千里以爲甸服，**規，規畫而有之。◎志慧按：《詩·沔水》鄭箋：「規者，正圓之器。」規方，即今之「方圓」，又簡稱方。**以供上帝、山川、百神之祀，**以其職貢供王祭也。上帝，天神五帝也。山川，五嶽河海也〔八〕。百神，丘陵、墳衍之神也。◎志慧按：「五帝」這一概念相當晚出，迄今尚未見使用於春秋及以前文獻中的語例，在東周稍後的諸神譜系中，五帝是次於上帝的，韋昭以五帝釋上帝，不免瀆亂諸神之嫌。復次，韋昭此五帝非黄帝、顓頊等人皇，而係《史記·封禪書》中青、黄、赤、白、黑的天神，故於「天神五帝」間不斷。**以備百姓、兆民之用，以待不庭、不虞之患。**百姓，百官有世功者。用，財用也。庭，直也。虞，度也。不直，猶不道也。不度，不億度而至之患〔九〕。○《爾雅·釋詁》：庭，直也。又《釋言》：虞，度也。○《存校》：諸侯來朝皆庭見，不庭，不來朝也。◎志慧按：《爾雅·釋詁》：「庭，直也。」古有成訓，唯此「不庭」之義當如《存校》所云，西周晚期銅器毛公鼎亦有「率懷不庭方」之語，義同，韋昭有過度依賴《爾雅》之嫌。**其餘以均分公、侯、伯、子、男，**其餘，甸服之外地也。均，平也。《周禮》，公之地方五百里，侯四百里，伯三百里〔一〇〕，子二百里，男百里〔一一〕。◎志慧按：韋解此處撮述《周禮·地官·大司徒》的相關制度安排。**使各有寧宇**〔一二〕，寧，安也。宇，居也。○《爾雅·釋詁》：寧，安也。○秦鼎：寧宇，封疆也。**以順及天地，無逢其災害，**順，順天地尊卑之義也，若相侵犯，則有災害。○《略説》：《周易·謙·彖》云：「天道虧盈，地道變盈。」所謂「天地」蓋由乎此義，言雖王天下而獨不自專甸服之餘，分封諸侯以順於天地之道也，先王如此，故無逢天地之災害也。○《增注》：以順及天地，言人相和順，則天地亦和順。陰陽不錯，是以無災害也，所謂「致中和而天地位也」。○秦鼎：或云：及，至也，至得順天地尊卑之義也。○龜井昱：注以尊卑之義説之，非本文之意。**先王豈有賴焉。**賴，利也〔一三〕。言無所利，皆均分諸侯。○秦鼎：天子雖尊，而無所私利，又無縱私欲，是皆與諸侯同。獨死生之禮，臨長百姓，則貴賤有等，諸侯不得擬也。此禮自古皆然，非唯今王也。或云：若與諸侯同死生之服物采章，則天子無異於諸侯，亦通，然非韋意也。**內官不過九御，**九御，九嬪。○《正義》：《周官·九嬪》「掌婦學之灋以教九御」鄭注：「自九嬪而下，九九而御于王所。」則九御非止九嬪也。鄭注又引《昏義》：「古者天子后立六宮、三夫人、九嬪、二十七世婦、八十一御妻，以聽天下之內治，以明章婦順。」世婦不言數者，君子不苟于色，有婦德者充之，無則闕。故宏嗣舉九嬪以包九御也。**外官不過九品，**九品，九卿。《周禮》：「內有九室，九嬪居之；外有九室，九卿朝焉。」○賈逵：品，法也（《原本玉篇殘卷·品部》引）。○《正義》：《考工記》鄭注：「三孤六卿爲九卿，三孤佐三公論道，六卿治六官之屬。」內，路寢之裏也。外，路門之表也。九室，如今朝廷諸曹治事處。**足以供給神祇而已**〔一四〕，言嬪與卿主祭祀也，《魯語》曰「自入監九御〔一五〕，使潔奉禘、郊之粢盛」。**豈敢猒縱其耳目**〔一六〕、**心腹以亂百度？**猒，足也。耳目，聲色。心腹，嗜欲也。**亦唯是死生之服物采章，**采章，采色文章也〔一七〕，死之服，謂六隧之民引王柩輅。○《增注》：車服器物皆有其采章，以顯天子之尊也。○《國語疑義新證》：「服物」、「采章」皆同義連文，「服物」謂器物，即下文所言「大物」。「采章」謂采色、文飾。**以臨長百姓而輕重布之，王何異之有？**輕重布之，貴賤各有等也。王何異之有，言〔一八〕帝王皆然。○《古文析義》：言止有此葬禮與諸侯貴賤之等不同，餘無有異。○《校文》：王何異之有，言王本無異於人，恃此服物采章以爲等威耳，注非。○秦鼎：或云：若與諸侯同死生之服物采章，則天子無異於諸侯，亦通。◎志慧按：林雲銘、汪中説是，户埼允明亦持此説，云：「言先王有禮，足以服物采章臨長百姓耳，豈諸侯與王有異哉？唯在貴賤異等，非敢爲厭縱其耳目心腹也。」《逸周書·謚法》：「車服者，位之章也。」可證。**今天降禍灾於周室，余一人僅亦守府，**僅，猶劣也。府，先王之府藏。○賈逵：僅，猶言纔能也（《文選》陸士衡《歎逝賦》李善注引，王、汪、黄、蔣輯，蔣曰豫將此條置於《周語下》「及文、武、成、康而僅克安民」下）。○《古文析義》：僅守故府遺文，不能大有爲也。○户埼允明：守府，藏先王之舊章也。○《正義》：《周官》太府、玉府、内府、外府、司會、司書、職内、職歲、職幣皆府藏也。高誘《戰國策》注：「府，聚也。」賈公彦曰：「凡物所聚皆曰府。」**又不佞以勤叔父，**勤，勞也。天子稱九州之長，同姓曰叔父。◎志慧按：《禮記·曲禮》：「五官之長曰伯，是職方。其擯於天子也，曰天子之吏。天子同姓，謂之伯父；異姓，謂之伯舅。自稱於諸侯，曰天子之老。於外曰公，於其國曰君。九州之長入天子之國，曰牧。天子同姓，謂之叔父；異姓，謂之叔舅。」《儀禮·覲禮》：「同姓大國則曰伯父，其異姓則曰伯舅。同姓小邦則曰叔父，其異姓小邦則曰叔舅。」晉非小邦，韋解取《禮記》之説。**而班先王之大物以賞私德，**班，分也。大物，謂隧也。○真德秀《文章正宗》卷一：晉文之定襄王，自以爲不世之大功。其請隧也，蓋寖寖乎窺大物之漸。襄王目之曰「私德」，曰「私勞」，所以折其驕矜不遜之意。○《古文析義》：班、頒同。○秦鼎：不才喪位，勞叔父納之，而以私恩許先王之大禮，亦不可之甚。**其叔父實應且憎，以非余一人，余一人豈敢有愛也**〔一九〕？應，猶受。憎，惡也。言晉文雖當私賞，猶非我一人。○龜井昱：口唯唯而心惡之也，蓋古之成語，《晉語》「懼子之應且憎也」，《傳》亦曰「狄應且憎」。◎志慧按：《國語評苑》云：「弗許隧語，至此甚佳。至『更姓改物』以下，毋亦太甚乎？王待有功諸侯恐亦不宜爲此語也。」穆説甚是，疑《周語》作者或《國語》編者事後增飾，且在禮崩樂壞之後。**先民有言曰：『改玉改行。』**玉，佩玉，所以節行步也。君臣尊卑，遲速有節，言服其服器行其禮〔二〇〕，以言晉侯尚在臣位，不宜有隧也。○賈逵注《周語》云：「先民，古賢人也。」（《尚書·伊訓》正義引，汪遠孫輯，蔣曰豫將此條置於《魯語下》「自古在昔，先民有作」下）。**叔父若能光裕大德，更姓改物，以創制天下，自顯庸也**，光，廣也。裕，寬也。更姓，易姓也。改物，改正朔、易服色也。創，造也。庸，用也。謂爲天子造創制度〔二一〕，自顯用於天下。○賈逵：刱，始也（釋慧琳《一切經音義》卷六十三引）。○《平議》：創、制一也，創制天下，猶言創造天下耳。庸，讀爲「融」，融，明也。顯、庸一也，自顯庸，猶言自顯明耳。**而縮取備物以鎮撫百姓**，縮，引也。備物，隧之屬〔二二〕。○《札記》：《説文》：「摍，蹴引也。」《廣雅》：「摍，引也。」摍、縮字同，《毛詩·巷伯傳》「縮屋」，武梁左石室畫像作「摍笮」。○《正義》：《史記·天官書》「退舍爲縮」。《一切經音義》二十引《國語》賈注：「縮，退也。」韋云「引也」者，《文選》顏延年《北使洛詩》「臨塗未及引」李善注：「引，猶進也。」進爲退之反，以引訓縮，猶治亂曰亂，蓋反訓也。然則縮取猶進取與？ ○帆足萬里：備物，天子之禮也。 ○《補正》：縮取，猶進取，乃反訓，如亂訓治、落訓始之例。 ◎志慧按：《一切經音義》卷十四、卷二十等所引賈注《國語》「縮，退也」，疑當置於《越語下》「贏縮轉化」下，彼處韋注云：「贏縮，進退也。」或襲賈注。復次，《小爾雅》：「縮，抽也。」《廣韻》入聲屋韻：「摍，抽也。」知二字可互訓，又與《說文》相呼應，則此條韋注不誤。備物，即上所謂服物采章之類。**余一人其流辟於裔土**〔二三〕，**何辭之與有**〔二四〕？流，放也。言將放辟於荒裔〔二五〕，復何陳辭之有〔二六〕。 ○帆足萬里：辟，屏也。 ○《古文析義》：辟，戮也。 ◎志慧按：辟，通「避」，帆足萬里得其義，解作「戮」不免過甚其辭。**若由是姬姓也**，謂文公未更姓而王。 ○《略說》：由，猶也。 ○秦鼎：「由」、「猶」通。 ○《補正》：猶，與「由」同。 ◎志慧按：作通假解者是。**尚將列爲公侯，以復先王之職，大物其未可改也**。言文公若尚在公侯之位，將成霸業以興王室，復先王之職，則六隧未可改也。 ○賈逵：尚，且也（《文選》枚叔《七發》李善注引，王、黃將此條置於《晉語四》「尚有晉國」下，汪遠孫輯）。 ○《集解》：隧爲王之葬禮，注云六隧，誤。 ◎志慧按：徐說是，詳前。韋解「將成霸業以興王室」有增句解經之嫌。**叔父其茂昭明德**〔二七〕，**物將自至**，茂，勉也。言有天下則隧自至也。 ○《爾雅·釋詁》：茂，勉也。又《釋訓》：懋懋，勉也。**余敢以私勞變前之大章**〔二八〕，**以忝天下**，章，表也，所以表明天子與諸侯異物也。○《古文析義》：忝，辱也。○《平議》：章，程也。程，法也，然則大章猶大法也，謂以私勞變前人之大法也，韋注非是。**其若先王與百姓何？**言無以奉先王鎮撫百姓。**何政令之爲也？**何以復臨百姓而爲政令乎？○龜井昱：《傳》曰：「何臣之爲？」杜注：「若言何用爲臣。」又曰：「其何福之爲？」句法一例，注誤。**若不然，叔父有地而隧焉，**自制以爲隧也。**余安能知之？**」所不敢禁。

【彙校】

〔一〕明道本將此章屬上，上海師大本依公序本單列，是，正統本亦單列。

〔二〕攢，《左傳·隱公十一年》作「櫕」，或作「攢」，阮元《校勘記》以爲作「攢」者非。《晉語四·文公出陽人》正文該字作「攢」，明道本同，公序本作「櫕」，抄寫時扌、木形近易混，不敢必何者爲是。

〔三〕闕，正統本同，明道本作「開」，作「開」者字之訛也。

〔四〕內，正統本同，明道本、《諸子瓊林》前集卷二人倫門作「地」，《東萊呂太史春秋左傳類編》引作「地」，疑引自明道本。

〔五〕事，明道本、正統本作「士」，《東萊呂太史春秋左傳類編》引作「士」，秦鼎改從明道本。

〔六〕惟，明道本、正統本作「唯」。

〔七〕弗，明道本、正統本作「不」。

〔八〕嶽，明道本、遞修本、静嘉堂本、弘治本作「岳」。

〔九〕億，明道本作「意」。

〔一〇〕此「里」字，弘治本作「至」，後者誤。

〔一一〕百里，明道本、正統本作「一百里」，依當時語言習慣，後者疑衍「一」字。

〔一二〕寧宇，《玉海》卷十五、卷十七，《文章正宗》卷一引同，《札記》云：「《書・禹貢》、《詩・殷武》正義皆作『寰宇』。」似以作「寧宇」於義稍勝。

〔一三〕《考正》：「《舊音》摘注曰：『賴，羸。』此作『利』，蓋傳本異。」按，實爲《補音》。

〔一四〕祇，正統本同，遞修本、静嘉堂本、明道本作「衹」，據義當作「祇」，秦鼎改「衹」作「祇」者是，高木熊三郎回改作「衹」則非。

〔一五〕自，正統本、静嘉堂本、弘治本同，明道本、遞修本、許宗魯本作「日」，《魯語》原文作「日」，作「日」者疑據《魯語》改正。

〔一六〕猒，明道本作「厭」。《説文・甘部》「猒」下段注：「『猒』、『厭』古今字，『猒』、『饜』正俗字。」其實「猒」每通作「厭」，而「饜」爲「猒」的後起字。

〔一七〕明道本「文章」前有「之」字，疑係誤讀「文章」一詞而誤增。

〔一八〕明道本、《諸子瓊林》無「言」字，疑脱，正統本有。

〔一九〕明道本、正統本無「也」字。

〔二〇〕器，静嘉堂本、弘治本同，明道本、遞修本、正統本、許宗魯本及《文章正宗》卷一引作「則」，《考正》、《增注》、秦鼎皆謂當作「則」，是。

〔二一〕造創制度，《文章正宗》卷一引同，明道本、《諸子瓊林》無「創」字，疑脱。

〔二二〕隧，《文章正宗》引同，遞修本、静嘉堂本、弘治本作「遂」，《考正》：「《周禮》本作『遂』字，未可以爲非，但傳文及前注並作『隧』，自應仍之。」其説通達。

〔二三〕明道本「於」前有「□旅」二符號，《校文》謂並誤，《諸子瓊林》有一「旅」字，《文章正宗》引無之，《集解》從無，於義通。

〔二四〕與有，明道本、正統本作「有與」，疑後二者倒，秦鼎云：「與，助語。」《考正》、《考異》比之以《晉語二》「亡人，何國之與有」，皆是也。

〔二五〕明道本無「放」字，正統本有，疑無者脱。

〔二六〕復何，明道本、正統本作「何復」，疑後二者倒。

〔二七〕茂，明道本、正統本作「懋」，注同。

〔二八〕明道本、正統本、《諸子瓊林》「敢」前有「何」字，疑後二者依後世語言習慣增，《文章正宗》引無之。

文公遂不敢請，受地而還。

4 陽人不服晉侯

王至自鄭，襄王從鄭至王城也〔一〕。以陽樊賜晉文公。陽樊，二邑，在畿内也。○《發正》：服（虔）、杜（預）、酈（道元）皆以爲一邑，《晉語》注亦云「陽樊，周邑」，此云「二邑」，疑傳寫之誤。○《補正》：《内傳》杜注：「樊，一名陽樊。」服虔曰：「樊，仲山父所居，故名。」在河南懷慶府濟源縣東南。○《詳注》：今河南濟源縣西南十五里有曲陽城，亦曰陽城，古陽樊也。◎志慧按：《史記·晉世家》集解引服虔曰：「陽樊，周地。陽，邑名也，樊仲山之所居，故曰陽樊。」《晉語四》「賜公南陽陽樊、温、原、州、陘、絺、鉏、欑茅之田」韋注云：「八邑，周之南陽地。」則此陽樊自是一邑，此云「二邑」者，傳寫之誤，非韋注之誤。故此於韋注「陽樊」二字間不施頓號。陽人不服，不肯屬晉。晉侯圍之。倉葛呼曰：倉葛，陽人也。「王以晉君爲德〔二〕，爲能行德〔三〕。故勞之以陽

樊。陽樊懷我王德，是以未從於晉。懷，思也。　○《爾雅・釋詁》：懷，思也。　○穆文熙：陽樊，圻内之邑，固不宜賜人，晉文即有功，亦不得輕有所受。君臣俱失，所以陽人不服而來倉葛之呼也（《鈔評》）。　○秦鼎：懷，猶懷王之「懷」，謂不忍離也。**謂君其何德之布以懷柔之，**懷，來也。柔，安也。　○《爾雅・釋言》：懷，來也。又《釋詁》：柔，安也。**使無有遠志？**遠志，離畔〔四〕也。**今將大泯其宗祊，**泯，滅也。廟門謂之祊。宗祊〔五〕，猶宗廟也。　○《爾雅・釋詁》：泯、滅，盡也。○《舊音》：祊，八庚反。**而蔑殺其民人，**蔑，猶滅也。　○賈逵：懱，猶滅也（釋慧琳《一切經音義》卷五十三引）。**宜吾不敢服也！夫三軍之所尋，**尋，討也。　○賈逵：尋，用也（《文選》陸士衡《五等論》李善注引，王、黄將此條置於《晉語九》「襄子將食，尋飯，有恐色」下，汪遠孫輯）。　◎志慧按：韋、賈二説於義皆無誤，唯韋注更密合。**將蠻夷、戎翟之驕逸不虔，於是乎致武。**謂諸夏之國乃蠻夷之國〔六〕，主〔七〕於是致武以伐之。　○賈逵：虔，敬也（《文選》王仲宣《贈士孫文始詩》李善注、釋慧琳《一切經音義》卷二十二引，汪遠孫輯）。　○《存校》：此謂蠻夷、戎翟有驕逸不虔者則以兵伐之，語意本明，注未然，或有誤字。　○《校文》：《内傳》「蠻夷、戎狄不式王命，王命伐之，則有獻捷」，倉葛語意亦猶此，注非。　○秦鼎：注不與本文合。　◎志慧按：據下文蒼葛所謂「且夫陽，豈有裔民哉？夫亦皆天子之父兄、甥舅也」，韋注求之過深，王、汪二氏説是也，户埼允明亦持此説。**此羸者陽也，未狎君政，**羸，弱也。狎，習也。　○《爾雅・釋詁》：狎，習也。　○皆川淇園：「羸者」之「者」猶如《詩·菁菁者莪》之「者」。 ○龜井昱：是句以兩意受之：非敢抗也，是一意；何足以辱師，是一意。故臣承命〔八〕。君若惠及之，唯官是徵，其敢逆命，官，晉有司也。徵，召也。 ○帆足萬里：言因官事召役也。 ○《標注》：唯官是徵，謂有所指揮者，有司召之可也，元不當爲用師之意。何足以辱師！君之武震，無乃玩而頓乎！震，威也。玩，黷也。言舉非義兵，誅罰失當，故君之武威將見慢黷而頓弊之〔九〕。 ○賈逵：震，威也（《史記·晉世家》集解引）。 ○《古文析義》：既不足辱師，而尋師焉，是以武爲戲玩，玩則無震，必至頓壞。臣聞之曰：『武不可覿，文不可匿。覿，見也。匿，隱也。言不當尚武隱文。 ○《爾雅·釋詁》：覿，見也。隱、匿，微也。 ○《舊音》：覿，音敵。 ○《補音》：覿，徒歷反。覿武無烈，烈，威也。匿文不昭。』 ◎志慧按：《爾雅·釋詁》：「烈、昭，光也。」此「烈」、「昭」並立，依《爾雅》釋爲光亦無不可。陽不承獲甸〔一〇〕，而秖以覿武〔一一〕，臣是以懼。不然，其敢自愛也？秖，適也。言陽人既不得承王室爲甸服，又懼晉不惠恤其民〔一二〕，適以震威耀武而見殘破，不然，豈敢自愛而不服乎？ ○户埼允明：「不承」絶句，連上讀。今晉覿示武，故無威烈；匿藏文而不惠，陽人於是不承晉命。晉又獲甸服而不惠恤，適以覿武。 ○《集解》：也，與「耶」通。 ◎志慧按：户埼允明之解可照應上文「未承命」，録以備考。且夫陽，豈有裔民〔一三〕？裔民，謂凶惡之民放在荒裔者〔一四〕。 ○《古文析義》：裔民，謂要、荒遠裔之民，承上文「甸」字來，與下文「父兄甥舅」對看。 ○户埼允明：裔民，荒裔之民也，上文蠻夷、戎翟也。言夫陽，甸服而豈有蠻夷、戎翟之民乎。○《發正》：《方言》：「裔，夷狄之總名。」蠻夷、戎狄即所謂裔民也，對下「父兄、甥舅」言，韋解非。○《補正》：裔，邊也，謂邊方之民，與下句相應。◎志慧按：林雲銘以下諸説皆是也，韋解有增字解經之嫌。**夫亦皆天子之父兄、甥舅也，**謂吾舅者，吾謂之甥。○秦鼎：父兄，親族。甥舅，姻族。○《詳注》：甥舅，謂異姓之國而與周通婚姻也。**若之何其虐之也？」晉侯聞之，曰：「是君子之言也。」乃出陽民。**放令去也。○《左傳》林注：出陽樊之民，取其土而已。○《古文析義》：不敢以陽民爲民，被出播遷流離之苦，尤有甚矣。原雖圍，不出其民，而陽獨出其民者，玩倉葛之言，是到底不服語氣也。

【彙校】

〔一〕明道本、正統本句下尚有「魯僖二十五年也」七字，《四庫薈要》據補，《考異》則謂已見上篇注，此疑衍，是。

〔二〕爲德，明道本、正統本作「爲能德」，《考正》從有，《集解》從無，據韋注，以有「能」者爲是。

〔三〕爲能行德，明道本、正統本作「爲能布德行」，「能布德行」似不辭，疑「布」字涉下「何德之布」衍。

〔四〕畔，明道本、正統本作「叛」，「畔」通假字，「叛」本字。

〔五〕明道本無此「祊」字，脱。

〔六〕乃蠻夷之國，静嘉堂本、弘治本同，明道本、遞修本、正統本、許宗魯本作「爲蠻夷之行」，秦鼎本從明道本，是，亦南監版刻之誤。

〔七〕主，静嘉堂本、弘治本同，明道本、遞修本、古鈔本、許宗魯本、《備考》作「王」，秦鼎本從明道本，是。

〔八〕臣，静嘉堂本、弘治本、《古文析義》同，明道本、遞修本、正統本、許宗魯本作「未」，秦鼎本從明道本，《存校》、《考正》、《略説》謂當作「未」，是，叙述同一事件的《晉語四·文公出陽人》即作「陽人未狎君德，而未敢承命」，《斠證》謂涉下文諸「臣」字而誤，有理。

〔九〕明道本、正統本無「而」字。之，明道本、正統本作「也」，秦鼎本從作「也」，是。

〔一〇〕《文章正宗》引同，《述聞》以爲「承獲」二字誤倒，《詳注》、《集解》從之，張新武《讀〈國語〉札記》則據《詩·秦風·權輿》「不承權輿」及《左傳·宣公十二年》「鄭師爲承」訓「承」爲「繼」，斷原文未倒，可從。

〔一一〕秖，《補音》出「秖」，並云「章移反」，明道本作「祇」，韋注則作「祇」，遞修本、正統本俱作「祇」，注同。疑明道本正文作「祇」者訛。秖，古同「祇」。静嘉堂本、弘治本、葉邦榮本則作「秖」，古同「秖」。

〔一二〕恤，明道本、正統本作「卹」，《説文·血部》「卹」下段注：「卹與心部恤音義皆同，古書多用卹字，後人多改爲恤。」

〔一三〕《文章正宗》引同，明道本、正統本句下有「哉」字，《考正》從補，兩可。

〔一四〕民，明道本作「列」，《考異》謂當作「民」，是。

5 襄王拒殺衛成公

温之會，晉人執衛成公歸之于周。 温，晉之河陽也。成公，衛文公之子成公鄭也。晉文公討不伏〔一〕，衛成公恃楚而不從，聞楚師敗於城濮，懼，出奔楚，使元咺奉弟叔武以受盟于踐土。或愬元咺曰：「立叔武矣。」衛侯殺其子角，咺不廢命，奉叔武以守〔二〕。晉人復衛侯，衛侯先期入。叔武將沐，聞君至，喜，捉髮走出，前驅射而殺之，元咺出奔晉。會于温，討不服。衛侯與元咺訟，不勝，故晉侯執之，歸之于京師。在魯僖二十八年〔三〕。 ○《舊音》：咺，呼遠反。 ○《釋地》：温，晉邑也，故城在今懷慶府温縣西南三十里。**晉侯請殺之〔四〕，王曰：「不可。** ○穆文熙：因元咺與成公訟殺武叔事，故執之，未爲不是。必殺，則非（《鈔評》）。**夫政自上下者也，** 當從王出也。 ○《古文析義》：謂自上而下故曰政，韋注誤。 ○《存校》：言當自上及下，尊卑之分不可亂也。 ○《補正》：玩下文，「上」字當是泛言，不必指王。○《集解》：政自上下，猶言政自上而及下也，韋訓下爲出，似亦未允。◎志慧按：韋注雖無大誤，畢竟不及林雲銘以下諸家説精審。**上作政，而下行之不逆，故上下無怨。**言君臣不相怨。**今叔父作政而不行，無乃不可乎？**不行，謂不順也。言晉侯不行德政，而聽元咺之愬欲殺衛侯。○《古文析義》：不行，謂不可行，如下所云，韋注未明。○戶埼允明：太宰純曰：「『不行』之『行』，即上文『行之』之『行』，不行，言不行於下也。韋注以爲不行德政，誤矣。」◎志慧按：韋昭釋行爲順於義可通，唯該字從上句「下行之不逆」，似太宰純説較勝，林雲銘所謂不可行與「不行」亦未能密合。**夫君臣無獄，**獄，訟也。無是非曲直獄訟之義。**今元咺雖直，不可聽也。君臣皆獄，父子將獄，是無上下也。而叔父聽之，一逆矣。又爲臣殺其君，其安庸刑？**庸，用也[五]。刑，法也。○《爾雅·釋詁》：刑，法也。◎志慧按：元咺直，這是兩造的公約數。直而不可聽，悠悠蒼天，此何人哉！這是撇開是非只談服從的典型案例。襄王爲證明直不可聽的合理性，拿父子不可獄綁架。君臣皆獄的前提，並不必然推出父子將獄的結論。父子間是自然親情，主恩；君臣間是社會關係，主義。血親恩情是本然，天經地義；社會關係後起，纔講宜與不宜，所謂「門内之治恩掩義，門外之治義斷恩」。直，就是這裏的義。直之上還有上位概念，譬如周襄王個人的權威，姬周集團的利益，貴貴尊尊的原則在這個層面成立；再上面是其權威、利益賴以鞏固與延續的禮樂文明，或者稍後艷稱的王道。如果前者與後者發生衝突，服從後者，這是義。聽直，有威脅襄王個人權威的潛在可能，但不聽直，勢必會衝擊禮樂文明。在這裏，殺衛侯、酖衛侯確有可議，但直而不聽，不謂之逆不得也。觀古來評點者如凌稚隆、孫鑛、穆文熙等幾乎都基於混一君臣、父子兩對關係而肯定襄王，兹特予分梳。將父子、君臣兩對不可比的概念生硬比附，使得官本位觀念貌似有了天然的合理性，這是尤其需要警惕的。**布刑而不庸，再逆矣。**○秦鼎：既布刑法，不可不用，而不用，故曰「逆」。**一合諸侯而有再逆政，余懼其無後也**〔六〕。無後，無以復合諸侯。**不然，余何私於衛侯？」**◎志慧按：私受魯侯十對美玉，維護自己的權威，是其私。**晉人乃歸衛侯。**在魯僖三十年。晉侯使醫衍酖衛侯〔七〕，不死，魯僖爲請於王及晉侯，皆納玉十瑴〔八〕，於是歸之。○《補音》：酖，直禁反，通作「鴆」。瑴，古學反，雙玉曰瑴。◎志慧按：關於鴆毒殺人的記載，文獻中不絶如縷，據傳鴆鳥出没於江南，人稱同力鳥，雌性叫陰諧，雄性叫運日。一九九二年，美國芝加哥大學的鳥類學家在大洋洲巴布亞新幾内亞發現的冠林鵙鶲（*Pitohui cristatus*）與之類似，雖然不像古文獻所載的大如禿鷲，但它同樣黑身赤目，頭上有羽冠，腹部和背部呈鮮明的橙色。冠林鵙鶲身上散發出酸臭的氣味，因而當地人稱之爲「垃圾鳥」。尤其是其皮膚和一身漂亮的羽毛中，有一種類似箭毒蛙的劇毒毒素。下文《魯語上》、《晉語二》尚有鴆毒的描述，本則材料或能有助于理解相關文獻記載，故録以備考。

【彙校】

〔一〕伏，明道本、正統本作「服」，《略説》謂「伏」乃「服」字訛，《增注》、秦鼎從明道本作「服」，是，蓋因同音而誤。

〔二〕明道本、正統本「守」下有「國」字，《考正》從補。

〔三〕僖，明道本、正統本作「僖公」二字。

〔四〕請殺，《御覽》卷六四三作「將煞」，疑後者誤。

〔五〕用，明道本作「和用」二字，《考異》、《斠證》皆指其衍「和」字，可從。

〔六〕明道本、正統本無「也」字。

〔七〕毉，明道本同，公序本《魯語上·温之會晉人執衛成公》則作「醫」，一從人，一從材料，各有所當，更旁字也。

〔八〕《説文·玉部》：「玨，二玉相合爲一玨。瑴，或从㱿。」《説文》未收「瑴」，《宋本玉篇·土部》：「㱿，苦谷切，土墼也。」此作「㱿」者當係「瑴」之訛。

6　王孫滿觀秦師知其將敗〔一〕

二十四年，秦師將襲鄭，過周北門。襄王二十四年，魯僖之三十二年〔二〕。秦師，秦大夫孟明視之師也。輕曰襲。周北門，王城北門也。○《考異》：正文與注俱宜作「二十六年」。◎志慧按：此係以史事正文獻，於《國語》之本文，則各本正文並無異辭。考諸史實，周襄二十四年，實魯僖之三十一年，秦師過周北門事則發生在周襄二十六年，即魯僖三十三年春（周曆），若依交戰的一方晉國用夏曆而論，則其事有可能尚在周襄二十五年即魯僖三十二年，記作「襄王二十四年」顯係《國語》正文之誤，韋注欲調停錯誤之正文與固有之史事，卻失檢相應的王年，遂有此誤。**左右免胄而下**〔三〕，兵車參乘，御在中央，故左右下也。胄，兜鍪也。免，脱也。脱胄而下，敬天王也〔四〕。○《舊音》：鍪，音矛。○《補音》：市本又於「胄」下增「拜」字，檢《内傳》亦止云「免胄而下」，更無「拜」字。◎志慧按：《荀子·議兵篇》：「冠軸帶劍。」楊注：軸，與「胄」同。《漢書》作「胄帶劍」，顔師古曰：「著兜鍪而又帶劍也。」董增齡《正義》據此認爲「是胄爲兜鍪也」，其説是。**超乘者三百乘。**超乘者，跳躍而上車者〔五〕。○《左傳·僖公三十三年》林注：左右免胄而下，超乘而上，欲其速也。○秦鼎：言免胄，則不解甲而拜矣。超乘，跳躍上車。無威儀，所以敗也。**王孫滿觀之，言於王曰：「秦師必有謫〔六〕。」**滿〔七〕，周大夫王孫之名。謫，猶咎也。○賈逵：謫，咎（《原本玉篇殘卷・言部》引）。　○《集解》：《内傳》云：「王孫滿尚幼。」豈遽爲大夫耶？韋解俟攷。

◎志慧按：疑韋昭就王孫滿之日後身份言之，則亦不可謂誤。　王曰：「何故？」對曰：「師輕而驕，輕，謂超乘也。驕，謂士卒不肅也。輕則寡謀，驕則無禮。無禮則脱，脱，簡脱也，謂不敦旅整陳〔八〕。　○皆川淇園：脱，猶如佻也，言輕佻不整肅也。寡謀自陷。入險而脱，能無敗乎？險，謂殽地〔九〕。　○《增注》：險，泛言也。　○秦鼎：《成十六年傳》曰：「其行速，過險而不整。速則失志，不整喪列。」即此「脱」也。　○《集解》：險，謂戰陣之地也，不必專指崤而言。　◎志慧按：釋「險」爲殽地，於文義是，但據此間轤轆相轉的文法，只是針對上句的「自陷」而已，並非如蹇叔哭師那樣準確預言秦師敗於殽，冢田虎、徐元誥説是也。秦師無讁，是道廢也。」是古道廢。

【彙校】

〔一〕穆文熙《鈔評》題作「王孫滿知秦師之敗」，上海師大本題作「王孫滿觀秦師」，爲情節完具計，今綜合二者改題如上。

〔二〕三十二年，明道本、正統本作「三十三年」，户埼允明、《增注》、秦鼎從明道本。

〔三〕正統本同，明道本本句作「左右皆免胄而下拜」，《吕氏春秋・悔過》載：「過天子之城宜櫜甲束兵，左右皆下，以爲天子禮。」《左傳・僖公三十三年》、《史記・秦本紀》述此一史事亦俱無

「拜」字，然《札記》引錢曾《讀書敏求記》之説云：「蓋介胄之士不拜，秦師反是。其説韋解『則不解甲而拜矣』之意得之。」《考異》亦據錢説謂有「拜」字是也。但既然有「介胄之士不拜」的禮制，如《越絶書·荆平王内傳》伍子胥謂「介胄之士固不拜矣」，也就不必拘泥於明道本曲爲之説，較早的《考正》更指錢氏未睹《補音》所論而曲爲之解，《補正》云：「宜從《内傳》『下』之下無『拜』字。」《正義》、《集解》同，可從。

〔四〕明道本無此注。

〔五〕遞修本、正統本韋注同，明道本作：「左，車左也。右，車右也。言免胄，則不解甲而拜矣。超乘，跳躍上車。無威儀，所以敗也。」《考正》據《文選》李善注沈休文《應詔樂游苑餞李僧珍詩》引韋氏《國語》注曰：「超乘者，跳躍上車也。」謂此注不但不可去，且可證别本之非。其説是。

〔六〕謫，《舊音》：「竹革反。」《補音》：「本亦作『謪』。」古同。

〔七〕滿，遞修本作「浦」，後者字訛。

〔八〕陳，明道本、正統本作「陣」，「陣」爲「陳」之後起字。

〔九〕殽地，明道本、正統本作「崤也」，《舊音》：「或爲『崤』。」《左傳》作「殽」，「殽」、「崤」古同，現當地書作「崤」，下同。

是行也，秦師還，鄭商覺之，矯以鄭伯之命犒之，故還。○《左傳·僖公三十三年》：滅滑而還。**晉人敗諸殽**[一]**，獲其三帥丙、術、視。**殽，晉地也[二]，在今弘農。三帥，秦三將，謂白乙丙、西乞術、孟明視。○《釋地》：崤，周地，在今河南府永寧縣北六十里，西北接陝州界，東接澠池縣界。○《詳注》：《國策》所稱澠隘之塞也。◎志慧按：崤山，在今河南省洛寧縣北，西北接陝縣，東連澠池縣界，古音爻，又音豪，今當地方音淆。

【彙校】

〔一〕殽，明道本、正統本作「崤」，形符更旁字。

〔二〕地也，明道本、正統本作「地名」。

7 定王論饗禮[一]

晉侯使隨會聘于周，晉侯，晉文公之孫、成公之子景公獳也。隨會，晉正卿，士蔿之孫、成伯之子士季武子也。○《補音》：獳，奴侯反。蔿，于委反。○《發正》：《內傳》文十三年疏引《世本》云：「士蔿生士伯缺，缺生士會，會生士燮。」是成伯即士伯，名缺矣。◎志慧按：此前一年（周定王十三年），「王孫蘇與召氏、毛氏爭政，使王子捷殺召戴公及毛伯衛，卒立召襄」（《左傳·宣公十五年》），是年，「王室復亂，王孫蘇奔晉，晉人復之。冬，晉侯使士會平王室，定王享之」（《左傳·宣公十六年》），可互參。**定王饗之殽烝**[二]，定王，周襄王之孫[三]、頃王之子定王揄也[四]。烝，升也。升折俎之殽。○《略説》：殽，牲體也。體解節折以升於俎謂之殽烝，亦曰折俎。○秦鼎：《宣十六年傳》孔疏云：「禮：升餚於俎，皆謂之烝。」鄭云：「凡非穀而食之曰餚。」切肉爲餚，乃升於俎，故謂之餚烝。**原公相禮。**原公，周卿士原襄公也。相，佐也。**范子私於原公，**范子，隨會也。食采於隨、范，故或曰隨會，或曰范會[五]。○《正義》：今山西汾州府介休縣東有古隨城。○秦鼎：私，私語也。◎志慧按：范，在今河南范縣。**曰：「吾聞王室之禮無毁折，今此何禮也？」**○《略説》：范子謂享當體薦，故以殽烝爲疑。○《國語疑義新證》：「毁」有分解、分剖之義，下文曰「體解節折而共飲食之」，即所謂「毁折」也。**王見其語也，召原公而問之，原公以告**[六]。○孔廣栻：以士季之言告王也。

【彙校】

［一］穆文熙《鈔評》題作「定王論饗禮」，《國語精華》同，上海師大本題作「定王論不用全烝之故」，

後者所指似不足以涵蓋文本内容，今從穆氏之題。

〔二〕饗，《書鈔》禮儀部三、《玉海》卷六八禮儀引同，明道本、正統本作「享」，但下文「親戚宴饗」、「飲食可饗」之「饗」各本同作，分別言之，饗用於人，享用於神鬼，散文則同。殽，《玉海》引同，《舊音》出「餚」，云「或爲肴」，《補音》謂「善本多作此『殽』，檢《内傳》亦然」，明道本、正統本作「餚」，注及下文同。「餚」爲「肴」的孳乳字，「殽」則爲「肴」、「餚」的通假字，下同。

〔三〕明道本、正統本無「周」字，《考正》從删。

〔四〕揄，《舊音》出「榆」，並云「本或爲『瑜』。」明道本、正統本與《古今人表》作「榆」，《史記·周本紀》作「瑜」，許宗魯本同，疑據《史記》改，《補音》謂「人間衆本又或作褕，然此數字皆點畫相亂，不可質正」，各仍其舊可也。

〔五〕或曰范會，明道本、《諸子瓊林》前集卷十一道德門無一「或曰」二字。

〔六〕明道本、正統本句下有韋注「以士季之言告王也」八字，疑公序本脱，《考正》、孔廣栻從補。

王召士季，季，范子字〔一〕。曰：「子弗聞乎，禘、郊之事〔二〕，則有全烝；全烝，全其牲體而升之也。凡禘、郊皆血腥也。○《禮記·祭法》鄭注：「禘，謂祭昊天于圜丘。祭上帝于南郊曰郊。」○舊注：注《國語》者皆云：禘祭宗廟、郊祭天地，則有全其牲體而升於俎，謂之全烝。王公立飫，即享禮也。禮之立成者名爲飫，半解其體而升於俎，謂之房烝（《左傳・宣公十六年》正義引，汪、蔣輯）。○《發正》：此禘爲圜丘之禘，《内傳疏》引《國語》舊注云「禘祭宗廟」者非也。《禮記・禮器》、《郊特牲》：「郊血，大饗腥。」大饗即禘也，此韋注所本。**王公立飫，則有房烝；**王，天子。公，諸侯也。禮之立成者爲飫。房，大俎也。《詩》云：「籩豆大房。」謂半解其體，升之房也。○《正義》：《詩・常棣》毛傳：「飫，私也。不脱屨升堂謂之飫。」鄭箋：「私者，圖非常之事。若議大疑于堂，則有飫禮焉。」疏引孫炎《爾雅注》：「飫非公朝，私飫飲酒也。」《燕禮》云：「既脱屨，乃升堂。」《少儀》云：「堂上無跣，燕則有之。」是燕由坐而脱屨明，立則不脱矣。**親戚宴饗，則有殽烝**[三]。殽烝，升體解節折之俎，謂之折俎也[四]。○賈逵：不脱屨升堂曰宴（釋玄應《一切經音義》卷一引，汪、蔣輯。《輯存》：「『不』字衍，《儀禮・燕禮》『賓反入，及卿大夫皆脱屨升就席』注云：『凡燕坐必脱屨，屨賤不在堂也。』《韓詩》：『脱屣而上坐謂之宴。』」）。○《發正》：《内傳》：「王享有體薦，宴有折俎。公當享，卿當宴。」疏云：「《國語》『王公立飫』，即享禮也。《傳》言體薦，即房烝也。」案：孔説是也。享行於廟，廟中禮皆立成，故曰「立飫」。享禮久亡，無可考見。陳氏奂曰：房之言旁也，旁有偏義，全體曰全烝，半體曰房烝，體解節折曰肴烝，三者所以别牲體之用。韋本《詩》爲訓，全烝、肴烝並升於俎，不得房烝獨以俎名也。**今女非它也，而叔父使士季實來脩舊德**[五]**，以奬王室。**奬，成也。○賈逵：奬，成也（釋慧琳《一切經音義》卷八十一引）。◎志慧按：《左傳》所載盟誓有「皆獎王室」(《僖公二十八年》)、「獎王室」(《襄公十一年》),杜預皆注曰「助也」,孔穎達正義曰:「勸獎」、「佐助」,賈注作「成」,韋承之,於義尚隔。**唯是先王之宴禮欲以貽女**〔六〕。貽,遺也。○《爾雅·釋言》:貽,遺也。**余一人敢設飫、禘焉?**飫,半體。禘,全體。○《集解》:焉,猶乎也。**忠非親禮**〔七〕,**而干舊職,以亂前好?**忠,厚也。親禮,親戚宴饗之禮也。舊職,故事。前好,先王之好也。○户埼允明:韋注忠爲厚,恐非也。○《補正》:謂不用親禮,是爲干舊職、亂前好也。◎志慧按:韋訓「忠」爲厚有據,如《楚辭·九歌·湘君》「交不忠兮怨長」,王逸注即作此解,唯此解於本句則不敢必其是,觀隨會私語於原公,或者此「忠」爲「衷」或「中」之通假字,如《吴語》「天舍其衷」,《吴越春秋·吴差内傳》作「天舍其忠」;《墨子·兼愛》「忠實欲天下之富」,一本作「中」,孫詒讓《閒詁》云:「忠、中通。」句謂内心非議親戚宴饗之禮。《增注》疑爲「用」之誤亦未見所據。**且唯夫戎**〔八〕、**翟則有體薦**。體委與之也。○《删補》:體,毛體。○户埼允明:薦,亦訓進,有與之義。◎志慧按:韋注「委與之」,作爲動詞短語與動詞「薦」相對應,而非釋「體」字,觀下文「體委與之也」可證,韋注「體」字疑衍,上海師大校點本與徐元誥《集解》點校本皆於韋注「體」下斷,同誤。體薦,意爲吃整頭牲,有别於周禮之全烝、房烝、殽烝,無貴牷肥、貴純、尚赤、尚幼、貴牡等要求,亦無飾牲之禮,下文「體委與之」同。**夫戎、翟,冒没輕儳,貪而不讓,**冒,抵觸也。没,入也。儳,進退、上下無列也。○賈逵:冒没,猶輕觸也(釋玄應《一切經音義》卷九引，汪、蔣輯）。○《舊音》：儳，仕咸反。○《校文》：冒没，即冒昧，語之轉。○帆足萬里：没，沈溺無儀也。○《翼解》：輕儳，猶輕賤也。冒没，猶蒙昧，亦聲相近。◎志慧按：冒，《考異》以爲該字不從目而從見，其實只是近義形符之更旁字耳。《匈奴傳》顔注作「没，惑溺也。」《校文》、帆足萬里、《翼解》之説是也，韋注與《校證》俱將雙聲連綿字當成並列詞語，遂生此誤。「輕儳」一詞似亦當取雙聲看，《略説》謂「輕疾不整肅也」，似是。**其血氣不治，若禽獸焉。其適來班貢**〔九〕，**不俟馨香嘉味，**適，往也。班，賦也。○《爾雅·釋詁》：適，往也。○《删補》：春臺先生云：「適，祇也。」○秦鼎：或云：「適，偶也，與下『以時相見』對，注『往』字疑誤。」○帆足萬里：班貢，以其班來貢也。◎志慧按：戎翟與同姓的「王室之一二兄弟，以時相見」迥別，故解「適」作「往」不合當時禮制，此「適」猶《詩·小雅·伐木》「寧適不來，微我弗顧」之「適」，用作副詞，恰好或偶然之意，春臺視爲副詞則是，釋作「祇」於義未密，秦鼎所引「或云」之説較勝。**故坐諸門外，而使舌人體委與之。**舌人，能達異方之志，象胥之官也。○秦鼎：象胥，《周禮》鄭注：「通夷狄之言（者）曰象胥，其有才知者也。」○《補正》：舌人，即今之譯人也。**女今我王室之一二兄弟，以時相見，**兄弟，晉也。○《詳注》：與周同姓，故稱兄弟也。**將龢協典禮**〔一〇〕，**以示民訓則，**協，合也。典，常也。○《爾雅·釋詁》：典，常也。**無亦擇其柔嘉，**無亦，不亦也。柔，脆也。嘉，美也。○《爾雅·釋詁》：嘉，美也。○《補校》：《説文》：「腬，嘉善肉也。」柔，即腬，《晉語》「無亦晉之柔嘉是以甘食」同。 ○《經傳釋詞》卷十：無亦，亦也。 ○《發正》：疑許（慎）所見《外傳》作「腬」。 ◎志慧按：「柔」與「嘉」皆是形容詞作名詞，如「飫甘厭肥」之「甘」、「肥」，下句之「馨香」，《晉語四·齊姜與子犯謀遣重耳》「晉之柔嘉是以甘食」之「柔嘉」，韋注同此；《鄭語》「以生柔嘉材」，韋注：「柔，潤也。嘉，美也。」義亦相近，皆無可通作「腬」之意，《補校》、《發正》說非也。**選其馨香**〔一一〕，**潔其酒醴，品其百籩**，籩，竹器，容四升，其實棗栗、糗餌之屬。 **脩其簠簋**，脩，備也。簠簋，黍稷之器。 ○龜井昱：脩，修治、修飾，脩潔之「修」。 **奉其犧象**，犧，犧尊〔一二〕，飾以犧牛。象，象尊，以象骨爲之飾〔一三〕。 ○《備考》：王肅《家語注》云：「作犧牛及象於其背爲罇。」韋注恐非。 ◎志慧按：鄭玄箋《毛詩·閟宮》云：「刻鳳皇於尊，其羽形婆娑然。」同篇《毛詩正義》載王肅語云：「大和中，魯郡於地中得齊大夫子尾送女器，有犧尊，以犧牛爲尊，然則象尊，尊爲象形也。」曾見上海博物院藏一春秋犧尊，其形制如牛；又見山西省博物院藏龍形觥，商代器，鳥形尊、豬形尊，皆西周器；一九七八年，山東薛國故城四號墓出土過三件銅鳥形杯，係春秋早中期器；故宮博物院亦藏有二件銅鳥飾爵，亦係春秋時器，綜上可知，王說較長，韋昭說亦可並存，而鄭玄未獲睹實物，蓋臆想耳。《周禮·春官·司尊彝》載六尊、六彝之說，或即此類。 **出其尊**〔一四〕、**彝**，尊、彝，皆受酒之器。 **陳其鼎俎**，俎設於左，牛、豕爲一列，魚腊、腸胃爲一列，膚特於東。 ○《刪補》：膚，切肉也。 ○龜井昱：注脱「羊」。 **靜其巾冪**〔一五〕，靜，潔也。巾冪，所以覆尊彝。 ○賈逵：靜，潔也（釋慧琳《一切經音義》卷九十九引）。**敬其祓除**，祓除，猶埽除也〔一六〕。○《校證》：祓除，乃除惡去災之禮也，韋注似未盡其義。◎志慧按：韋注不誤，唯鄭説更合於禮意。**體解節折而共飲食之。於是乎有折俎加豆**，加豆，謂既食之後所加之豆也。其實芹菹、菟醢之屬〔一七〕。○《補音》：芹，楚葵。菟，通作「兔」〔一八〕。**酬幣宴貨**，酬，報也。聘有酬賔束帛之禮。其宴束帛爲好，謂之宴貨。○《爾雅·釋詁》：酬，報也。**以示容合好**，示容儀、合和好也。**胡有孑然其效戎、翟也？**孑然，全體之貌。○《方言》卷二：孑、藎，餘也。周鄭之間曰藎，或曰孑。青、徐、楚之間曰孑。自關而西，秦晉之間炊薪不盡曰藎。○賈逵：孑，餘也（釋慧琳《一切經音義》卷八十五引）。○户埼允明：孑，單也，無親睦之意。○秦鼎：淇云：「孑然，孤獨貌。言無他列禮器，唯以體薦也。」或云：「『孑』、『闕』聲通，言華夏禮儀有何闕乏，而效戎、翟乎。孑，無右臂形，『全體』解疑有誤謬。」◎志慧按：「孑然」一詞相對於全烝、房烝而言，韋注適相反對，當從《方言》之釋。

【彙校】

〔一〕范子字，明道本作「范武子」，正統本作「范武子字也」，疑國内傳本皆有脱，《四庫薈要》改作「范武子字」，據義是。

〔二〕禘郊，《詩·周頌·我將》正義、《左傳·宣公十六年》正義引同，明道本作「郊禘」，誤倒。事，

《詩·周頌·我將》正義引同，《禮記·禮器》正義則引作「祀」。注同。

〔三〕殽，明道本、正統本作「餚」，出本字也。

〔四〕《四庫全書考證》卷三十七云：「『升』字，元俞琰《易説》引此注，在『折』字下。」秦鼎亦云：「此注當作『體解節折，升之於俎』，蓋誤倒也。」可備一説。

〔五〕而叔父，《左傳·宣公十六年》正義引作「今叔父」。

〔六〕女，《左傳·宣公十六年》正義引作「爾」。

〔七〕《增注》：「『忠』必有誤矣，疑當作『用』字。」《標注》謂當作「恐」，然無據。

〔八〕明道本、正統本與《御覽》四夷部二十引無「夫」字，《考正》從删，《斠證》據《國語》文法、《御覽》、《玉海》所引及汪遠孫《國語考異》，認爲無「夫」者是。此疑涉下「夫」字衍。

〔九〕貢，弘治本作「貴」，後者形訛。

〔一〇〕龢，明道本、正統本作「和」，下文「龢同可觀」之「龢」同。

〔一一〕《玉海》禮儀引此「選其馨香」置於「擇其柔嘉」之前，疑後者抄手誤倒。

〔一二〕明道本、正統本不出「犧」字，下句「象」字同。尊，明道本作「樽」，形符加旁字也，下同。

〔一三〕遞修本同，《補音》引及明道本、正統本均無「之」字，疑傳抄過程中增。

〔一四〕尊，明道本、正統本作「樽」，形符加旁字也，注同。

〔一五〕静,《玉海》禮儀引同,明道本、正統本作「浄」,許宗魯本作「瀞」,孔廣栻《訂譌》謂宜作「瀞」,《説文·水部》:「瀞,無垢薉也,从水,静聲。」疑作「静」者爲「瀞」之省文,作「浄」者從後起之義改,注同。羃,《補音》:「莫歷反。《周禮》有羃人,此作羃,雖非古字,行之已久。」《説文·巾部》作「幎」,云:「幔也,从巾,冥聲,《周禮》有幎人。」皆一字之異構。

〔一六〕明道本、正統本未出「祓除」二字,疑脱。

〔一七〕菟,遞修本同,明道本、正統本、《周禮·天官·醢人》俱作「兔」,古通。

〔一八〕兔,遞修本原作「免」,兹據微波榭本、《四庫》本改。

「夫王公、諸侯之有飫也,將以講事成章,講,講軍旅、議大事也。章,章程也。○《略説》:講習大事,成而章著矣。○帆足萬里:章,文章,謂禮儀。建大德、昭大物也,大德,大功。大物,戎器也〔一〕。○户埼允明:事者,國家之典憲,舊注軍旅在其中。成章者,樂竟爲一章。謂成事成文也。大物,重禮之車服、器械也,與前章之大物同,注非矣。○《辨正》:大德,當指前文之「和協典禮,示民訓則」、「示容合好」以及敦親睦族、調和陰陽之類,與「大功」並不是一回事。大物,明道本韋注作「大器」,意義不够顯豁。昭大物,可與下文「飫以顯物」的「顯物」合釋,公序本韋注以「戎器」爲大物亦有未當,雖説祭祀之時亦會有如斧鉞之類象徵性的戎器出現,但更多的則是各種大大小小的禮器。**故立成禮烝而已**。立成，不坐也。升其備物而已〔二〕。○《略説》：享必有宴而享立、宴坐，於是禮成。唯飲無宴，故不坐，乃立成也。禮烝，即房烝也。享則殽乾不食，唯備物行禮而已。**飫以顯物，宴以食好**〔三〕，顯物，示物備也。○《增注》：飫，房烝之類。食好，柔嘉、馨香之類也。**歲飫不倦**〔四〕，歲行飫禮，不至於解倦〔五〕。**時宴不淫**，一時之間必有宴禮，不至於淫湎。**月會**、會，計也。計一月之經用。**旬脩**，脩，十日之中所成爲者〔六〕。**日完不忘**〔七〕。日完，一日之所爲。不忘，不忘其禮也。○户埼允明：此因遠近而日不怠其禮也，注非。○秦鼎：月會計，旬修治，日繕完，皆爲典禮也，故曰「不忘」。**服物昭庸，采飾顯明**，庸，功也。冕服、旗章所以昭有功〔八〕，采色之飾所以顯明德也〔九〕。**文章比象**，黼黻錦繡之文章也〔一〇〕。比象，比文以象山、龍、華、蟲之屬。**周旋序順**，周旋，容止也。序，次也。各以次比，順於禮也。○賈逵：旋，猶曲折也（釋慧琳《一切經音義》卷四十三引）。**容貌有崇**，崇，飾也。容止可觀也。○《述聞》：昭庸、顯明、比象、序順皆兩字平列，「庸」與「融」通，《釋名》曰：「融，明也。」昭庸，即昭融。比象，猶次序也。比讀如比次之「比」，象之言序也。比象猶言比序。文章比象，言文章相次序也。周旋序順者，序亦順也，《爾雅》曰：「順，敘也。」昭庸、顯明，皆明也。此篇之「昭庸顯明」，即下篇之「顯融昭明」，下篇曰：「故高朗令終，顯融昭明。」作「庸」者假借字耳。比象、序順，皆順也。文章之有次，猶周旋之有序也，韋注皆失之。**威儀有則**，則，法也。其威可畏，其儀可度也。**五味實氣**，味以實氣，氣以行志。　○秦鼎：此解《昭九年傳》作「味以行氣，氣以實志」，林注云：「滋味調和，所以食人，行其氣血。血氣平和，所以悦人，實其思慮。」**五色精心，**五色之章，所以異賢不肖，精其心也。　○《補校》：《説文》：「精，擇也。」本義指淘米使之純粹，此言五色使其心精粹純潔。　○《增注》：精，心，不爲間色所擾亂也。　○《正義》：謂車服器用以賢不肖分尊卑、昭等級也。　○《平議》：精，當讀爲「旌」，「五色旌心」與下句「五聲昭德」一律，言五色所以旌表其心，五聲所以昭明其德也。**五聲昭德，**昭德，謂政平者，其樂和也，亦謂見其樂，知其德〔一一〕。　○龜井昱：言聽五聲之和以昭其德。**五義紀宜，**五義，謂父義、母慈、兄友、弟恭、子孝也。　○龜井昱：蓋言乞言合語之類歟？「五義」未考，《禮運》有十義，未聞以五教爲五義也。**飲食可饗，龢同可觀，**殽烝，故可饗。以可去不曰和〔一二〕，一心不二曰同。和同之用行〔一三〕，則德義可觀。　○《略説》：宴禮合好，人心和同。○《增注》：因宴饗之禮，以觀其和與同也。**財用可嘉，**酬幣宴貨以將厚意，故可嘉也。**則順而建德**〔一四〕，則，法也。建，立也。　○《增注》：言宴饗之禮以親戚和順爲則，而相建德也。**古之善禮者將焉用全烝**〔一五〕**？」**

【彙校】

〔一一〕戎器，明道本、正統本作「大器」，此「大器」不僅指戎器，也包括禮器，《考正》、秦鼎從明道本，於義是也。

〔二〕明道本、正統本「升」前有「烝，升也」三字，此三字本章前文已有，疑有者衍。

〔三〕食，静嘉堂本、弘治本、許宗魯本同，明道本、正統本、遞修本、《毛詩正義·常棣》引《周語》作「合」，疑作「食」者訛，《略説》謂乃覆説上文合好也，亦可備一解。

〔四〕明道本、正統本句首有「故」字，秦鼎從補，《玉海》引則無之，《斠證》謂有「故」字文義較完整。

〔五〕解，《補音》：「佳賣反。」明道本、正統本徑作「懈」，出其本字也。

〔六〕此注明道本作「旬，十日之内所成爲也」，正統本與明道本同，唯「旬」訛作「甸」。孔廣栻謂「修」當作「旬」，字誤，《札記》引段玉裁説云：「此本作『旬，十日也。修，十日之内所成爲也。』」因「十日」字複而誤脱，皆可從。

〔七〕完，《玉海》禮儀引作「全」。

〔八〕有，明道本、正統本作「其」。

〔九〕采色，明道本、正統本作「五采」。

〔一〇〕錦，静嘉堂本、弘治本同，《補音》與遞修本、許宗魯本作「繢」，《舊音》户内反，明道本、正統本作「繪」，《備考》、秦鼎從明道本，「繪」、「繢」古通，疑作「錦」者係傳抄者擅改。

〔一一〕孔氏詩禮堂本無末「其」字，孔廣栻《國語》批校云：「元本亦有『其』字，他本皆有，當從補。」

其説是。

〔一二〕不，遞修本同，《補音》出「否」，云「方九反」，明道本、正統本作「否」。

〔一三〕用行，静嘉堂本、弘治本、許宗魯本同，明道本、遞修本、正統本作「道行」，《考正》、秦鼎本改從明道本，是。

〔一四〕建德，明道本、正統本作「德建」，公序本誤倒，《考正》、秦鼎改從明道本，是。

〔一五〕焉，《左傳・宣公十六年》正義引作「安」，義同。

武子遂不敢對而退〔一〕。歸乃講聚三代之典禮，三代，夏、殷、周也。○賈逵：聚，集也（釋慧琳《一切經音義》卷十六引）。○秦鼎：或云：「聚，疑『習』誤。」○《發正》：《内傳》作「講求」，《説文》：「逑，斂聚也。」「求」、「逑」古通用。◎志慧按：秦鼎所引或説疑據《左傳・宣公十六年》作「講求」，唯「逑」既有聚義，則「講求（逑）」與「講聚」義同，故不煩改字。於是乎脩執秩以爲晉法。秩，常也。可奉執以爲常法者〔二〕。晉文公蒐於被廬，作執秩之法。自靈公以來闕而不用，故武子脩之，以爲晉國之法。○《爾雅・釋詁》：秩，常也。○《正義》：《僖二十七年傳》杜注：「蒐，順少長，明貴賤。執秩，主爵秩之官。」蓋文公剏此法，而特舉大蒐以頒之也。○《集解》：修，備也。執，主也。秩，官也。謂晉於是始備主三代典禮之官也，修執秩，所以實行講聚也。

【彙校】

〔一〕明道本、正統本句下有韋注「武子隨會也」五字，疑公序本脱。

〔二〕明道本、正統本無「法者」二字，疑脱。

8 單襄公論陳必亡

定王使單襄公聘于宋，單襄公，王卿士單朝也。聘，問也。問者，王之所以撫萬國，存省之。　○《爾雅·釋言》：聘，問也。**遂假道於陳，以聘於楚。**假道，自宋適楚，經陳也。是時，天子微弱，故以諸侯相聘之禮假道也。《聘禮》：若過國至于境〔一〕，使次介假道〔二〕，束帛將命于廟〔三〕。　○服氏：是時天子微弱，故與諸侯相聘同。（《儀禮·聘禮》疏引，汪遠孫輯，按《輯存》：「服氏注《國語》見此疏及《周禮·玉府》疏、《春官序官》疏，未知是服子慎否，俟再考。」）**火朝覿矣，道茀不可行也**〔四〕，火，心星也。覿，見也。草穢塞路爲茀。朝見，謂夏正十月，晨見於辰〔五〕。　○《補音》：茀，府勿反。　○《左傳·莊公二十九年》正義：《襄九年傳》曰：「心爲大火。」星度：心五，尾十八。《月令》：「孟冬之月，日在尾。」自心初至於尾末二十三度。十月之初，心星次角亢之後，而晨見東方也。◎志慧按：夏正十月拂曉，心宿二大火星出現於東南方，於八卦屬巽位，十二支中屬辰，韋注「(火)晨見於辰」即此也。**候不在疆**〔六〕，候，候人也，掌送迎賓客者。疆，境也。**司空不視塗**，司空，卿官〔七〕，掌道路也〔八〕。○《標注》：司空不視塗，亦有屬官。卿不必親巡，此不必題卿官，屬官亦皆司空矣。◎志慧按：《吕氏春秋・孟冬紀》：「是月也，令百官謹蓋藏，命司徒循行積聚，無有不斂；坿城郭，備邊境，完要塞，謹關梁，塞蹊徑。」可參。**澤不陂**，陂，鄣也〔九〕。古不竇澤，故鄣之。○《刪補》：不爲此，反天性。**川不梁**，流曰川。梁，渠梁。古不防川，故梁之〔一〇〕。**野有庾積**，唐尚書云：「十六斗曰庾。」昭謂：此庾，露積穀也。《詩》云「曾孫之庾，如坻如京」是也。○賈逵：大曰倉，小曰庾。庾積者，禾稼之積也（《原本玉篇殘卷・广部》引）。○《補音》：倉無屋曰庾積。○《略説》：禾未上入，露積在野，言吏民怠惰。◎志慧按：「庾，露積穀也」一語疑係引自《詩・小雅・甫田》鄭箋，鄭玄以「露積穀」釋「庾」，韋引以訂唐固之誤。上海師大校點本於韋注「庾」下失斷。**場功未畢**，治場未畢也。《詩》云：「九月築場圃。」○《標注》：場功，謂民於場治穀之事，若去穗剥穀之類，下文「收場功」、「野場若棄」等皆可驗。**道無列樹**，古者列樹以表道〔一一〕，且爲城守之用。**墾田若蓺**〔一二〕，發田曰墾。蓺，猶蒔也。言其稀少猶若蓺物〔一三〕。○孫鑛：既墾之田，生草如初藝時，所謂「田在草間」是也（盧之頤校訂《國語》引）。○《增注》：

若蓺，生草如蓺苗然也，言不芸也。◎志慧按：《增注》有增字解經之嫌。玩其文義，極言田野荒蕪，一片蕭條，故當從王引之説（見注），二句謂行道兩邊不見喬木，耕地一片荒蕪，下文韋注「野場若棄」是也。「墾田」非動賓短語，而是偏正短語。**膳宰不致餼**〔一四〕，膳宰，膳夫也，掌賓客之牢。禮：生曰餼。○《標注》：膳宰、膳夫同僚而各有職掌，非一物。**司里不授館**，司里，里宰也，掌授客館。○《發正》：司里以大夫爲之，非里宰。**國無寄寓**，寓，亦寄也。無寄寓者〔一五〕，不爲廬舍，可以寄羈旅之客〔一六〕。○《正義》：無寄寓者，官廢而室毀也。**縣無施舍**，四甸爲縣，縣方六十里〔一七〕。施舍者，所以施舍賓客負任之處〔一八〕。○《補音》：施，當爲「弛」，傳寫之誤。弛，音式爾反，廢也。舍，音始夜反，居止也。弛舍，猶言停止也。縣六十里中當有休息居止之處，以庇賓客負擔之勞，《内傳》曰「弛於負擔」。○《述聞·左傳》：古聲「舍」、「予」相近，施舍謂賜予，韋作休息解，誤。又「聖人之施舍也議之」、「布憲施舍於百姓」皆同，韋解並失之。○《札記》：《周禮·地官》鄭注云「方二十里」者，甸方八里，旁加一里而數之也。韋云方十六里者，不數旁加也，非有異義。○《正義》：《周官·小司徒》：「九夫爲井，四井爲邑，四邑爲邱，四邱爲甸，四甸爲縣。」鄭注：「甸之言乘也，讀如衷甸之『甸』。甸方八里，旁加一里，則方十里，爲一成。積百井，九百夫。其中六十四井，五百七十六夫，出田税；三十六井，三百二十四夫，治洫。四甸爲縣，方二十里。」案：此注甚明，韋解原本必作「縣方二十里」，後人傳寫譌爲「六十里」，明道本又疑六十里不近人情，妄改爲十六里，皆未檢《周禮》注也。施，古通「弛」，《莊二十三年》「弛于負擔」，言旅人可以弛所負任而舍止之處也。◎志慧按：董氏指六十里爲訛是，謂韋解原本必作「縣方二十里」則非，《周禮・地官・小司徒》賈疏云：「『四甸爲縣，方二十里』者，甸方八里，縣應方十六里，云方二十里，據通治洫，旁加一里爲成而言。」可正其謬。於「施舍」之形義，與上一句「寄寓」相對應，且涉及廬舍的功能，似《補音》説亦無不可，唯其義不能並施於王氏所舉證之「布憲施舍」。近見《安徽大學戰國竹簡・曹沫之陳》「受（授）有智，予有能」，其中「予」書作上余下〇，金文、簡書中，「余」字最後二畫每每被視作飾筆，如「徐王儀楚自作用劍」之「徐」，就未出現末二畫；同時，如果這裏的「余」字又增添了一個裝飾符號〇，則「舍」「予」同形，故易致混淆。僅供參考。**民將築臺于夏氏。**民，陳國之民〔一九〕。臺，觀臺也。夏氏，陳大夫夏徵舒之家〔二〇〕。**及陳，陳靈公與孔寧、儀行父南冠以如夏氏，留賓弗見**〔二一〕。及，至也。陳靈公，舜後，恭公之子靈公平國也〔二二〕。孔寧、儀行父，陳之二卿。南冠，楚冠也。如，之也〔二三〕，往之徵舒家淫夏姬〔二四〕。賓，單襄公也。〇賈逵：南冠，楚冠也。（《御覽》服章部二注引，汪、蔣輯）。◎志慧按：從行文看，此「陳」與前文「假道於陳」之「陳」有別，指陳國首都宛丘，今河南淮陽。復次，單襄公過陳被怠慢當係事實，陳靈公無道也是事實，唯單襄公巧遇陳國之民筑臺於夏氏及陳靈公偕二臣工往淫夏氏，或係附會。復次，關於夏徵舒之「徵」，早期文獻未見異寫作「征」之例，而「徵」字又有讀如征和張里反兩讀，故其音讀仍有討論的空間，周法高《周秦名字解詁匯釋》第一四一頁將其與楚公子追舒字子南並提，云：「徵，古『懲』字，《魯頌·閟宫篇》：『荆舒是懲。』《史記·建元以來侯者年表》作『荆舒(荼)是徵』，懲舒追舒，蓋以時事名之也。」能揭出該名字的出典，説頗有理。如此，則徵舒之「徵」又成了「懲」的借字，當破讀作「懲」。若僅取征伐之義，則讀如征。若考慮字子南這一因素，其時已有五方五音五行五色四季十干十二辰配對的觀念，雖然還不固定，但已具雛形，如曾申字子西，楚公子申亦字子西，《晉語二·虢將亡舟之僑以其族適晉》中將蓐收與白、虎、鉞(金)相配，則徵舒之徵爲五音之一，宜讀張里反。不敢必其一，姑揭出以質諸高明。

【彙校】

〔一〕國，《儀禮·聘禮》作「邦」，疑韋注承賈逵等避漢諱而漏改。

〔二〕「次介」前，明道本有「以」字，《聘禮》無之。

〔三〕《考異》：「廟，《聘禮》作『朝』。」

〔四〕明道本、正統本無「也」字。

〔五〕晨見於辰，各本唯《元龜》卷二五四引作「星見於辰也」，《佩文韻府》卷九十四之二「茀」下、文淵閣《四庫全書》本《古今律曆考》卷九引作「辰見於晨」，皆不知其何所據，如後者，則以辰指大火，辰有大火義，故於義亦通，然非韋意。郭萬青《〈六書故〉引〈國語〉斠證》謂「草穢」句實釋下句「道茀不可行也」，故當置於「晨見于辰也」之後，其説有理。

〔六〕《穀梁傳·隱公七年》疏引句前有「陳人」二字。在，《周禮·司關》賈疏引作「出」，於義後者誤，蓋出疆非其職司也。疆，《周禮·候人》鄭注引作「竟」，據韋注，韋所見本作「疆」，《補音》出「彊」，並云「居良反，疆、境字通用」，是。

〔七〕明道本、正統本無此二字，《四庫薈要》據删，存疑可也。

〔八〕明道本、正統本「道路」下有「者」字，疑公序本脱。

〔九〕鄣，明道本、正統本作「障」，從阜不從邑，係用其本字，次同。

〔一〇〕「故梁之」之「梁」字，明道本、正統本、《元龜》列國君部二十引同作「渠」，據韋注及文義當作「梁」。

〔一一〕明道本無「古者」二字，疑脱。

〔一二〕蓺，明道本、遞修本、静嘉堂本、弘治本正文作「蓺」，注文明道本先作「蓺」，後作「埶」，後者當涉「埶」字而誤。《述聞》卷二十謂「蓺」爲「蓺」之譌，《廣韻》入聲緝韻：「蓺，草生多貌。」《集解》從之，正統本正作「蓺」，注同。

〔一三〕明道本、正統本無「猶」字。

〔一四〕膳，正統本及《元龜》引同，明道本作「饍」，但明道本韋注仍作「膳」，疑本作「膳」，明道本傳寫致異。

〔一五〕明道本無「者」字，疑脱。

〔一六〕《元龜》引句首無「可」字，《考正》謂有者衍，郭萬青則以爲「可」係「何」字之誤，有理。寄，《元龜》引同，明道本、正統本作「寄寓」，秦鼎從明道本。

〔一七〕六十，明道本、正統本作「十六」，《四庫薈要》據明道本改，《札記》、秦鼎據《周禮·地官》鄭注斷明道本是，可從。

〔一八〕本句《文章正宗》卷四引同，明道本作「施舍，賓客負任之處也」，《札記》謂當從公序本，是。

〔一九〕民，明道本、正統本作「人」，疑因唐諱改，先秦時「人」指封人、虞人、廩人之類的大夫，築臺者皆爲民。

〔二〇〕明道本、正統本無此「之」字。

〔二一〕弗，明道本、正統本作「不」。

〔二二〕公，《儀禮經傳通解》卷二十二同，明道本作「王」，當作「公」。

〔二三〕之，明道本、正統本作「往」。

〔二四〕明道本、正統本「之」字位於「家」前，秦鼎從明道本。

單子歸，告王曰〔一〕：**「陳侯不有大咎，國必亡。」**單子，襄公也。卿大夫稱子，於其私士稱公〔二〕。　○《標注》：子者，王爵也。公者，私稱也。不當以子爲卿大夫通稱。**王曰：「何故？」**

對曰：「夫辰〔三〕，**角見而雨畢，**辰角，大辰倉龍之角〔四〕。角，星名也。見者，朝見東方。建戌之初，寒露節也。雨畢者，殺氣日盛，雨氣盡也〔五〕。　○賈逵：辰角，大辰倉龍之龍。角，星名也（《御覽》居處部二十三注引，汪、蔣輯，按次「龍」字涉上文而訛，當爲「角」字，觀韋注可證）。　○《補音》：見，賢徧反。　○《述聞》：大辰，房、心、尾也。壽星，角、亢也。角非大辰，不得謂之辰角，當以「夫辰」二字絶句，辰者星也，下文之角、天根、本、駟、火皆辰也，「夫辰」統上下之詞。　◎志慧按：「朝見東方」下，今人標點本或斷或不斷，據下文並列句例，當斷，且施句號。同理，「建戌之初」前疑脱一「謂」字。**天根見而水涸，**天根，亢、氐之間也〔六〕。涸，竭也。謂寒露雨畢之後五日，天根朝見，水潦盡竭也。《月令》：「仲秋，水始涸。」天根見，乃盡竭。　○《爾雅·釋詁》：涸，竭也。　○賈逵：涸，竭也（《文選》木玄虚《海賦》李善注引，王、黄將此條置於《晉語五》「故川涸山崩」下，汪遠孫輯，蔣曰豫將此條置於下文「水涸而成梁」下）〔七〕。　○楊慎《丹鉛續録》卷一：唐一行曆引《周書·時訓》曰：「天根朝覿，爰始收潦。」《國語》之文本《周書》也。　○《略説》：《爾雅》曰：「天根，氐也。」彼注云：「角亢下繫於氐，若木之有根。」舊注謂氐亢之間，是無所斥名。我友善天文者，謂角星亦曰天根，則此或謂亢與？何以言之？《月令》曰：「仲秋之月，水始涸。」與此正同，而周初秋分之時，亢星始見，是可以儆焉。是説有理，故附之。○《述聞》：《爾雅》云：「天根，氐也。」無以天根爲亢、氐之間者。◎志慧按：《月令》：「仲秋，水始涸。」《周語》：「亢見而水涸（依王引之校文）。」韋注「水潦盡竭」，是，其中體現出水涸的過程。《周書·時訓》謂「天根朝覿，爰始收潦」，緯度、海拔有高差，或時代有先後，不能強同，如《豳風·七月》載「九月授衣」，下文亦云「隕霜而冬裘具」，《月令》則謂「孟冬，天子始裘」。復次，《禮記·曲禮上》「水潦」釋文：「潦，音老，雨水謂之潦。」江西修水的一條支流潦水，今仍音老。**本見而草木節解**，本，氐也。謂寒露之後十日〔八〕，陽氣盡，草木之枝節皆理解也。○舊注：本，氐也，謂霜降之後，生氣既衰，草木枝葉皆節理解落也（《文選》左太沖《吴都賦》劉淵林注引，按陳樹華疑所引是賈逵注。）。○《述聞》：氐之爲本，徧考書傳皆無之，竊疑「本」當作「亢」，亢見當在天根見之前。當云「亢見而水涸，天根見而草木節解」，蓋寒露之後五日，亢星朝見。又五日，天根見也。**駟見而隕霜**〔九〕，駟，天駟，房星也。隕，落也。謂建戌之中，霜始降。○《爾雅·釋天》：天駟，房也。又《釋詁》：隕，落也。○賈逵：駟，房星也（《書鈔》天部四注引，《初學記》卷二天部下引，王、汪、黄、蔣輯）。**火見而清風戒寒**。謂霜降之後，清風先至，所以戒人爲寒備也。○鄭衆：火，心星。清風，寒風（《書鈔》歲時部四注引，汪遠孫輯）。○賈逵：戒寒，戒人爲寒備也（《文選》顔延年《宋文皇帝元皇后哀策文》李善注引，王、汪、黄、蔣輯）。○《增注》：火見，亦謂朝見也。◎志慧按：角——亢——氐——房皆以五日爲一星度，房——心——營室皆以十五日爲一星度，不論實際情況如何，當時觀念如此。**故先王之教曰：『雨畢而除道，水涸而成梁**〔一〇〕，教，謂《月令》之屬也。九月雨畢，十月水涸。◎志慧按：韋昭將「水涸而成梁」與下文「十月成梁」並觀，故云「十月水涸」，其實水涸在仲秋至九月初五前後，此「成梁」當指鳩工營造橋梁，與「十月成梁」中「成」之落成義有別。相反，如果「十月成梁」之「成」義同於「水涸而成梁」之「成」，則單朝於十月初入陳，不當責陳之川不梁矣，蓋其時本不必「成」。**草木節解而備藏**，備收藏也。《月令》：「季秋，農事畢收。」**隕霜而冬裘具**，孟冬，則「天子始裘」〔一一〕，故九月可以具之〔一二〕。◎志慧按：韋昭引《月令》孟冬之文釋此九月節令，不免方枘圓鑿，豳地海拔、緯度俱高於中原，故有「九月授衣」，《月令》所指者或爲平原，或爲海拔相對較低的地區，故云「孟冬，天子始裘」。隨文解之可也。復次，韋注「備收藏也」，上海師大校點本與《集解》點校本俱作「備，收藏也」，據義不當斷。**清風至而修城郭**〔一三〕、**宮室。』**謂火見之後，建亥之初也。**故《夏令》曰：『九月除道，十月成梁。』**《夏令》，夏后氏之令，周所因也。除道所以便行旅〔一四〕；成梁所以便民，使不涉也〔一五〕。○《發正》：《詩·天保》毛傳：「除，開也。」《爾雅》：「隄謂之梁。」郭注云：「即橋也。」

其《時儆》曰：『收而場功，○《略説》：場，謂耕治之圃。至秋物成熟，堅筑以爲收穫之地也。**偫而畚、挶，**時儆，時所以儆告其民也〔一六〕。收而場功，使人脩囷倉也。偫，具也。畚，器名，土籠也。挶，舁土之器〔一七〕。具汝畚〔一八〕、挶，將以築作也。○《補音》：偫，直里反。○《舊音》：挶，九玉反。○《略説》：令具筑作之器者，以土功且始也，是以趣收場功，而舊注誤爲修囷倉也。○《校文》：《時儆》、《夏令》之篇名。◎志慧按：其時場功當畢，「收」字之義當依《略説》。《集解》謂兩「而」字與「汝」同，是。**營室之中，土功其始。**定謂之營室。謂建亥小雪之中〔一九〕，定星昏正於午，土功可以始也〔二〇〕。《詩》云：「定之方中，作于楚宫〔二一〕。」○《略説》：霜降之後十日，昏定星中，舊注失考。○《集解》：《詩疏》引孫炎云：「定，正也。天下作宫室者，皆以營室中爲正。」◎志慧按：《詩·定之方中》鄭箋：「定星昏中而正，於是可以營制宫室，故謂之營室。定昏中而正，謂小雪時。」可參。**火之初見，期于司里。**』期，會也。致其築作之具，會於司里之官。○賈逵：期，會也（釋慧琳《一切經音義》卷三引）。○《增注》：初見，亦謂朝見東方也。○《正義》：耕時於里宰治處之，合人與器，故築時亦于此合人與器也。◎志慧按：火之初見後半個月始有營室之中，疑「營室之中」二句與「火之初見」二句誤倒，觀韋注「火之初見」有「致其築作之具」「土功可以始」，則似韋昭所見者未誤。**此先王之所以不用財賄**〔二二〕，**而廣施德於天下者也。**施德，謂因時警戒〔二三〕，謹蓋藏，成築功也。**今陳國火朝覿矣，而道路若塞，野場若棄，澤不陂、障，川無舟、梁，**舟梁，以舟爲梁也。○《略説》：令民不病涉，以「舟梁」爲二物可也。○《述聞》：韋注非也。上文川不梁，單言無梁，此「川無舟、梁」，則兼言無舟，舟、梁是二事，非謂以舟爲梁也。上文曰「十月成梁」，則川自有梁，不須以舟爲之。且造舟爲梁，天子之禮，他人所不敢用，不得以此責陳也。

○《正義》：此傳言陳國不恤其民，當指民所乘之舟，所行之梁，未可引天子之制以釋之。○帆足萬里：舟、梁是二項。◎志慧按：舟、梁當是並列短語，確是二事，與上句「陂障」相應，特予點斷，以與韋注區別。**是廢先王之教也。**

【彙校】

〔一〕《周禮·夏官·候人》賈疏、《穀梁傳·隱公七年》楊疏引「告」前皆有「以」字。

〔二〕士，《存校》謂當作「土」，有理。

〔三〕斷句從《述聞》而不從韋、賈之解，下文注同。

〔四〕倉，明道本、正統本作「蒼」，出其本字。

〔五〕盛，《元龜》卷二五四、《儀禮經傳通解》、《文章正宗》卷四引同，明道本、正統本作「至」。明道本、正統本「雨氣」前尚有「而」字。

〔六〕亢氏，明道本、正統本、許宗魯本、葉邦榮本、閔齊伋本同，張一鯤本、李克家本作「氐亢」，疑後者誤倒。

〔七〕按《晉語五·車者論梁山崩》「故川涸山崩，君爲之降服」亦有「涸」字，唯《原本玉篇殘卷·水部》「《國語》：『天根見而水涸，水涸而成梁。』賈逵曰：『涸，竭也。』」故置於此。

〔八〕日，古鈔本作「月」，未見其是。

〔九〕隕，《白氏六帖事類集》卷一、《初學記》天部下、《書鈔》天部四、《御覽》天部十四俱引作「賈」，二字古通。

〔一〇〕水，《文選》陸士衡《文賦》李善注引作「泉」，據韋注，似作「水」者勝。

〔一一〕明道本、正統本無「則」字，《考正》從删。

〔一二〕明道本、正統本無「之」字。

〔一三〕修，明道本同，遞修本、静嘉堂本、弘治本作「脩」，正統本作「循」，金李本與上下文不一，似宜整齊。

〔一四〕《禮記·月令》正義引此作「治道所以便行旅通也」。

〔一五〕「便民使」三字，《國語》各本同，《禮記·月令》正義作「使民」二字。

〔一六〕明道本、正統本無「所」字，於義無者勝。

〔一七〕帘，正統本同，明道本作「舉」，公序本多存生僻字，明道本多用常見字。

〔一八〕汝，明道本、正統本作「爾」。

〔一九〕明道本、正統本無「謂」字。 建亥小雪之中，疑爲「建亥之中小雪」之誤倒。

〔二〇〕土，遞修本、静嘉堂本、弘治本作「二」，後者字殘。

〔二一〕宫，弘治本作「居」，據《詩》文，後者形訛。

〔二二〕明道本、正統本無此「之」字。

〔二三〕警，正統本作「儆」。

「《周制》有之曰：『列樹以表道，立鄙食以守路〔一〕。鄙〔二〕，四鄙。十里有廬，廬有飲食。○孫鑛：鄙食，是今中火（閔齊伋《國語》）。○《略説》：守路，謂守望行路之人。○《增注》：《周制》，古書篇名，《漢志》載《周制》十八篇。◎志慧按：《漢書·藝文志》：「河間《周制》十八篇。」顏注：「似河間獻王所述也。」如此則不敢遽斷該《周制》即《漢志》所載者也，唯既見明文，故施以書名號。**國有郊牧**，國外曰郊。牧，放牧之地。○《爾雅·釋地》：邑外謂之郊，郊外謂之牧。◎志慧按：城外曰郭，邑外曰郊，郊外曰牧，牧外曰野，野外曰林。**畺有寓望**〔三〕，畺，境也。境界之上有寄寓之舍、候望之人。○龜井昱：寓望，寄寓、候望之處也。○《正義》：寓望，謂寄寓之樓可以觀望，亦曰候館。○《發正》：《風俗通義》曰：「《春秋國語》『畺有寓望』，謂今亭也，民所安定也。」此應氏所引當是《國語》舊注。◎志慧按：《風俗通義》此「畺」字疑係清人輯佚時增，檢其所據《太平御覽》卷一九四並無此字，《玉海》卷一七五宫室「湯亭」引《風俗通》亦無之，汪氏據所見《風俗通義》斷《國語》舊注本來面目，容有不當。「民所安定也」見《説文·高部》「亭」下。

藪有圃草，澤無水曰藪。圃，大也。必有茂大之草以備財用〔四〕。○帆足萬里：圃亦田獵之地。○《補正》：圃，與「甫」通，圃草，即《詩》之「甫草」，仍訓園圃，不得從甫訓大。◎志慧按：《發正》曾列舉《詩·車攻》「東有甫草」毛傳「甫，大也」、《文選·東都賦》「豐圃草以毓獸」李善注「圃，博也」，則韋注亦有據。段注《説文·囗部》：「圃，所以種菜曰圃。从囗，甫聲。」囿有林池，囿，苑也。林，積木。池，積水也。所以禦災也。禦，備也。災，饑〔五〕、兵也。○《詳注》：災，水、火、兵、飢也。◎志慧按：《詳注》之解於義更全。其餘無非穀土，○秦鼎：穀土，生穀之地也。○《補正》：穀土，宜穀之土也。民無縣耜〔六〕，言常用也。入土曰耜，耜柄曰耒。○《標注》：耒、耜是二物，直曰耜，曲曰耒。野無奥草〔七〕。皆墾辟也。奥，深也。不奪民時，不蔑民功。蔑，棄也〔八〕。有優無匱，有逸無罷。○皆川淇園《國語考》：有優無匱之，蓋庇財也。有逸無罷之，蓋紓力也。國有班事，國，城邑也。班，次也。執事有次〔九〕。縣有序民。』縣鄙之民從事有序。今陳國道路不可知，○秦鼎：不可知，謂道茀，難知其所由也。○龜井昱：道無列樹也，「列樹以表道」之反。田在草間，不墾者多。○龜井昱：墾田若蓺也。功成而不收，野埸若棄也。○秦鼎：功，埸功也。民罷於逸樂，罷於爲國君作逸樂之事〔一〇〕。○《補正》：此語即指上築臺於夏氏事。是棄先王之法制者也〔一一〕。

【彙校】

〔一〕食，《初學記》居處部道路、《通鑑前編》卷十三引作「舍」，於義似作「舍」爲長，《標注》疑當作「舍」，觀韋注，則原文當作「食」，蓋「鄙食」一詞費解而需解。

〔二〕明道本、正統本「鄙」前尚有「制，法也。表，識也」六字，《儀禮經傳通解》卷二十二引同，《補韋》、《考正》、《考異》俱謂無者脱，唯《元龜》列國君部二十和《文章正宗》卷四引亦俱無之。

〔三〕畺，《元龜》列國君部二十、《文章正宗》卷四引同，《補音》：「即『疆境』字，前作『疆』多矣，並與此同，但傳寫異耳。」《考正》稱此係古字之僅存者，明道本、正統本作「疆」，傳寫異體耳，注同。

〔四〕備財用，明道本作「財用之也」，《考異》從公序本，上海師大本亦依公序本徑改，是。

〔五〕饑，明道本、弘治本、許宗魯本、葉邦榮本、張一鯤本、李克家本同，遞修本、静嘉堂本作「飢」，「飢」是吃不飽，上古音在脂部；「饑」是災荒，上古音在微部，二字古常通用。

〔六〕縣，《補音》：「縣，胡鬫反。」明道本、正統本作「懸」，以今字易古字也。

〔七〕《舊音》：「奥，賈本作『冥』。」

〔八〕棄，遞修本、正統本同，明道本作「求」，孔廣栻斷後者誤，《札記》謂「當依別本作『求』」，《考異》謂「棄」作「弃」，因誤作「求」，《校證》從之，是。

〔九〕明道本、正統本「執事」下有「者」字，據下文「從事有序」，各本同，疑有「者」者衍，洪邁《經子法語》引亦無之。

〔一〇〕明道本無「君」字，疑脱。

〔一一〕明道本、正統本無「者」字，《元龜》列國君部、《文章正宗》卷四議論一引有之，但上文謂「廢先王之教也」，下文謂「蔑先王之官也」、「犯先王之令也」，則不僅「者」字不當有，據段首「周制」與下文「棄其制」，即「法」字亦爲傳抄者所增。

「周之《秩官》有之，《秩官》，周常官，篇名。 ○《辨正》：釋「秩」爲常，於「秩」字之訓詁無誤，唯以常官爲篇名，於文獻中查無旁證，倒是「秩」字的另一常訓「序」卻有例可援，《荀子·王制》、《樂論》兩次出現「序官」一詞，而且明顯都是書（篇）名，前者曰：「《序官》：宰爵知賓客、祭祀、饗食、犧牲之牢數。」楊倞注云：「謂王者序官之法也。」後者曰：「其在《序官》也，曰：『脩憲命，審誅賞，禁淫聲，以時順脩，使夷俗邪音不敢亂雅，大師之事也。』」准此，則「《秩官》」當爲《序官》一類的文獻，或者竟就是《序官》。曰：『敵國賓至，關尹以告〔一〕，敵〔二〕，位敵也。關尹，司關，掌四方賓客〔三〕，叩關則爲之告〔四〕。《聘禮》曰：「及境，謁關人，關人問從者幾人。」遂以入境〔五〕。行理以節逆之〔六〕，理，吏也。逆，迎也。執瑞節爲信而迎之也。行理，小行人〔七〕。 ○賈逵：理，吏也，小行人也（《左傳·僖公三十年》正義引，汪遠孫輯）。 ○孔晁：行李，行人之官也（《左傳·僖公三十年》正義引，汪、黄輯）。**候人爲導**，導賓至於朝，出送之境〔八〕。**卿出郊勞**，《聘禮》曰：「賓至于近郊，君使卿朝服〔九〕，用束帛勞〔一〇〕。」**門尹除門**，門尹，司門也。除門，掃除門庭也。**宗、祝執祀**，宗，宗伯。祝，太祝也。執祀，賓將有事於廟，則宗、祝執祭祀之禮〔一一〕。○《發正》：宗，宗人，非宗伯。○《平議》：賓雖有事於廟，然非祭祀也，何以執祭祀之禮乎？執祀疑當作「執禮」，宗祝執禮，言賓至則宗祝執其禮也。◎志慧按：曲園之説有理，《集解》據以修改原文，蓋如《越語上》載句踐「四方之士來者，必廟禮之」，然乏直接證據，姑録以備考。**司里授館**，司里授客所當館〔一二〕，次於卿也。《聘禮》：「卿致館。」**司徒具徒**，具徒役，脩道路之委積。**司空視塗**，視險易也〔一三〕。**司寇詰姦**，禁詰姦盗。**虞人入材**，虞人，掌山澤之官。祭祀、賓客各供其材〔一四〕。**甸人積薪**，甸人，掌薪蒸之官也〔一五〕。**火師監燎**，火師，司火。燎，庭燎也。○胡匡衷《侯國官制考》：火師即司爟，《周禮·司爟》下士二人。**水師監濯**，水師，掌水，監滌濯之事者〔一六〕。○《删補》：《漢（書）·元后傳》「輯濯越歌」師古注：「濯，與『櫂』同。」皆所以行舟也。《上林賦》亦曰「濯鷁牛首」，皆與「櫂」通用。**膳宰致餐**〔一七〕，孰食曰餐〔一八〕。**廩人獻餼**，生曰餼，禾米也。**司馬陳芻**，司馬，掌師圉人養馬，故陳芻。圉人職屬司馬。◎志慧按：韋注似據「陳芻」釋司馬之職，唯《左傳·成公十八年》「（晉）籍談爲之司馬，使訓卒乘」，《晉語三》司馬宣布慶鄭罪狀，《晉語五》司馬韓獻子斬亂軍列之人，《晉語七》魏絳爲中軍司馬，戮亂行之揚干，凡此皆可見司馬尚有訓練卒乘、監察軍紀之責。**工人展車**，展省客車，補傷敗也。百官官以物至〔一九〕，賓入如歸。○《略説》：百官皆有職官，每官執其職事。是故小大莫不懷愛。小大，謂賓介也。○《增注》：小大，以國言。其貴國之賓至，則以班加一等，益虔。貴國，大國也。班，次也。○《略説》：大國班次加於列國一等。○龜井昱：上言敵國之禮。貴國，貴於己爵者。◎志慧按：《詩·殷武》「方斫是虔」毛傳：「虔，敬也。」與此「虔」字義同。至于王使〔二〇〕，則皆官正涖事，正，長也。涖，臨也。○《爾雅·釋詁》：正，長也。○《古文析義》：用長官司事，班又加矣。○秦鼎：皆，指數官。上卿監之。監，視也。○《爾雅·釋詁》：監，視也。○秦鼎：以上《秩官》文。若王巡守，則君親監之。』《周禮》：王十二歲一巡守。○《古文析義》：仍用長官司事，第自察之，班于無可加，而虔極矣。今雖朝也不才，有分族於周〔二一〕，朝，單子之名。有分族，王之親族也〔二二〕。○《國語疑義新證》：「分族」謂王室分賜之氏族。帝王分諸侯以土地，謂之分土、分地；分之以器物，謂之分物、分器。「分土」、「分地」與「分族」文同一例。承王命以爲過賓於陳，假道爲過賓。而司事莫至，是蔑先王之官也。蔑，欺也。○《略説》：司事，謂官司職事者，所謂關尹以下之官。○户埼允明：蔑，無也，謂蔑如，注非。○皆川淇園：官，謂周之《秩官》之書也。○秦鼎：上文「不蔑民功」注：「蔑，棄也。」此「欺」字恐誤。◎志慧按：釋「蔑」爲無爲棄，皆一義之引申，韋注不穩。

【彙校】

〔一〕《周禮·地官·司關》「賓客」節賈疏引重「關」字，據當條鄭注引不重，疑賈氏抄重。

〔二〕敵，明道本、正統本作「敵國」，《考異》謂無者脱，《儀禮經傳通解》卷二十二引有之，據注例，有者當衍。

〔三〕四方賓客，明道本、正統本作「四方之賓客」。

〔四〕叩，《周禮·春官·司關》作「敂」，古同。

〔五〕遂以入境，《儀禮經傳通解》引同，明道本、正統本句下尚有「告也」二字。《經義述聞·儀禮》謂此釋正文「以告」二字，公序本删去「告也」二字，存「遂以入竟（境）」四字，以從《聘禮》，不知《聘禮》原無「竟」字，其説有理。

〔六〕理，孔晁本作「李」，見於《左傳·僖公三十年》正義引，二字古通。

〔七〕本注《周禮·司關》疏引作：「理，吏也。行理，小行人。掌國賓客禮，以待四方，使逆賓客。」韋注承自賈逵而稍有潤飾，准此，則似《周禮》疏所引者更勝。

〔八〕明道本、正統本「境」前尚有「於」字，《考正》從補。

〔九〕明道本、正統本無「君」字。

〔一〇〕明道本、正統本句下尚有「之」字，今本《儀禮》無。

〔一一〕祀，弘治本作「祝」，後者形訛。

〔一二〕明道本「所當館」前尚有「之館」二字，衍。

〔一三〕視險易也，《元龜》列國君部二十、《文章正宗》卷四引同，明道本、正統本作「視塗險易」，秦鼎從明道本。

〔一四〕明道本、正統本無「各」字。

〔一五〕官，《文章正宗》卷四、《儀禮經傳通解》卷二十二引同，明道本、正統本作「事」。

〔一六〕者，《文章正宗》卷四、《儀禮經傳通解》卷二十二引同，明道本、正統本作「也」。

〔一七〕餐，張一鯤本、閔齊伋本同，李克家本改作「飱」，明道本、正統本作「饔」，注同。《札記》：「此句與下『獻饘』對，即《聘禮》之『饔饘』也。」但韋注云「熟食」，《補音》謂「音孫」，故《備考》云：「《穀梁正義》引《國語》『餐』作『飧』爲是。」《考異》云：「饔誤作『餐』，作音者又誤讀『餐』爲『飡』，陸德明《釋文》餐、飡不分，宋公序亦仍其誤矣。」《考異》大膽推測，不似《備考》之説有據，「飱」、「飡」同，李克家本不同於公序本系統其他子本，疑據音讀改。

〔一八〕孰，《元龜》卷二五四引同，明道本、正統本、弘治本、孔氏詩禮堂本、道春點本、《增注》、秦鼎本、《正義》作「熟」，「孰」、「熟」古今字。下文凡金李本遞修本作「孰」而明道本、正統本作「熟」者不再出校。

〔一九〕《元龜》列國君部、《玉海》官制官名引同，明道本、正統本不重「官」字，疑脱，古鈔本有之。葉明元《抄評》及秦鼎所見陳臥子本作「各」字，《通鑑前編》卷十三、《文章正宗》卷一議論一議論二引同，則秦鼎所見本似亦自有所據。「物至」下，明道本、正統本有韋注「物，事也」三字，《考正》從補。

〔二〇〕使，明道本、正統本作「吏」，古文「吏」、「使」、「事」同字，文獻中所引或作「使」，或作「吏」，此處於義皆可通。

〔二一〕《舊音》：「分，一爲『介』。介，大也，言大族於周。」

〔二二〕親族，明道本作「族親」。

「先王之《令》有之曰：文武之教。『天道賞善而罰淫，故凡我造國，無從非彝，造，爲也。彝，常也。○《爾雅·釋言》：造，爲也。又《釋詁》：彝，常也。○帆足萬里：造國，建國也。○《補正》：彝，法也，謂非法也。無即慆淫，即，就也。慆，慢也。○《補音》：慆，土刀反。各守爾典，以承天休。』典，常也。休，慶也。○《爾雅·釋言》：休，慶也。◎志慧按：此令見收於《僞古文尚書·湯誥》，唯「賞善而罰淫」作「福善禍淫」，「非」作「匪」。今陳侯不念胤續之常，○《略説》：胤續，繼嗣也。言立嗣以嫡夫人之子爲常也。棄其伉儷妃嬪，伉，對也。儷，偶也。○賈逵：儷，偶也（《文選》何平叔《景福殿賦》李善注引，王、汪、黄、蔣輯）。妾御曰嬪（釋慧琳《一切經音義》卷二十三引）。**而帥其卿佐以淫於夏氏，不亦瀆姓矣乎**〔一〕？卿佐，孔、儀也。賈、唐二君云：「姓，命也。」一曰：「夏氏，姬姓，鄭女亦姬姓，故謂之瀆姓。」昭謂：夏徵舒之父御〔二〕叔，即陳公子夏之子、靈公之從祖父〔三〕，嬀姓也，而靈公淫其妻，是爲褻瀆其姓〔四〕。○《略説》：《左傳》曰叔孫穆子問其姓，説者云：「姓，子也。」蓋言陳侯與孔、儀淫於夏姬，猶禽獸聚麀，若有生子，是爲褻瀆之子，而非胤續之常。○户埼允明：「姓」亦如字。○《備考》：古謂子爲姓，靈公與孔寧、儀行父淫於夏姬，公謂行父曰：「徵舒似汝。」對曰：「亦似君。」是爲媟瀆夏氏之子姓也。○秦鼎：淫，即慆淫。**陳，我大姬之後也。**大姬，周武王之女，虞胡公之妃，陳之祖妣也。**棄衮冕而南冠以出，不亦簡彝乎**？衮，卷龍之衣〔五〕。冕，大冠也，公之盛服。簡，略也。彝，常也。言其棄禮〔六〕，簡略常服也。○賈逵：簡，略也（《文選》沈休文《齊故安陸昭王碑文》李善注引，王、汪、黄輯）。○《標注》：簡彝，謂簡忽於典則也。○《補正》：簡彝，謂簡略禮法也。**是又犯先王之令也。**先王之令，無從非彝。

【彙校】

〔一〕瀆，正統本同，明道本作「嬻」，下同。《補音》：「本或作『黷』，又作『嬻』。《説文》：『嬻，媟也。』然今古字多假借，皆通。」注同。

〔二〕明道本無「御」字，疑脱。

〔三〕靈，静嘉堂本、弘治本作「林」，後者音近而訛，疑因寫工所操方言前後鼻音不分而致誤，次「靈」字同。

〔四〕褻，明道本作「媟」，古通。

〔五〕卷，明道本、正統本作「衮」，《詩·豳風·九罭》「衮衣繡裳」毛傳：「衮衣，卷龍也。」《釋名·釋首飾》：「袞，卷也，畫卷龍於衣也。」於義各有所當。

〔六〕其棄，明道本、正統本作「棄其」。

「昔先王之教，茂帥其德也〔一〕，猶恐隕越〔二〕。言勉帥其德，猶恐落墜。若廢其教而棄其制，蔑其官而犯其令，將何以守國？無禮則危。居大國之閒，大國，晉、楚。而無此四者，其能久乎？」四者，謂教、制、官、令也。

【彙校】

〔一〕茂，明道本、正統本作「懋」。

〔一〕隕，明道本作「殞」，《考異》謂「殞」俗字。

六年，單子如楚。定王六年，魯宣之八年。八年，陳侯殺于夏氏〔一〕。八年，魯宣之十年也。陳靈公與孔寧、儀行父飲酒于夏氏。公謂行父曰：「徵舒似汝〔二〕。」對曰：「亦似君。」徵舒病之。公出，自其廏射而殺之。九年，楚子入陳。楚子〔三〕，莊王也。入陳討夏氏殺君之罪，既滅陳而復討之〔四〕，故曰「入」。唐尚書云：「遂取陳以爲縣。」誤也。○《補正》：唐就初入陳時言之，不爲誤也。

【彙校】

〔一〕《補音》：「殺，申志反，或作『弑』。」

〔二〕汝，明道本、正統本作「女」。

〔三〕明道本、正統本無「子」字，疑脱。

〔四〕討，弘治本同，明道本、遞修本、正統本作「封」，孔廣栻謂「討」乃「封」字傳寫之誤，《訂字》、户埼允明、《增注》、秦鼎從明道本，據史實是也，金李本等字之訛也。

9 劉康公論魯卿佐儉與侈

定王八年，使劉康公聘于魯，劉，畿内之國。康公，王卿士，王季子也。○《正義》：劉，古通「畱」。案：畱有二，宋之畱在彭城，張良遇高祖處。周之畱在緱氏，即劉康公采邑，在今河南府偃師縣南緱氏故城西北。《詩·王風》「彼畱子嗟」毛傳：「畱，氏。子嗟，字也。」古者多以邑爲氏，則畱在東周畿内。**發幣於大夫。**發其禮幣於魯大夫。○《發正》：高誘注《呂氏春秋·報更篇》：「發，猶致也。」《聘禮》曰：「賓致幣。」**季文子、孟獻子皆儉，**二子，魯卿。季文子，季友之孫〔一〕，齊仲無佚之子季孫行父也。孟獻子，仲慶父之曾孫、公孫敖之孫、孟文伯歜之子仲孫蔑也〔二〕。儉，居處節儉也〔三〕。○《舊音》：歜，音觸。○《補音》：歜，昌欲反。此字又有在感反。◎志慧按：此儉僅針對禮幣而言，未及於居處，韋注不密。**叔孫宣子、東門子家皆侈。**二子，魯大夫。叔孫宣子，叔牙之曾孫、莊叔得臣之子叔孫僑如也。東門子家，莊公之孫、東門襄仲之子公孫歸父也。◎志慧按：魯桓公四子，嫡長子繼任爲莊公，嫡次子季友，其後爲季孫氏；庶長子慶父，其後爲孟孫氏；庶次子叔牙，其後爲叔孫氏。莊公封季孫、孟孫、叔孫三家爲卿，此後世爲魯卿，稱爲「三桓」。又，「發幣於大夫」的主語是劉康公，比照《周語下》「發幣於大夫，及單靖公。靖公享之，儉而敬，賓禮贈餞，視其上而從之」之文，述四子儉侈之前似當有類似「賓禮贈餞」之語，唯文獻不足徵，姑且存疑。

【彙校】

〔一〕友，静嘉堂本、弘治本作「文」，疑因涉上句「文」字而誤。

〔二〕歜，《考正》、《札記》謂當作「穀」，後者更指其涉公父文伯歜而誤，《發正》從其説，是。

〔三〕節儉也，明道本、張一鯤本、李克家本同，遞修本、静嘉堂本、弘治本、許宗魯本作「儉節」二字，文獻中儉節、節儉並用。

歸，王問：「魯大夫孰賢？」對曰：「季、孟其長處魯乎〔一〕！叔孫、東門其亡乎〔二〕！若家不亡，身必不免。」王曰：「何故？」對曰：「臣聞之：爲臣必臣，爲君必君。臣尚敬，君尚惠也。寬、肅、宣、惠，君也；肅，整也。宣，徧也。惠，愛也。○《爾雅·釋言》：宣，徧也。○《平議》：《説文·心部》：「愃，寬閒心腹貌。从心，宣聲。」《詩》曰：「赫兮愃兮。」今毛詩作「咺」，釋文引韓詩作「宣」，蓋愃、咺、宣三字聲近而義通，是宣有寬義也。文十八年《左傳》曰「宣慈惠和」，「宣惠」與「宣慈」義正相近，蓋宣有寬大之義，故配慈惠言之。○《辨正》：寬、肅、宣、惠與敬、恪、恭、儉並列，爲四種美德，若釋宣爲寬，則與前一「寬」字義重。其實韋注無誤，惜未盡究其義，《逸周書·謚法》曰：「聖善周聞曰宣。」韋注之「徧」即周聞。敬、恪、恭、儉，臣也。寬所以保本也，本，位也〔三〕。寬則得衆，故可以守位〔四〕。○《標注》：本，謂國也。能保固其國，使其不復傾危，是之謂保本也。位者末也，非本。肅所以濟時也，濟，成也。宣所以教施也〔五〕，施徧則民不怨〔六〕。惠所以和民也。本有保則必固，時動而濟，則無敗功，不干時而動，則無敗功也。教施而宣則徧，惠以和民則阜。阜，厚也。若本固而功成，施徧而民阜，乃可以長保民矣，其何事不徹？徹，達也。○賈逵：徹，明也（釋慧琳《一切經音義》卷十六引，汪遠孫輯）。◎志慧按：定王所問者大夫孰賢，劉康公從儉侈現象思及爲臣之道，進而借題發揮，及於君道，疑後者纔是其真正的問題意識。敬所以承命也，恪所以守業也，恭所以給事也，儉所以足用也。儉則有餘，故所以足用。以敬承命則不違，○賈逵：違，異也（《文選》陸士衡《贈馮文羆遷斥丘令》李善注引，王、汪、黄將此條置於《楚語上》「與王心違」下，蔣曰豫將此條置於《魯語上》「是以國家無違」下）。以恪守業則不懈，以恭給事則寬於死，寬，猶遠也。以儉足用則遠於憂。無乏絶之憂，且遠驕僭之罪也。○《標注》：注「驕僭」句是文外之意，當削去耳。若承命不違，守業不懈，寬於死而遠於憂，則可以上下無隙矣，上下，君臣也。隙，瑕釁也〔七〕。○賈逵：隙，釁也（釋慧琳《一切經音義》卷三十二、五十九、九十六注引，汪、蔣輯）。其何任不堪？上任事而徹〔八〕，○秦鼎：徹，無所阻格也。下能堪其任，所以爲令聞長世也。長世，多歷年也〔九〕。今夫二子者儉，其能足用矣〔一〇〕，二子，季、孟，言二人其能以儉足用。用足則族可以庇。庇，覆也。恭儉節用，無取於民，國人説之，故其宗族可以覆廕。○《略説》：己用既足而可以庇其族，舊注未允。二子者侈，侈則不恤匱，匱而不恤，憂必及之，志在奢侈，不恤人之窮匱，故憂患必及之。◎志慧按：匱而不恤，當然有不體恤人之窮匱之意，但似亦當包括自身奢侈無度，不知道居安思危、未雨綢繆之義。若是，則必廣其身。廣，大也。務自大，不顧其上也。○《增注》：廣，與「曠」通，猶曠夫之「曠」。廣，空也，廢也，言憂患及之，則必廢亡其身也。○吴闓生：廣，讀曠棄之「曠」，韋注誤。◎志慧按：韋注「廣」字作本字讀，誤，冢田虎與吴闓生説可從。且夫人臣而侈，國家弗堪，亡之道也。」○秦鼎：國家不堪容之，言厭惡之。王曰：「幾何？」對曰：「東門之位不若叔孫，而泰侈焉，不可以事二君〔一一〕。東門，大夫。叔孫，卿也。位在人下而侈其上，重而無基，故不可以事二君。○《校文》：前注「叔孫宣子、東門之(子)家」云：「二子，魯大夫。」此注云：「東門，大夫。叔孫，卿也。」自相違誤。叔孫之位不若季、孟，而亦泰侈焉，不可以事三君。叔孫，下卿，季、孟，上卿。◎志慧按：謂叔孫之位不若季、孟誠是，謂東門之位不若叔孫則未必，東門襄仲與其子公孫歸父先後爲魯國執政，三卿之首季文子亦曾聽命於彼，疑此説係事後附會。復次，「發幣於大夫」之大夫係泛指，上文韋解指叔孫宣子與東門子家爲大夫疑即承此，其後又指叔孫爲卿則爲特指。至於其時執政的東門子家是否爲卿，未見明文，不敢遽斷，然其實際地位高於三家則是事實。上海師大本給本文施題爲「劉康公論大夫儉與侈」，爲免生歧義，特將「大夫」易爲「卿佐」。若皆蚤世猶可，蚤世〔一二〕，蚤即亡也〔一三〕，其家猶可以免也。若登年以載其毒，必亡。」

登年，多歷年也。載，行也。毒，害也。必亡，家必亡也。○《爾雅·釋詁》：載、行，言也。○賈逵：毒，惡也（《法華經釋文》上）。○舊注：載，猶行也（《文選》陸士衡《弔魏武帝文》李善注引，按張以仁《國語舊注輯校》云：「《文選注》多引賈逵《國語注》，疑此亦賈注。」鄭良樹《校證》亦疑是賈注，此間有韋注同訓，故置於此）。○秦鼎：登年者，登熟之「登」，猶衆也。又登時，即時也，猶「登來」之「登」，訓得。

【彙校】

〔一〕明道本、正統本句下有韋注「言儉也」三字，疑公序本脱，《四庫薈要》據補。

〔二〕明道本、正統本句下有韋注「言其侈也」四字，亦疑此脱。

〔三〕明道本「位也」作「謂」，疑有脱誤，《斠證》：「若無『位』字，則『本』字虚懸而未釋也。」其説是，正統本正同公序本。

〔四〕明道本無此「位」字，正統本有。

〔五〕教施，《述聞》卷二十謂當作「施教」，《集解》據此徑改正文，唯下文亦作「教施」，則古文自有詞序，疑「教施」是並列短語，非作爲動賓短語的「施教」。

〔六〕民，明道本、正統本作「人」，教施對象爲民，據下文「施徧而民阜」，亦似作「民」較勝。

〔七〕釁，明道本作「舋」。《輯存》：「舋，即『釁』之俗。」

〔八〕任，弘治本、許宗魯本、葉邦榮本、張一鯤本、李克家本同，明道本、遞修本、正統本作「作」，《補韋》以「任」爲譌，《考異》則據上下文義謂「任」是也，於義俱通，檢遞修本該葉爲宋版原刻，刻工江泉，「作」字略顯模糊，作「任」者疑南監版片據義補刻。

〔九〕歷，明道本作「厤」，形符省旁字也。

〔一〇〕句首「其」字，所見公序本系統唯張一鯤本作「則」，閔齊伋謂「或作『則』」，渡邊操、關修齡所見及《正義》作「則」，《斠證》以爲「其」有則義，作「則」者蓋不明「其」字之訓而妄改也，可從。《略説》云：「『侈』下更有『侈』字，則此亦『儉』下宜更有『儉』字。」其説有理，秦鼎存之，疑此處漏抄了一個重文號。

〔一一〕二，静嘉堂本、弘治本作「一」，後者誤。

〔一二〕蚤，正統本同，明道本作「早」，係據義擅改作本字，致失原貌。

〔一三〕亡，明道本、遞修本、正統本、秦鼎本同，《元龜》卷六五五及《增注》作「世」，字訛。

十六年，魯宣公卒。定王十六年，魯宣之十八年。**赴者未及，**○《增注》：告凶事曰赴。未及，未及周也。**東門氏來告亂，子家奔齊。**來告，告周大夫也。東門子家謀去三桓，使如晉，未反〔一〕，宣公薨，三桓逐子家，遂奔齊也。諸侯大夫以君命使出，出必有禮贄私覿之事〔二〕，以通情結好，吉凶相告。子家嘗使於周，故以亂告也。告在魯宣十八年。赴者未及，明不及二君。◎志慧按：《禮記·聘義》：「賓私面、私覿、致饔餼、還圭璋、賄贈、饗食燕，所以明賓客、君臣之義也。」孔穎達正義：「賓私面、私覿者，私面，謂私以己禮面見主國之卿大夫也。私覿者，私以己禮覿主國之君，以其非公聘正禮，故謂之私。」可與韋注相參。簡王十一年，魯叔孫宣伯亦奔齊，成公未没二年〔三〕。簡王，定王之子簡王夷也。十一年，魯成十六年也。宣伯，僑如也，通於宣公夫人穆姜，欲去季、孟而專公室，國民逐之〔四〕，故出奔齊。言成公未没二年，明不及三君也。

【彙校】

〔一〕反，明道本作「及」，《春秋·宣公十八年》：「歸父還自晉，至笙，遂奔齊。」又據《左傳·宣公十八年傳》，公孫歸父（字子家，其族號東門氏）與宣公謀去三桓，因而聘晉。是年冬，宣公薨，「子家還，及笙」云云，據此可知「未反」乃未返於魯之義，作「及」者誤。

〔二〕《刪補》謂「出出」衍一字，秦鼎云：「使出出，疑有誤，諸本皆同。或云當作『出使則』。」《增注》徑作「出使則」，疑爲秦鼎所本。原文本不難解，渡邊操、冢田虎、秦鼎皆疑所不當疑。

〔三〕没，明道本作「殁」，古通，《左傳》皆作「没」，注同。

〔四〕秦鼎云：「民，當作『人』。」可從，疑唐後人疑其諱而擅改。

10 王孫説請勿賜魯叔孫僑如〔一〕

簡王八年，魯成公來朝，簡王八年，魯成十三年也。成公將與周、晉伐秦而朝。使叔孫僑如先聘，且告。使僑如先脩聘禮，且告周以成公將朝也。見王孫説〔二〕，與之語。説，周大夫也。説言於王曰：「魯叔孫之來也，必有異焉〔三〕。其享覲之幣薄而言諂，殆請之也；○《略説》：其幣宜重反薄，而其言諂焉。幣薄，執政不與也；言諂，欲賜也。説知幣薄者，爲之是有異也。若請之，必欲賜也〔四〕。魯執政唯强，故不歡焉，而後遣之；○帆足萬里：請之，言自請而來也。魯執政之人唯畏其强禦，難距其欲，故不歡説而後遣之〔五〕。○《略説》：魯執政之人不與僑如相歡，初不使僑如聘，僑如請之，乃薄幣而後遣之。○《平議》：如韋義，則當云「唯畏其强」，不得但云「唯强」。魯執政唯强，即指叔孫僑如而言，僑如於魯亦卿也，故以執政言之。王孫説之意，蓋謂魯執政之臣皆强，故君雖不歡，而不得不從其請也。◎志慧按：「魯執政」與「遺之」之「之」當分梳，故以《略説》取義較穩。强，猶勉强。且其狀方上而鋭下，宜觸冒人。○《略説》：觸，牴。冒，犯也。◎志慧按：《非國語》：「方上而鋭下，非所以得罪于天子。」後世林希逸、穆文熙張皇柳説，謂「近于相人之術矣」。然圍繞在宣伯周圍，此類不經之談非一，如《左傳》記豎牛的出現即是，則在《左傳》《國語》敘述者，將這類話術置於朝堂之上，態度是認真的，在他們看來，人的形貌如同人的言行，都藴含著人的性格的某些信息，甚至還可能預示其命程與運勢，故可以用來預測。不宜以後來的觀念衡量當時的文本，《晉語八·叔向母知叔魚伯石之敗》亦當作此解。**王其勿賜。若貪陵之人來而盈其願，是不賞善也**〔六〕，**且財不給。**給，供也〔七〕。○《辨正》：《説文·糸部》：「給，相足也。」《孟子·梁惠王下》「春省耕而補不足，秋省斂而助不給」、《韓詩外傳》卷九「陰陽和調，家給人足」，皆「給」、「足」對文，韋釋爲「供」義有未洽。**故聖人之施舍也議之，**施，予也。舍，不予也。○《略説》：下篇注云：「施，施惠。舍，舍辠。」是也。議爲議其當否。○《補正》：舍，捨也，捨己所有以予人也，訓不予，非。○《辨正》：此「舍」當取「施」的反義爲用，即「受」也，《詩·鄭風·羔裘》「舍命不渝」鄭箋引王説曰「受也」，西周晚期器毛公鼎有「父舍命」。舍，在我爲捨，在彼則爲受，反之亦然。**其喜怒、取予也亦議之**〔八〕，**是以不主寬惠，亦不主猛毅，**主，猶名也。○《略説》：主，猶上也，又宗也。○秦鼎：名當作「上」，下文「主能」、「主言」、「主剛」等韋皆訓上，上，尚也。○《校證》：主，猶尚也。「不主寬惠，亦不主猛毅」，蓋不以寬惠爲尚，亦不以猛毅爲尚，故下文云「主德義而已」，言尚德義也。**主德義而已。」**賞得其人，罰當其罪，是爲德義。**王曰：「諾。」**

【彙校】

〔一〕上海師大本標題作「王孫説請勿賜叔孫僑如」，此是《周語》，故在「叔孫僑如」之前加一「魯」字。

〔二〕王孫説，《漢書·古今人表》作「王孫閲」，古通。《補音》：「説，古『悦』字，下『及……説讓』同。」

〔三〕《左傳·成公十三年》正義引無「也必」二字。

〔四〕秦鼎所見陳卧子本「賜也」下有韋注「欲得厚賄」四字。

〔五〕説，明道本作「悦」。後，静嘉堂本、弘治本、《格物通》卷九十二引作「復」，據義當因「後」字之形訛。

〔六〕不賞善，明道本、遞修本、正統本同，《述聞》據《左傳·成公十三年》正義引《國語》作「賞不善」，謂此倒，《考異》、《集解》從之，唯《非國語》、《元龜》卷七九五總録部、劉恕《通鑑外紀》引俱作「不賞善」，則王氏立説之基礎不可必；《增注》徑作「賞不善」，未出所據；秦鼎云據《成十三年傳》疏所引改作「賞不善」，檢阮刻《十三經注疏》所用底本宋本（實爲元刻明修本）作「不賞善」，福建李元陽所刻以下諸本（閩、監、毛等本）方作「賞不善」，則秦鼎所據似亦不能成立。

〔七〕供，正統本同，明道本作「共」。

〔八〕取予，《元龜》卷七九五總録部引同，明道本、正統本「予」作「與」，古通。明道本、正統本無「也」字。

使私問諸魯，請之也〔一〕。王遂不賜，禮如行人。如使人之禮〔二〕，無加賜。○孔晁：行人，使人也。以使人之禮禮之，不從聘者之賜禮也（《左傳・成公十三年》正義引，汪、黄、蔣輯）。及魯侯至，仲孫蔑爲介，在賓爲介。介，上介，所以佐相禮儀〔三〕。王孫説與之語，説讓。説，好也。言蔑好讓。◎志慧按：説讓，韋昭以爲仲孫蔑好讓，關修齡及今人如陳桐生《譯注》則以爲王孫説喜歡仲孫蔑的謙讓，致歧之由在對「説」字的理解，而「説讓」一詞未見于他處，頗疑「説讓」之「説」因上下文而衍，「讓」的主語是仲孫蔑，王孫説因其讓而説（悦），遂以語王。説以語王，王厚賄之。◎志慧按：《左傳・成公十三年》：「三月，公如京師。宣伯欲賜，請先使。」明非魯侯使聘，明劉績《春秋左傳類解》云：「欲得周賜，故先公使於王。」俱可互參。

【彙校】

〔一〕「請之」前，《左傳・成公十三年》正義有「魯人云」三字，《校證》以爲於義爲長，是，疑今傳各本脱。

〔二〕禮，《左傳・成公十三年》正義引孔晁《國語注》同，明道本作「私」，疑後者誤。

〔三〕佐相禮儀，《元龜》總録部引同，明道本、正統本作「佐儀」，疑脱。

11 晉郤至佻天之功單襄公知其將敗〔一〕

晉既克楚于鄢，克，勝也。晉厲公伐鄭，楚人救之，戰于鄢。在魯成十六年〔二〕。○《爾雅・釋詁》：克，勝也。○《補正》：鄢，即鄢陵，在潁川郡。使郤至告慶于周〔三〕。郤至，晉卿步楊之孫〔四〕、蒲城鵲居之子温季也〔五〕。告慶，以勝楚之福告王也。○《標注》：慶，謂嘉事，可賀之意也。未將事，將，行也，未行告慶之禮。王叔簡公飲之酒，王叔簡公〔六〕，周大夫王叔陳生也。交酬好貨皆厚，交酬，相酬之幣也。好貨，宴飲以貨爲好。厚者，幣物多也。○《辨正》：交酬是一事，指的是酬酢應對、揖讓進退；好貨又是一事，指的是玉帛（幣）之類禮物，「厚」則兼指「交酬」與「好貨」二者而言，謂揖讓周旋一切如儀、禮幣之類既多且好。飲酒宴語相説也。○《補音》：説，古「悦」字。

【彙校】

〔一〕穆文熙《鈔評》題作「單襄公知郤至之敗」，傅庚生選本題作「單襄公論郤至佻天之功」，上海師大本因之，爲體現内容的完整性，今綜合二者改題如上。

〔二〕十六，静嘉堂本、弘治本作「丁六」，後者當係刻工之誤。

〔三〕告慶，《詁訓柳先生文集》謂「舊本作『獻捷』」。

〔四〕楊，遞修本同，明道本、正統本及《左傳·僖公十五年》作「揚」。

〔五〕遞修本、正統本、静嘉堂本、弘治本同，明道本「居」在「之子」下，疑後者誤倒。

〔六〕明道本無「王叔」二字，疑脱。

明日，王叔子譽諸朝。○賈逵：譽，稱也（《原本玉篇殘卷·言部》引）。郤至見召桓公〔二〕，與之語。召桓公，王卿士。召公以告單襄公曰：「王叔子譽温季，以爲必相晉國，相晉國，必大得諸侯，勸二三君子必先導焉，可以樹。二三君子，在朝公卿也。導者，導晉侯使升郤至以爲上卿，可以樹黨於晉。今夫子見我，○《增注》：夫子，指郤至。以晉國之克也，爲己實謀之，言戰勝楚，吾之謀也。曰：『微我，晉不戰矣！微，無也。○《標注》：微，非也。楚有五敗，晉不知乘，我則强之。乘，勝也〔二〕。○賈逵：乘，陵也（《文選》何敬祖《雜詩》

李善注引，王、汪、黄將此條置於下文「乘人不義」下）。○《增注》：乘，乘其敗也。**背宋之盟，一也**；宋盟，宋華元所合晉、楚之成也。華元善楚令尹子重，又善晉欒武子，故遂合二國之好。盟在魯成十二年。至十六年，楚、鄭背盟伐宋也〔三〕。○《補音》：華，户化反。**薄德而以地賂諸侯**〔四〕，**二也**；楚王薄德，鄭人不從楚，以汝陰之田賂鄭，鄭叛晉從楚也。**棄壯之良而用幼弱，三也**；壯之良，謂申叔時。幼弱，謂司馬子反也〔五〕。○《正義》：《成十六年傳》「過申，子反入見申叔時」杜注：「叔時老在申。」則不得謂之壯，《成七年》鍾儀曰：「其爲太子也，師、保奉之，以朝于嬰齊而夕于側也。」則十年前子反已在師、保之位，不得謂之幼弱，《傳》別有所指，非叔時、子反二人也。○《韞井昱》：壯，當作「莊」，言莊王之良臣也，涉「幼弱」字而誤，在韋解之後。**建立卿士而不用其言，四也**；卿士，子囊。子囊不欲背晉，楚王不聽。**夷、鄭從之，三陳而不整，五也**。夷，楚東之夷也。《晉語》曰：「楚恭王帥東夷救鄭。」三陳，夷、鄭、楚也。◎志慧按：此「夷」置於鄭國之前，似非泛指，疑即城父，今隸安徽省亳州市譙城區。城父古稱夷，春秋時爲陳國夷邑；楚滅陳後，夷入楚。未知韋注「楚東之夷」是否正是此意。**鼻不由晉，晉得其民**，言楚叛盟，非晉之鼻。得民，得民心也。**四軍之帥，旅力方剛**；時晉立四軍，四軍之帥，晉八卿也。欒書將中軍，士燮佐之；郤錡將上軍，荀偃佐之〔六〕；韓厥將下軍，知罃佐之〔七〕；趙旃將新軍，郤至佐之。旅，衆也。剛，强也。○《刪補》：「旅」、「膂」通，脊骨也。旅力，言强有力也。○《補正》：旅，即「膂」字，《書》「皤皤良士，膂力既愆」，膂，脊骨也，謂四軍之帥力方盛也，不訓衆。　◎志慧按：旅，通「膂」，《删補》等説是。卒伍治整，諸侯與之。以晉有信〔八〕，故諸侯與之。是有五勝也〔九〕：有辭，一也；楚背盟，故晉有辭也。得民，二也；軍帥彊禦〔一〇〕，三也；行列治整，四也；諸侯輯睦，五也。有一勝猶足用也，有五勝以伐五敗，而避之者，非人也。不可以不戰。欒、范不欲，我則彊之。欒，欒書也。范，士燮也。戰而勝，是吾力也。謂郤至曰：「楚有六閒，不可失也。」〔一一〕且夫戰也微謀，微，無也。言軍無計謀。　○陶望齡：微謀，言不止於善謀，《檀弓》「雖微晉而已」亦如此解，注軍無謀策，似未是（盧之頤校訂《國語》）。　○《存校》：言非止於謀也，注謂軍無計謀，非是。　○《略説》：言非惟爲謀，有三伐。　○秦鼎：無謀，謂欒、范輩之無策。　○《平議》：謀即上文「五勝」、「五敗」之説，乃郤至之謀也，郤至蓋謂是戰也，吾固有謀矣，即無此謀，吾尚有三伐，二句承上以起下，「微」字、「有」字相應，正見郤至自伐其功，有悉數難終之意。　○《集解》：且夫戰也，猶云「且此戰也」。　◎志慧按：語從「且夫」領起，轉入功伐。秦鼎承襲韋注，其餘如陶望齡以降諸説均能正韋注之誤。吾有三伐：伐，功也。三伐，勇、禮、仁也。勇而有禮，反之以仁〔一二〕。○帆足萬里：反，反復也，猶言加之也。吾三逐楚君之卒〔一三〕，勇也；見其君，必下而趨，禮也；下，下車也。能獲鄭伯而赦之〔一四〕，仁也。郤至從鄭伯，其右茀翰胡曰〔一五〕：「余從之乘〔一六〕，而俘以下。」郤至曰：「傷國君有刑。」乃止。若是而知晉國之政，楚、越必朝。』」知政，謂爲政也。◎志慧按：晉國長期稱霸，同期可與之抗衡的也只有一個楚國，而越國自魯宣公八年即與楚國結盟，此言「楚、越必朝」，意爲無敵於天下。

【彙校】

〔一〕召，遞修本、正統本同，《補音》：「本亦作『邵』。」明道本作「邵」，後起義符加旁字也，下「召公」、「召桓公」同。

〔二〕勝，當作「陵」。「乘，勝也」之説於訓詁有據，唯明道本、遞修本、正統本作「陵」，《考正》、秦鼎據下文「佻天不祥，乘人不義」韋注亦作「陵」，故當從明道本，觀賈注可從。

〔三〕鄭，明道本作「晉」，據史實，作「鄭」是也。

〔四〕薄德，《元龜》卷七九五、《文章正宗》卷六引同，明道本、正統本作「德薄」，《集解》從公序本，據注是。

〔五〕明道本無「謂」字，《發正》有。

〔六〕荀，弘治本作「女」，後者誤。

〔七〕知，明道本、正統本作「智」，《舊音》摘「知」字，《補音》：「經典相承作此『智』，或借『知』爲之。」作爲姓氏之「智」其時每作「知」。

〔八〕明道本、正統本無「以」字。

〔九〕秦鼎引或説云:「是,當作『晉』,字之誤也。」然不可必。

〔一〇〕彊,遞修本同,明道本、正統本作「强」,《説文·弓部》:「强,蚚也。」段注:「以强爲彊,是六書之假借也。」次同。張一鯤本則作「疆」,誤。

〔一一〕《增注》:「本注『謂』字當作『傳曰』二字。」秦鼎云:「『謂』字,陳本作『時』。」語出《左傳·成公四年》,疑韋昭約引,未必全用《左傳》。

〔一二〕反,《御覽》兵部七引作「返」,古通。

〔一三〕君,《御覽》兵部七、《元龜》卷七九五引同,明道本、正統本作「軍」,《通志》卷八十九《列傳》二引同,陳奂云「作『君』非也」,《校證》以爲當作「君」。若作「軍」,則「之卒」二字義重,鄭説是。

〔一四〕赦,《正義》、《文章正宗》卷六引同,《御覽》兵部七引作「捨」,作「赦」者於人物身份不符,作「舍」、「捨」者是,《説文·手部》:「捨,釋也,从手,舍聲。」作「赦」者疑涉音同而誤。

〔一五〕弗,正統本同,《左傳·成公十六年》及明道本作「茀」,古通。

〔一六〕「余從」上,《左傳·成公十六年》有「諜輅之」三字,杜注云:「欲遣輕兵單進以距鄭伯車前,而自後登其車以執之。」

「吾曰：『子則賢矣。吾，召桓公自謂〔一〕。抑晉國之舉也，不失其次，吾懼政之未及子也。』郤至位在七人下，故恐次未及也〔二〕。謂我曰：『夫何次之有？○賈逵：謂，告也（《文選》陸士衡《辨亡論下》李善注引，王、黄輯，汪遠孫將此條置於《晉語二》「子謂何」下，蔣曰豫將此條置於《晉語六》「欒書謂王子發鉤曰」下）。昔先大夫荀伯自下軍之佐以政，荀伯，荀林父也，從下軍之佐第六卿升爲政卿也〔三〕。趙宣子未有軍行而以政，宣子，趙盾也，爲中軍佐，第二卿〔四〕，未有軍行，升爲政卿。○《補音》：行，户郎反。○秦鼎：《僖三十三年》「一命命郤缺爲卿，未有軍行」，《文十二年》注「晉有散位從卿」，《宣十二年》「彘子以中軍佐濟，又以偏師陷」，合而考之，此「宣子未有軍行」可疑。◎志慧按：行，列也。《左傳·僖公三十三年》「未有軍行」杜注：「雖登卿位，未有軍列。」今欒伯自下軍往。欒伯，欒書也，將下軍，第五卿而爲正卿也。是三子也，吾又過，於四之無不及。三子，荀、趙、欒也，得郤至四人。言己之材優於彼四人也〔五〕，三人之中無有所不及也。○《補正》：此倒句法，即三皇可四意。○《集解》：謂吾並三子而四之，有過之無不及也。◎志慧按：「過」下絶句采《存校》之説。於四之無不及，意謂我郤至有資格與荀伯、趙宣子、欒伯一較高下。孔穎達《左傳·成公十六年》正義引作「吾又過之無不及也」，於義同，觀韋昭所釋，似韋昭所見本有「於」字，疑孔穎達之時已不明此種句法，故引文作通俗化處理了。若佐新軍而升爲政，不亦可乎？將必求之。』○《集解》：晉文公八年蒐於清原，作新軍。是其言也，君以爲奚若？」言如是，君以爲何如也。

【彙校】

〔一〕召，正統本、許宗魯本同，明道本、遞修本作「邵」，遞修本與前後文用字不統一。

〔二〕次，明道本、正統本作「政」，秦鼎從明道本。

〔三〕政，遞修本同，明道本、正統本、《增注》作「正」，下文「欒伯」韋注各本皆作「正卿」，「政」、「正」古通作，《論語》「爲政以德」，定州漢簡本「政」書作「正」，此間「正」爲本字，次同。

〔四〕明道本、正統本「第二卿」前有「此」字。

〔五〕四，《考正》、秦鼎謂當作「三」，《正義》徑作「三」字，是。

襄公曰：「人有言曰：『兵在其頸。』其郤至之謂乎！君子不自稱也，稱，舉也。○《爾雅·釋言》：稱，舉也。非以讓也，惡其蓋人也。蓋，掩也。夫人性，陵上者也，如能在人上者〔一〕，人欲勝陵之也，故君子上禮讓而天下莫敢陵也〔二〕。○秦鼎：或云：「『陵上』之『上』，如掌切。」「陵上」、「抑下」對語，亦通。不可蓋也。言人之美不可掩也。○龜井昱：注「美」字蛇足。求蓋人，其抑下滋甚，滋，益也。求掩蓋人以自高大，則其抑退而下益甚也。○《增注》：

人性多陵上，故己掩蓋人，則人亦抑下己之甚也。**故聖人貴讓。且諺曰：『獸惡其網，民惡其上。』**獸惡其網，爲其害己。民惡其上，爲其病己。**《書》曰：『民可近也，而不可上也。』**《書》，逸《書》。民可近，可以恩意近也。不可上，不可高上。上，陵也。○《正義》：上，今所傳《尚書》作「下」。案：上文「人性陵上」，又云「民惡其上」，又云「郤至在七人之下而欲上之」，則今傳之《尚書》誤也。《五子之歌》出于晉時，韋所未見，故云「逸書」。◎志慧按：《五子之歌》係僞古文，雖不可爲據，但類似的表達在先秦並不鮮見，如《郭店楚簡·尊德義》「民可導也，而不可强也」，句式即與此同。**《詩》曰：『愷悌君子，求福不回。』**回，邪也。求福以禮，不以邪也。◎志慧按：毛詩《大雅·旱麓》「愷悌」作「豈弟」。**在禮，敵必三讓，**敵，體敵也。◎志慧按：《禮記·聘義》：「三讓而後傳命，三讓而後入廟門，三揖而後至階，三讓而後升，所以致尊讓也。」可參。**是則聖人知民之不可加也。**加，猶上也。○《增注》：加，陵也。**故王天下者，必先諸民，然後庇焉，則能長利。**先諸民，先求民志也。庇，猶廕也。言王者先安民，然後自庇廕也。長利，長有福利也。○賈逵：庇，猶麻（《原本玉篇·广部》引，按麻原作麻，兹從《玉篇校釋》改）。◎志慧按：「先諸民」接「民可近也，而不可上也」，義近《老子》第六十六章：「欲上民，必以言下之；欲先民，必以身後之。」「言下之」「身後之」即「先諸民」，韋注有增字解經之嫌。**今郤至在七人之下而欲上之，是求蓋七人也，其亦有七怨。怨在小醜，猶不可堪，而況在侈卿乎？**○《補正》：侈，大也，與上

「小醜」對文。其何以待之？待，猶備也。

【彙校】

〔一〕秦鼎引或説云：「如能，當作『如好』，字之誤也。」

〔二〕上，《正義》、《集解》作「尚」，義同，唯無版本依據。

「晉之克也，天有惡於楚也，故儆之以晉。○《説文·人部》：儆，戒也。而郤至佻天以爲己力〔一〕，不亦難乎？佻，偷也，偷天功以爲己力〔二〕。○《爾雅·釋言》：佻，偷也。佻天不祥，乘人不義。乘，陵也。不祥，則天棄之；不義，則民畔之〔三〕。且郤至何三伐之有？夫仁、禮、勇，皆民之爲也。民力所爲。○《增注》：言三者皆人之所以爲行也。○《平議》：仁、禮、勇三者，非民力所爲也。民，疑「義」字之誤，下文曰「以義死用謂之勇，奉義順則謂之禮，畜義豐功謂之仁」，是三者皆以義爲本，故曰「夫仁、禮、勇皆義之爲也」，義字缺壞。但存其下「我」字，因誤爲民耳。◎志慧按：曲園前半段分析有理，但後半段之「我」字如何變成「民」字，未能給出證據，雖《集解》從之，仍難免臆想之嫌。據韋注可知，韋所見者爲「民」字。以義死用謂之勇〔四〕，若富辰也。奉義順則謂之禮，謂若管仲責楚包茅。畜義豐功謂之仁。豐，大也。謂若狐偃輔晉文。○《增注》：勇、禮、仁之名蓋是古之彝訓，不須更徵其人也。**姦仁爲佻，**以姦僞行仁爲偷仁，謂獲鄭伯而舍之〔五〕。**姦禮爲羞，**羞，恥也。謂見楚君而趨。**姦勇爲賊。**還賊國也〔六〕。姦勇，謂逐楚卒。**夫戰，盡敵爲上；守，龢同**〔七〕、**順義爲上。**守和同，謂不相與戰而平和也。順義，順王義也。○陳偉《愚慮録》：似當以「守」字句，「龢同」屬下爲句。○《校證》：韋解似以「守和同」三字爲連讀，非也。「夫戰，盡敵爲上；守，和同順義爲上」，謂戰之時，當以盡滅敵人爲上；守之時，當以和同、順義爲上也。『戰』字、『守』字皆逗。◎志慧按：陳、鄭二氏斷句别開生面，今從之。**故制戎以果毅，**戎，兵也。殺敵爲果，致果爲毅。○皆川淇園：果毅者，進之而不顧其次也。◎志慧按：韋注「殺敵爲果」二語見《左傳·宣公二年》。**制朝以序成。**序，次也。朝不越爵則政成。**畔戰而擅舍鄭君**〔八〕，**賊也；**◎志慧按：柳宗元《非國語》云：「單子罪郤至之伐，當矣。因以列數舍鄭伯、下楚子、逐楚卒，咸以爲姦，則是後之人乘其敗追合之也。」其説平正。然郤至見獵心喜，成天盤算著彎道超車。單襄公察人性，參天道，故能至於精微，則亦不可輕詆。君子幾不如舍，往吝，信然。**棄毅行容，羞也；**容，容儀也。謂下趨也。◎志慧按：《晉語六·郤至勇而知禮》借君子之口肯定郤至知禮，與此表述適相反對，這種不一致源自各語不同的敘述立場。**畔國即讎，佻也。**畔其國而即讎人，謂赦鄭伯欲以偷仁也。◎志慧按：關修齡疑「賊」與「佻」互乙，上文以佻——羞——賊爲序，此以賊——羞——佻爲序，這是當時常見的轆轤相轉的語序，關氏所疑不當。**有三姦**

以求替其上，遠於得政矣。替，廢也。以吾觀之，兵在其頸，不可久也。雖吾王叔，未能違難。在《大誓》曰：『民之所欲，天必從之。』王叔欲郤至，能勿從乎？」違，避也。今《周書・大誓》無此言，其散亡乎〔九〕？　○《補音》：大，它蓋反，《尚書》作「泰誓」，今按：《國語》所引，韋氏注云：「今《周書・大誓》無此言，其散亡乎？」檢今所行《古文尚書》此語甚具，蓋當時《僞泰誓》尚行於世，孔氏古文未出，韋故云然。　◎志慧按：先秦文獻所引《大（泰）誓》爲古《泰誓》，今傳本《泰誓》係僞古文，《補音》混爲一談。復次，欲，猶好也，嗜欲，猶嗜好。又，柳宗元《非國語》於此節有云：「郄氏，誠良大夫。不幸其宗侈而亢，兄弟之不令，而智不能周，强不能制，遭晉厲之淫暴，讒嬖竊構，以利其室，卒及於禍。吾嘗憐焉。今夫執筆者以其及也，而必求其惡以播於後世，然則有大惡幸而得終者，則固掩矣。世俗之情固然耶。其終曰『王叔欲郄至，能勿從乎』，斯固不足譏也已。」柳州一個能吏看另一個能吏，所考信者在細節之真實與否。而作爲以明德爲目的的語類文獻，其作者、編者似更關心其背後的訓誡意義。晉國郤氏三卿五大夫與之後的智伯、吴王夫差，都是極盛之後「其亡也忽」的顯例，是當時和其後相當長一段時間的公共話題，試與同出三晉同樣從勝利走向勝利的趙襄子對比，《晉語九・趙襄子勝翟而不怡》一文中，趙襄子得知屬下戰勝左人、中人，面露恐色，謂「德不純而福禄並至謂之幸，夫幸非福」，相形之下，郤至當整個家族「侈」「亢」之時，仍知進不知退，貢高我慢，利欲薰心，則其後果可不卜而知也。至於其捨鄭伯、下楚子等是否合宜，可不具論。

【彙校】

〔一〕佻天,《説文·手部》「挑」下引作「挑天」,《考正》:「蓋古字通,猶之『儋』爲『擔』也。」明道本、正統本作「佻天之功」,《考正》從補,《考異》:「此疑依《内傳》有『貪天之功以爲己力』之文,韋注依《内傳》作解,因誤增耳。《説文·手部》:『挑,撓也。』引《國語》『郤至挑天』,許所據與韋本異,亦無『之功』二字。」《集解》、《斠證》皆引其説,唯「佻天以爲己力」不成句,佻天的什麽?佻天的「功」,前有《左傳·僖公二十四年》之文、後有韋昭的注爲證,疑中間《説文》所引只是約引。公序本等無「之功」二字係脱文,原因可能是看到下句「佻天不祥」,遂連前一句的「之功」也一並漏抄了。從句法上看,「佻天」與「乘人」二句對稱,又有前文鋪墊,故後句可省卻「之功」二字。又,《説文·手部》云:「挑,撓也。」釋玄應《一切經音義》引皆作「挑,抉也」,秦鼎謂「抉」字是。

〔二〕偷天功,明道本、正統本作「偷天之功」,《考正》從補。

〔三〕畔,明道本、正統本及《元龜》卷七九五引作「叛」,「畔」通假字,「叛」本字,下「畔戰」同。

〔四〕用,《册府元龜》卷七九五、《河東先生集》卷四四、明馮琦《經濟類編》、穆文熙編《鈔評》引皆作「國」,據句義和韋注似較勝,疑「用」字係「國」字之殘。

〔五〕舍,明道本、正統本作「赦」,下文正文有「舍鄭君」之文,鄭伯君也,郤至臣也,前文韋注「赦鄭伯」似不當，作「舍」是也。閔本此注作「姦仁，以姦僞行仁也。爲，作也。」「偷仁」屬下句。

〔六〕還，静嘉堂本作「遂」，弘治本作「遠」，後二者形訛。

〔七〕龢，明道本、正統本作「和」，韋解各本作「和」。

〔八〕畔，明道本、正統本作「叛」。《增注》：「『舍鄭君』三字衍。」然無據。

〔九〕散，正統本同，明道本作「敬」，後者形訛。

郤至歸，明年死難。明年，魯成十七年也。死，謂爲厲公所殺〔一〕。及伯輿之獄，王叔陳生奔晉。伯輿，周大夫。獄〔二〕，訟也。王叔陳生與伯輿争政，王佐伯輿，王叔不勝，遂出奔晉，在魯襄十年。◎志慧按：柳宗元《非國語》云：「左氏在《晉語》言免胄之事，則曰『勇以知禮』，於此焉而異，吾何取乎？」茲試爲之説：王叔陳生與郤至的對話中有一個關鍵詞，前者曰「不失其次」，後者曰「何次之有」。在王叔陳生和單襄公所處的宗周，這「次」是貴賤有等，長幼有序，是必須守望的秩序。在這個等級森嚴的體制內，任何超階越次的努力都是對體制的反動，因而必然招致懲罰。這也是《周語》敘述者的態度，故而給郤至安排了一個「死難」的結局。在郤至，在晉國，這個「次」則是老邁「舊邦」的僵化教條，從郤至所枚舉的三個案例可知，在晉國，彎道超車有成例可援，甚至已成爲另一種傳統，故曰「何次之有」，而《晉語》對郤至也更多正面的描寫。總之，《周語》與《晉語》之「異」，異在宗周與晉國的政治生態與價值觀念。

【彙校】

〔一〕明道本、正統本無「謂」字，疑脱。

〔二〕獄，明道本作「使」，疑後者誤。

周語中卷第二